認知心理学者
新しい学びを語る

森　敏昭　編著
21世紀の認知心理学を創る会　著

北大路書房

序文

本書は、認知心理学・教育心理学の研究者たちが、自分の研究を踏まえて、それが学校現場にいかなる意義をもつのかを解説したものです。心理学の専門雑誌を見ていると、実験や調査の方法がややこしかったり、結果も統計の数字でいっぱいで、それが現場にどう役立つのか見えないものです。それに、一つの論文で現場のやり方を変えるというほどの成果が上がるわけではありません。

といって、大学での授業の教科書はどうしても基本的なことがらの解説が中心になるので、新しい研究成果がわかりにくいのです。この本は、その意味で、多くの、とくに若手の研究者のみならず、教育現場で日々苦闘している先生方がその助けになる学問の成果を見つけるのに役立ちます。

認知心理学・教育心理学が教育現場に近づいた

認知心理学全体は、人間の認識全般を扱い、とくに、教育実践に対して貢献しようとするものではありません。しかし、認知心理学がもし教育の改善に対して然るべき成果を出せないとしたら、その重要な貢献すべき応用現場の一つについてのいわば存在証明に失敗したことになります。その意味で、認知心理学の現在の水準を測るうえで、教育への適用が可能かという問いかけは有用です。すでに、「応用認知心理学」という分野もでき、いわば、「教育認知心理学」とでもいえる分野が成り立つのです。

もちろん、「教育心理学」自体は、もっと直接に教育実践にかかわり、教育実践の改善に役立とうとします。日本では、従来、教育心理学が、動物実験や知覚の基礎実験を中心とした実験心理学への反発として生まれてきた経緯もあり、そのなかに、相当に基礎志向の研究も含み込んで発展してきました。しかし、ようやく、一九九〇年代あたりからでしょうか、教育実践に役立ってこそ、教育心理学といえるのだと主張し、研究をする人たちが有力になってきました。もちろん、その成果を端的に表しているのが、本書・本シリーズです。

研究者が教育現場に近づいた

たとえば、教育に関心のある研究者が、日常的に学校に行き、観察データを取ったり、あるいは授業やカリキュラムへの改善の助言をしたり、あるいは、自ら教材開発をしたりといったことはめずらしいものではなくなっています。文部科学省や地方自治体、あるいは個々の学校の施策に発言し、自らあるいは学界全体の研究成果を実際の教育に反映させようとする人たちも多くなりました。世間からの期待も大きくなっています。

問題設定自体も、教育現場の問題とつながりが見えてきています。たとえば、動機づけとか、学び方とか、自分探しとか、コンピュータ利用とか、まさに今、現場でどうしていったらよいか悩んでいる問題です。私なども、総合的な学習のカリキュラムづくりとともに、その心理学的な調査の立場からの評価に取り組んでいます。あるいは、理科ぎらいを減らす方策を得るための基礎調査を行います。

仮にもっと基礎的なテーマでも、その意義を学校現場で具体的に考えようとしています。たんに抽象論で意義を解説することにとどめていません。

教師自身がまた教師経験のある人が大学院に進むようになったことも大きな変化です。現場で考えたことをなんとかテーマにしようとするからです。指導側も、以前のように、学問からのテーマを機械的に押しつけるのではなく（実際その傾向がありました）、現場の発想を生かしつつ、学問として成り立たせるための方法論や理論の開発に努力を向けています。

研究者はいかに実践に近づいた研究を進めるべきか

「アクション・リサーチ」というフレーズにあるように、研究者はまず現場の改善の活動のなかに絶えずいるべきなのです。そのなかに、ハードな統計的な調査もあり、実験もあるが、また学校現場の教師との共同の活動もあるという具合になってきているのです。

もちろん、実践者と研究者は、発想が異なります。実践者は、いま目の前の子どもを引き受けています。その子どもをなんとか支え、伸ばしていかねばならないのです。研究者もその課題をともに引き受けることもありますが、しかし、関心はその子どもをいわば標本とした母集団にあります。つまり、何千・何万、あるいはもっと多くの子どもの教育の改善に役立ちたいと願うのです。もっといえば、その改善のために、どうしてという問いかけとともに、人間そのものの理解について何か貢献できるような知見を生み出したいと思ってもいるのです。

教育に役立とうとする研究者は、その意味で、何重もの役割を生きていかねばなりません。基礎と応用の両面に気を配る必要があるだけでなく、基礎研究の応用を超えた、現場の実情やそこで必要な知識は何かを考えざるを得ません。

その知識は時に教育心理学などの枠を越えて、あるいは、体系的に論文に書かれたものよりも、現場に馴染むことを通して体得されるような「知恵」や「コツ」であるかもしれません。

現場の教師と協同し、いかに付き合っていくかも必要なことです。飲み会に参加するといったレベルから、その相談に乗り、たとえ自分が知らないことでも調べて答えたりすること、あるいは、そこでの疑問を自分の研究テーマに加えていくこと。調査をさせてもらったら、その意味をとことん現場で考え直してみること。時間も研究費も乏しいなかで、時にしんどい活動ですが、それ以外にじつは、「役立つ」ということは実現しないのです。客観的な調査の成果が自然に応用されるといったことは、基礎研究者の幻想か、宣伝文句にすぎません。

実践者はいかに研究に近づいた実践をすべきか

一方的に研究者が実践に近づくということは成り立ち得ません。その一方で、実践者が勉強をして、研究成果を取り入れる努力を惜しむべきではないのです。

時には、むずかしい議論や方法論の理解が必要です。いつまでも、教師向けと称される糖衣錠のような（sugar-coatedといいます）わかったようなわからないような麗しい言葉で酔っているべきではありません。自らの拠ってたつ現実を厳しく見つめるべきです。

いまだに、自らの授業について校内研究においてすら公開しない教師がいるそうです。まして、第三者である研究者に授業をビデオ等で解析させることには抵抗がある人が多いようです。これまで、研究者とは、データをただ現場からもっていく人であり、あるいは自分の授業を冷たく批評するか、ただ意味もなく絶賛するかで、ちっとも改善に役立たないという苦い経験があったことでしょう。しかし、そうでない研究者もふえてきたのです。誠実に付き合おうという呼びかけにぜひ応えてほしいものだと願います。

また、実践に役立つということの意味を広げていくべきです。視野を広くもってほしいのです。今の授業改善に役立たなくても、現代の時代は教育制度が大きく動き、規制緩和されています。すぐに実現できるかもしれないのです。すでに、たとえば、個別指導の進め方のノウハウは、二〇〇二年度あたりから急に必要になってきました。それに応える成果は、「自己制御学習」（「個別化教授システム」など）や「認知カウンセリング」（東京大学の市川伸一教授）などの研究にあるのです。

今役立つべきだという要求と、明日の教育を大きく変えていくかもしれないという意味で役立つものの双方に見方を広げて、研究者との関係をつくっていってほしいのです。ぜひ、学校に大学院生や研究者が訪問することを歓迎してください。おもな学校には、その掛かりつけの研究者の研究室の出店ができるくらいになるとよいのだと思っています。校医さんのようにです。

二〇〇二年七月

お茶の水女子大学　無藤　隆

●執筆者プロフィール●

①東京都（山手線の目白駅の近くでした）
②東京大学大学院教育学研究科博士課程中退
③白梅学園大学・白梅学園短期大学学長・教授
④応用発達心理学・応用発達科学
⑤学びとは、世界を広げることだと思います。その手伝いができたらよいなと願っています。

①出身②経歴③現在④専門⑤「学び」について思うこと

目次

第5部　情報化社会の学びを考える　195

イラスト／鈴木明子

第1部

21世紀の学びを創る

21世紀の扉が開かれた今、わが国では教育の抜本的な改革がなされようとしています。21世紀には、地球環境問題や食糧問題など、人類の生存基盤を脅かす諸問題がよりいっそう深刻化するとともに、国際化、情報化の流れもさらに加速することでしょう。おそらく21世紀は、20世紀以上に激動の世紀になるに違いありません。したがって、わが国が活力ある国家として21世紀にさらなる発展を遂げるためには、国家という社会システムの基盤である教育の改革が重要であることはいうまでもありません。そうした時代の要請に鑑み、中央教育審議会や教育課程審議会などにおいて、21世紀を展望したわが国の教育のあり方が審議され、その答申では次のような基本方針が打ち出されました。

(1) 豊かな人間性や社会性を育み、国際社会に生きる人間としての自覚を育成する。

(2) 自ら学び自ら考える、主体的な学習態度を育成する。

(3) 「ゆとり」のある教育活動のなかで基礎・基本の定着を図るとともに、個性を生かす教育を充実させる。

(4) 各学校が特色ある教育、特色ある学校づくりを進めるために創意工夫をする。

この教育改革の基本方針は確かに正論ですが、教育実践の現場でそれを実現するのは必ずしも容易ではないでしょう。なぜなら、この基本方針を実現するためには、従来の教育観を根本に立ち返って問い直す必要があるからです。

明治維新以来、わが国は欧米の先進諸国に追いつくことを目標にして、欧米の進んだ科学的知識を広く国民に伝達するための、「知識伝達の教育」がなされてきました。そして、知識伝達の効率を高めるために、トップダウンの原理に基づく教科学習のカリキュラムが採用されました。すなわち、各教科の親学問の知識体系のなかから基本的な概念・知識を精選し、それを子どもたちにも理解できるように系統的に編成し直すという方法が採用されたのです。つまり、従来の教科学習のカリキュラムは、あくまで親学問の知識体系の基礎・基本であり、それが子どもたちの将来とどのようなかかわりをもつのかについて、十分な配慮がなされているわけではありません。もちろん、学校教育のカリキュラム編成の場合、こうしたトップダウンの原理を採用することも、ある程度はやむを得ないでしょう。なぜなら、子どもたちが将来必要とする知識は個々さまざまであり、その個々さまざまな将来に備えて、一人ひとりに別々のカリキュラムを準備するのは不可能だからです。また、日進月歩の勢いで技術革新が進む現代社会において、子どもたちが将来どのような知識を必要とするのかを見通すのは非常にむずかしいという事情もあります。したがって、学校教育のカリキュラム編成では、すぐに役立つ知識・技能の学習よりも、生涯学習につながる基礎・基本の学習が重視されるのは、ある意味で当然の成り行きなのです。

しかしながら、そうしたトップダウンの原理に基づく系統学習のカリキュラムは、それが子どもたちの将来にどのように役立つのかが見えにくいという問題点があります。このため子どもたちは、「試験でよい点を取るためだからしかたがない」と、自分自身を無理やりに納得させるほかはありません。そして、ひたすら無味乾燥な知識の詰め込みに励むのです。

要するに、明治維新以来、わが国の学校は、わが国が近代化を成し遂げるための「知識伝達装置」の役割を果たしてきたといえるでしょう。もちろんそのことは、けっして根底から否定されるべきではありません。なぜなら、欧米諸国が二世紀以上かけて達成した近代化を、わずか一世紀の間にわが国が達成することができたのは、この「知識伝達装置」がじつに効率的に機能したからにほかならないからです。しかしわが国は、すでに近代化を成し遂げました。したがって、「知識伝達装置」としての学校は、その歴史的使命を終えたといわざるを得ないでしょう。では、21世紀の学校に課せられた新たな使命は何なのでしょうか。それはおそらく「知識創造の場」としての役割を果たすことではないでしょうか。つまり、21世紀の学校では、新たなる文明・文化を創り出すための「知識創造としての学び」がなされるべきなのです。そして、そうした創造的な学びを育むための21世紀の教育は、教育にかかわりをもつあらゆる人々が広く連帯の絆を結び、建設的な議論を積み重ねることによって、しだいに編み上げ創り上げていくべきなのです。第1部の四人の論者の提言が、そのための一助になれば幸いです。

21世紀の学びの意味を問う

20世紀の学習観の変遷

森　敏昭

21世紀の扉が開かれたいま、学習の概念が変わろうとしています。そのことは最近、とくに教育との関連で学習を論じる際に、「学習」ではなく「学び」という用語がしばしば用いられることに端的に示されています。では、「学習」を「学び」と言い換えることによって、学習の概念の何がどう変わるのでしょうか。本稿の目的はそれを明らかにし、そのことを通して、「21世紀の学びのあるべき姿」を展望することです。しかし、そのためにはまず、20世紀の学習観（学習理論）の歴史的変遷の過程を概観することから始めなければならないでしょう。

行動主義の学習観（連合理論）

一九一〇年代から一九五〇年代にかけて、アメリカでは行動主義の心理学が一世を風靡しました。この行動主義の心理学では、心理学の研究対象は外から客観的に観察することができる「行動」に限るべきだと考えられていました。つまり、「ある条件の下では、人

●執筆者プロフィール●
①福岡県
②広島大学大学院教育学研究科博士課程後期中途退学
③広島大学大学院教育学研究科教授　文学博士
④認知心理学・教育心理学
⑤学びは命の営みですから、命と同様に、受け継ぎ受け継がれてゆくもの（歴史性）、かけがえがなく限りあるがゆえに（個別性）、支えられ支えていくもの（同時代性）だと思います。

①出身②経歴③現在④専門⑤「学び」について思うこと

（あるいは動物）はどのように行動するか」を客観的に分析・記述し、それに基づいて行動の予測と制御を行うことが心理学の目的とされていたのです。このため行動主義の心理学では、学習を「経験の結果として生じる比較的永続的な行動の変化」と定義します。また、行動主義の学習観は、一般に連合理論とよばれています。それは、行動主義の心理学では、学習の基本的単位は条件づけによって形成される刺激と反応の連合にほかならず、人間が行う高度な学習も、分析すれば刺激と反応の連合という要素に還元できると考えられていたからです。

ゲシュタルト心理学の学習観（認知理論）

行動主義の要素主義的な学習観を真っ向から批判したのがゲシュタルト心理学です。行動主義の心理学が客観的な実験データに基づいて学習に関する厳密で精緻な理論を展開していたころ、ドイツではゲシュタルト心理学が興隆しました。ゲシュタルト心理学は、当初は知覚研究の領域で全体観と力動観を基調とする心理学を展開し、ヴント（Wundt, W.M.）流の構成心理学（心を単純感情や単純感覚などの要素の集合とみなす考え方）を鋭く批判しました。やがて批判の矛先は行動主義にも向けられ、学習、記憶、思考などの研究領域において認知理論の台頭を促しました。

認知理論では、学習は刺激と反応の連合のような単純な要素の集合ではなく、問題場面の全体的構造の洞察や理解といった学習者の能動的な認知活動によって成立すると考えます。もちろん、幼児を賞と罰でしつけるような単純な学習の場合には、条件づけの原理でその学習過程を説明することも可能です。しかし、思考力や推理力を必要とする高度で複雑な学習の過程を条件づけの原理で説明するのは困難です。たとえば、図1‐1の「どうすれば9個の点を4本以内の直線を使った一筆書きで結べるか」という問題を解く場合を考えてみましょう。この問題は9個の点で形づくられている正方形という枠にとらわれているかぎり解決できませんが、「正方形の外に線を伸ばす」という洞察が得られれば簡単に解決できます。そして、私たち人間がこのような洞察に達する過程は、条件づけの場合のように漸進的ではなく、一瞬のひらめきの形をとるのが普通なのです。

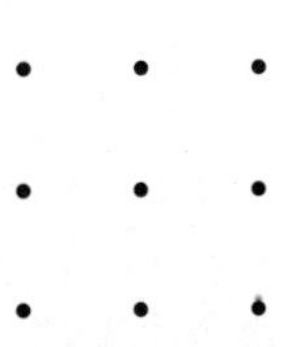
どうすれば9個の点を4本以内の直線を使った一筆書きで結べるか

図1‐1　一筆書き問題

認知心理学の学習観

一九五〇年代までは、連合理論のほうが認知理論よりも優勢でした。しかし、一九五〇年代の半ばに、認知理論の流れを汲む心理学の新しいアプローチが出現しました。それがすなわち認知心理学です。認知心理学では、人間を一種の情報処理体（いわば精巧なコンピュータ）とみなし、人間の認知過程を情報処理モデルによって記述します。すなわち、認知過程を、情報を符号化し、貯蔵し、必要に応じて検索・利用する一連の情報処理過程ととらえるのです。

このように認知過程を情報処理過程ととらえ直すことにより、前述の認知理論ではきわめてあいまいにしか記述することのできなかった「理解」や「洞察」などの認知過程を、情報処理モデルの用語で厳密に定義することが可能になりました。要するに、認知心理学の出現によって、認知理論の発想を明晰に記述・説明することが可能になったのです。

このように、認知心理学とは、人間の認知過程のしくみの解明をめざす、心理学の新しいアプローチです。すなわち認知心理学の目標は、記憶、学習、問題解決、推理、理解、意思決定などの認知活動がどのようなしくみでなされているのかを解明することです。このため認知心理学では、人間の知識の構造を明らかにすることがきわめて重要な研究テーマとなります。なぜなら人間は、知識がなければ、いかなる認知活動も行うことができないからです。もちろん、人間には認知活動に不可欠な知識が生得的に備わっているわけではありません。人間は認知活動に不可欠な知識を、すべて学習によって獲得しなければならないのです。したがって、認知心理学における学習の定義は、「新しい知識を獲得することによって初心者が熟達者（エキスパート）になる過程」ということになります。

社会的構成主義の学習観（状況的学習論）

20世紀の最後の十五年間には、ヴィゴツキー（Vygotsky, L.S.）の社会的構成主義が見直され、それを背景にして状況的学習論が台頭しました。状況的学習論では、本来の意味での学習とは、人がなんらかの文化的共同体の実践活動に参加し、新参者から古参者へと成長していく過程だと考えます。たとえば、レイブとウェンガー★1が観察したアフリカのヴァイ族の仕立屋の事例では、新参者は最初、「ボタン付け」からスタートしますが、やがて「縫い合わせ」「裁断」と段階的に重要な仕事を割り当てられ、しだいに一人前の仕立屋になるために必要な知識・技術を習得していくのです。

こうした徒弟制度のなかでの学習には、次のような特徴があります。

第一に、徒弟制度のなかでの学習では、直接的に「教える」という行為がなされることはあまりありません。学習は文化的共同体の実践に参加することを通じて、なかば潜在的になされます。つまり、学習のカリキュラムは、共同体の実践への参加という状況に埋め込まれた「潜在的カリキュラム」なのです。

第二に、徒弟制度のなかでの学習過程は、たんなる知識・技能の習得過程ではなく、共同体の成員として「一人前になる」ための自己形成過程でもあります。つまり、学習＝職業的自己形成という等式が成立しているのです。

第三に、学習者と教育者の間に明確な区別はなく、新参者もやがては古参者になります。つまり、新参者が古参者になる職業的自己形成の過程は、同時に共同体の再生産（世代交代）の過程でもあるのです。

21世紀の学びのあるべき姿

以上に紹介した20世紀の学習観（学習理論）は、表面的にはかなり異なっているようにみえますが、次の点で共通しています。それは、いずれも学習を「知識の獲得」とみなしていることです。この「知識の獲得」とは、換言すれば、人類がこれまでに蓄積してきた文明・文化を継承することにほかなりません。しかし、たんに過去の遺産を継承するだけでは人類に未来はありません。なぜなら、豊かな未来を創造するためには、「知識の創造」が不可欠だからです。そして、そうした「知識の創造」につながる学びこそが「真の学び」

徒弟制度
　コリンズ（Collins, A.）ら★2は、徒弟制度のなかでの学習過程を参考にして、認知的徒弟モデルとよばれる学習指導法を提唱している。この認知的徒弟モデルは、次のような四段階からなる。すなわち、①教師が模範を示し、学習者はそれを観察学習する「モデリング」の段階、②教師が手取り足取り教える「コーチング」の段階、③教師が支援しながら学習者に独力でやらせる「スキャフォールディング」の段階、④教師の支援をしだいに少なくして学習者を最終的に自立させる「フェイディング」の段階の四段階である。

とよぶに値するのです。では、その「真の学び」とはどのような学びなのでしょうか。

「真の学び」とは何か

「真の学び」の第一の条件は、それをやるのが楽しいことです。楽しくなければ、それは「真の学び」ではなく、強いて勉める「勉強」なのです。ところが、わが国の児童・生徒にとって、学校は楽しい場所ではないようです。そのことは、ＩＥＡ（国際教育到達度評価学会）が世界各国の加盟機関と共同で実施した第三回国際数学・理科教育調査の次のような調査結果に如実に示されています。すなわち、算数が「大好き」または「好き」と答えた小学4年生の割合を比較すると、わが国はオランダに次いで二番目に少なく、自分の算数の成績が「たいへんよい」または「よい」と答えた小学4年生の割合も香港に次いで二番目に少ないことが明らかになったのです。つまり、わが国の児童・生徒は、今なお世界のトップ・クラスの成績を維持しているにもかかわらず、数学（算数）・理科が「きらい」で、しかも自分の数学（算数）・理科の成績に対して「自信がもてない」のです。要するにわが国の児童・生徒にとって、学校はけっして楽しい場所ではなく、きらいな勉強を強いられ、無能感と無力感にさいなまれる場所へと変質してしまったのです。したがって、学校を「真の学び」がなされる場所として蘇らせるためには、何よりもまず学校を楽しい場所にしなければなりません。

では、楽しければ何でもよいのでしょうか。もしそうなら、話は簡単です。学校を遊園地かゲームセンターに変えてしまえばよいのです。しかし、楽しいだけでは「真の学び」

とはいえません。なぜなら、「真の学び」が成立するためには、「心の成長につながること」が必要だからです。人間の体は食物を「食べる」ことによって成長し、人間の心は知識や技能を「学ぶ」ことによって成長します。したがって、心の成長につながらない学びは「無意味な学び」といわざるを得ません。では、今の学校での「学習」は、児童・生徒の心の成長につながっているのでしょうか。おそらくその答えは「ノー」でしょう。したがって、学校を「真の学び」がなされる場所として蘇らせるための第二の条件は、学校を「心が成長するための場所」にすることなのです。

「真の学び」の第三の条件は、「自分の将来のために役に立つと納得できること」です。そもそも学びとは、将来の目標（「なりたい自分」）をめざして伸びていく自己形成の営みにほかなりません。したがって、心の成長につながる「意味ある学び」とは、換言すれば「いま学んでいることは、将来必ず自分のためになるのだ」と、児童・生徒自身が自ら納得できるということにほかなりません。ところが従来の学校の勉強は、それが自分の将来にどのように役立つのかが非常に見えにくいのが現実です。このため児童・生徒は、「試験でよい点をとるためだからしかたがない」と、自分自身を無理やり納得させるほかはありません。そして親や教師の期待にこたえるために、ひたすら無味乾燥な知識を詰め込むのです。しかも、そのようにして無理やりに詰め込んだ知識のほとんどは、試験が終われぱただちに剥落してしまい、結局は自分の将来のために役立つことはありません。そうした無意味な知識を詰め込むだけの受動的な学びは、けっして「真の学び」とはいえません。

なぜなら、心の成長につながる「真の学び」とは、学ぶことの意味を自ら納得し、自ら主体的に取り組む能動的な学びだからです。では、そうした「真の学び」が成立するための条件は何なのでしょうか。

学びを編み上げる三色の糸

「真の学び」とは、自己実現をめざして伸びていく、自己形成（自分づくり）の営みにほかなりません。そしてその過程は、「三色の糸で個性という編み物を編み上げる過程」にたとえることができるでしょう。

第一の糸は、「情（なさけ）」の赤い糸です。つまり真の学びは、子どもたちの情念の世界から湧き上がってくる、「こんなことが知りたい」「あんな人間になりたい」「こんなふうに生きたい」という思いや願いを原動力にして営まれるものなのです。

しかし、思いや願いだけでは真の学びは成立しません。現代社会に生きる子どもたちは、将来、市民として社会生活を営み、社会の文化的実践に参加しなければなりません。そのためには、学校での教科の学習を通して、多様な学問的知識の基礎を習得しておく必要があります。つまり、さまざまな教科の学習の奥には、人文科学、社会科学、自然科学などの学問の体系、すなわち「理（ことわり）」の体系があります。この第二の青い糸（「理」の糸）と「情」の赤い糸とをつなぎ合わせることが、「真の学び」の本質なのです。

学びを編み上げる第三の糸は、「和（なごみ）」の黄の糸です。人間は社会的存在ですから、他者と出会い、人の輪（ネットワーク）をつくりながら、さまざまなことがらを学んでいきます。つまり、人間にとっての学びの意味は「心を成長させること」であり、その心の成長のためには、他者との心の交流を通して共に学び合うための、学びのネットワークづくりが必要になります。したがって、そうした学びのネットワークをつくり広げていくためには、他者と心を合わせる「和の心」がたいせつなのです。

「生きる力」の構成要素

以上のように、「真の学び」は、赤・青・黄の三色の糸で個性という編み物を編み上げる作業にたとえることができます。しかし、この作業はけっして容易ではありません。そのためには力が必要であり、それがすなわち「生きる力」なのです。では、「生きる力」とはどのような力なのでしょうか。それはおそらく次の四つの力ではないでしょうか。

第一は「I・AM」の力です。これは自分自身を知る力、すなわち、自分自身のよいところも悪いところもひっくるめて、自分自身を受け入れていく力です。言い換えれば、本当の自分自身から目をそらさずにそれを見つめる力、先ほどのたとえを用いれば、赤い糸をたぐり寄せる力ということになります。

第二は「I・HAVE」の力です。本当の自分を見つめることは、私たち大人にとっても、なかなかにむずかしい作業です。だから、赤い糸をたぐり寄せるためには、対話の黄の糸とうまく縒《よ》り合わせていくことが必要です。そして、そのためには、心の鎧を脱ぎ捨て、他者に心を開いていくことが不可欠です。つまり、「自分は独りぼっちではないんだ」「共に学び合う仲間がいるんだ」というように、他者との信頼関係を築き、学びのネット

「生きる力」
二〇〇二年四月から実施された新学習指導要領では、自ら学び自ら考える「生きる力」の育成がめざされている。しかし、「生きる力」とはどのような力なのかが、必ずしも明確ではない。このため、教育現場では「生きる力」という言葉だけが踊り、教育改革を主導する概念として十分に定着していない観がある。そこで本稿では「生きる力」の筆者なりの定義を述べてみた。

ワークを広げていく力が必要になります。その力がすなわち「I・HAVE」の力なのです。

第三は「I・CAN」の力です。これは要するに問題解決力です。人間は日々さまざまな試練や問題に遭遇します。そうした試練を乗り越え、問題を解決していくごとに、人間の心は力強く、たくましくなっていきます。この試練を乗り越え問題を解決していく力が「I・CAN」の力なのです。

最後は、「I・WILL」の力です。これは自分自身で目標を定め、それに向かって伸びていく力です。つまり、「I・WILL」の力とは、前述の赤い糸（個性化）・青い糸（知性化）・黄の糸（社会化）のバランスをとりながら、自己形成（自分づくり）の航海の舵取りをする力なのです。

●引用文献●
★1　Lave, J. & Wenger, E. 1991 *Situated learning: Legitimate peripheral participation.*　佐伯　胖（訳）1993　状況に埋め込まれた学習―正統的周辺参加―　産業図書
★2　Collins, A., Brown, J.S., & Newman, S.E. 1989 Cognitive Apprenticeship: Teaching the craft of reading, writing, and mathematics. In L.B. Resnic (Ed.), *Knowing, learning, and instruction: Essay in honor of Robert Glaser.* Hillsdale, NJ: Lawrence Erlbaum Associates.

躍動する学び

学びが躍動するフィールド

鹿毛雅治

仕事柄、学校の授業をよく参観します。そのたびに感じるのは、それぞれの授業には独特の「空気」が流れているということです。一人ひとりの子どもたちが、あれこれと調べたり、話し合ったり、記録したり、発表したりと、多様な活動に生き生きと取り組んでいる授業。あるいは、教室は静けさに満ちていても、子どもたちの意識が活動に集中し、快い緊張感が感じられる授業。これらの教室では、学びが躍動する空気を肌に感じます。一方、怠惰で緩慢な子どもたちの態度が表情や身体に露呈し、気だるくよどんだ空気が充満している授業もあります。

そもそも、学びが躍動するとはどのような心理現象なのでしょうか。そこには、少なくとも三つの特徴[★1]があるように思われます。第一に、躍動する学びは「切実な想い」（パッション）によって支えられているという点です。それはまず、「こだわり」（学ぶ対象と自分とのつながり）が生じるところから始まります。たとえば、「恐竜が生きていた太古の

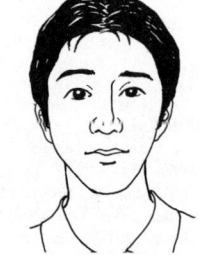

●執筆者プロフィール●

①神奈川県
②慶應義塾大学大学院社会学研究科教育学専攻博士課程単位取得退学　博士（教育学）
③慶應義塾大学教職課程センター教授
④教育心理学（学習意欲論・教育評価論）
⑤学ぶとは「学べば学ぶほどわからなくなってしまうというパラドキシカルな営み」だと思います。このような学びの奥深さを初めて知ったのは大学入学直後に履修した倫理学の講義を聞いたときです。その先生は自らも悩みつつ、私たち学生に次から次へと問いを投げかけてくれました。それはいわば考えることの楽し

①出身②経歴③現在④専門⑤「学び」について思うこと

昔」に興味が生じたり、クロールのタイムを友だちと競い合いたくなったり、風景画の彩色がどうしても納得がいかないのでさらに手を加えたくなったりするといった切実な気持ちが原動力になるわけです。そしていつの間にか、我を忘れて学びに没頭してしまいます。

第二に、学びが躍動していると、「問い」がおのずと生まれてくるという点です。「恐竜は何を食べていたのかな」「自分のフォームをどう改善すればもっと速く泳げるのか？」「何色を加えれば荒々しい海のようすを表現できるのだろう」というように、躍動する学びは問いを次々に誘発し、「考えること」と「わかること」と「できること」をつないでいきます。

第三に、躍動する学びは「オープンエンド」です。わかればわかるほど、わからないことが見えてきますし、できるようになればなるほど、未熟な部分がクローズアップされてきます。「恐竜」や「クロール」や「風景画」の探究（inquiry）は、自らの学びの道すじを切り開きながら果てしなく続いていくのです。このように躍動する学びには、ゴールというものをあらかじめ定めることができません。

学びが躍動するフィールドには、切実な想いを基盤として問いが生成され、それが発展的に解消するプロセスを通して、学びがさらにふくらんでいくというような「探究の空気」が満ちているのだといえるでしょう。

近年の動機づけ理論では、学習者をエイジェント[1]（主体）として位置づけながら、学習意欲の心理的メカニズムについて明らかにしようとしています。私たちは外界や本能のみ

さと苦しさの同時体験でした。結局のところ、このような出会いや体験の積み重ねが人を学びに向かわせていくのではないでしょうか。

動機づけ（motivation）
行為が起こり、維持され、方向づけられるプロセス全体を意味する心理学用語。行為のエネルギー（量的な側面）と方向性（質的な側面）という二つの現象から理解することができる。たとえば、「読書」の場合、本を読む行動がどのように起こり、どのように方向づけられるかということが動機づけの問題であり、読書に費やす時間や苦労、本の好み、読書の目的などが動機づけの指標となる。

1) 行為する力を備えたもの（The American Heritage Dictionary 3rd ed.）。

によってコントロールされる操り人形ではありません。人は条件さえ整えば、自ら積極的に環境とかかわりながら能力を伸ばそうとする躍動する学びの主体になり得るのです。以下では、学習意欲に関する研究の知見を、「認知」「情動」「動機」の三つのアプローチに分けて紹介していくことにしましょう。

学習意欲のしくみ

意味づける主体

私たちは日常生活で出会うさまざまな事象を解釈したり、価値づけながら生きています。「認知論的アプローチ」では、そのような現実に対する主観的な解釈が意欲を規定するのだと考えます。たとえば、鉄棒の練習でどうしても「さかあがり」ができずについ弱音をはいたら、「そのくらいでへこたれてどうする！」と先生に怒鳴られた場合を考えてみましょう。これを「激励」の言葉と受け取り、もっと練習しようと奮起する子どもがいる一方で、それを「叱責」と受けとめ、自信を失ってしまったり、萎縮して身体が思うように動かなくなってしまう子どももいるかもしれません。同じ言葉かけをされたとしても、当人が「激励」ととるか「叱責」ととるかというような意味づけのしかたによって、あとのやる気が異なってくるのです[2)]。

代表的な認知論的アプローチとして「期待×価値理論」を紹介しましょう。期待（expectancy）とは、成功可能性に関する信念（できると思っているかどうかの認識）を

2）このような意味づけのしかたは、当人のパーソナリティ、その時の体調や気分、その出来事が生じた文脈、その場の人間関係やコミュニケーションのあり方など、さまざまな要因に規定される。

さします。これ以上練習してもさかあがりはできない（可能性がない）と思っていれば、いくら先生に叱咤激励されたとしても練習を続ける気にはならないでしょう。逆に、少しでも見込みがある（可能性がある）と信じているからこそ、やる気が生じるわけです。一方、価値（value）とはその課題に対する個人的な重要性の認識や感覚のことです。そもそもやる気とは、その課題になんらかの価値を感じているからこそ生じる現象です。たとえば、さかあがりができるようになることを「カッコいい」と思っていたり、じょうずにさかあがりをする姿を先生に見てほしいなどと思えば、一生懸命練習する気になるでしょうが、さかあがりができようができまいが当人にとってどうでもよければ、やる気は生じません。このように、期待×価値理論では、「私にはこの課題ができるだろうか」「そもそもこの課題を私はやりたいのだろうか」「では、なぜやりたいのだろうか」というような問いに対する意味づけを問題にするわけです。[3)★2]

とくに、意欲の方向性を考えるうえでたいせつなのが、「目標」（goal）という概念です。多くの場合、私たちの行為には「なぜそれをするのか」という目標が存在しています。そして、目標には「価値」と「行為」とをつなぐ働きがあるため、どのような目標をもっているかによって当人のやる気や行為の性質が異なってきます。たとえば、「鉄棒がじょうずになりたい」というようなマスタリー目標（課題そのものに熟達し、能力を高めるという目標）をいだいている場合、放課後に友だちと遊ぶ約束を振り切ってでも、校庭に残って鉄棒の練習をするかもしれません。また、自己概念に焦点が当てられるパフォーマンス

3）動機づけを期待と価値の積として位置づけている点が、期待×価値理論のポイントである。つまり、期待がゼロ（できる可能性がないと思っている）であれば、いくら価値を認識していてもやる気は起きないし、逆にいくら期待が存在していても、価値がゼロ（重要でない）と思っていれば、やる気は起きないというわけである。

目標（自分の能力に対する評価を高める、または自分の能力に対する評価を低めないという目標）[4]をいだいている場合、できることをアピールしようとして先生が見ているところでしか練習しなかったり、逆に、自信がないために鉄棒を練習している姿を先生にけっして見せようとしないかもしれません。あるいは、さかあがりができないことを心配した母親が、鉄棒を毎日一時間ずつ一週間練習したらこづかいを千円アップすると思わず約束してしまった場合、「こづかいを稼ぐ」というような外発的目標（その課題と無関連な目標）が生じて、毎日、時計とにらめっこしながらきっちり一時間だけ練習し、約束の一週間が過ぎたらそれ以降鉄棒には見向きもしない可能性さえ生じます。

このように考えてみると、「鉄棒の練習をしている」という表面的な行為だけを見てやる気を判断することが危険だということに気づきます。一見、学習意欲があるように見えながら、実態は「点取り意欲」「こづかい稼ぎ意欲」である可能性もあるわけです。学びが躍動するとは、学ぶことそれ自体に価値を置くマスタリー目標をいだき、「できる」という希望と展望をもちながら課題に取り組む心理状態をさしているのだといえそうです。[5]

感応する主体

私たちは、現実を意味づけるだけでなく、さまざまな場面で多様な感情をいだきつつ、それに対応しながら生活しています。そのような情動体験が意欲のあり方を左右するという点を強調するのが「情動論的アプローチ」です。

チクセントミハイ[★4]は、私たちが達成場面で出会う情動体験を「精神エントロピー」

4）エリオット[★3]は、パフォーマンス目標の二つの側面（能力に対する肯定的な評価を得ようとする側面と、否定的な評価を避けようとする側面）を区別し、前者をパフォーマンス—接近目標（performance-approach goal）、後者をパフォーマンス—回避目標（performance-avoidance）とよんでいる。

5）パフォーマンス目標や外発的目標に教育的な価値がまったく存在しないなどということを主張したいわけではない。それらが学ぶきっかけになったり、結果として本人の能力を高める可能性もあり、その過程でマスタリー目標が生じてくるかもしれないからである。

(psychic entropy) と「フロー」(flow) の二つに区別しました。精神エントロピーとは、自らがいだいている目標と現実とが葛藤を起こした混乱状態（たとえば、恐れ、不安、退屈、無関心、困惑、嫉妬など）を意味します。このような場合、気が散って活動に集中できず、作業の効率はきわめて悪くなります。一方、フローとは、自然に気分が集中し努力感を伴わずに活動に没頭できるというような、目標と現実とが調和した心理状態をさします。この場合、活動はなめらかに進行し、効率的であるばかりでなく、当人の能力を伸ばす方向に向けて行為が進展していきます。じつは学びが躍動しているとき、私たちはこのフローを体験しているのです。[6)]

図１‐２に示されているように、私たちの情動体験は、挑戦 (challenge) と技能 (skill) の水準に規定されます。たとえば、その課題が困難である（挑戦のレベルが高い）にもかかわらず、技能がない場合には不安を感じるだろうし、逆に、技能が高く、課題が容易（挑戦のレベルが低い）であれば、リラックスします。フローとは、ハイレベルの目標を掲げ、かつ能力も高い場合に体験できる感覚なのです。[6)]

たとえば、「クロールを二十五メートル泳ぎ切る」という挑戦レベルが自分の技能にマッチしていたため、しばらくフローを感じることができたとしましょう。しかし能力が高まってくるにつれて、二十五メートルをクリアするなど簡単すぎて、退屈になってくるかもしれません。そのような

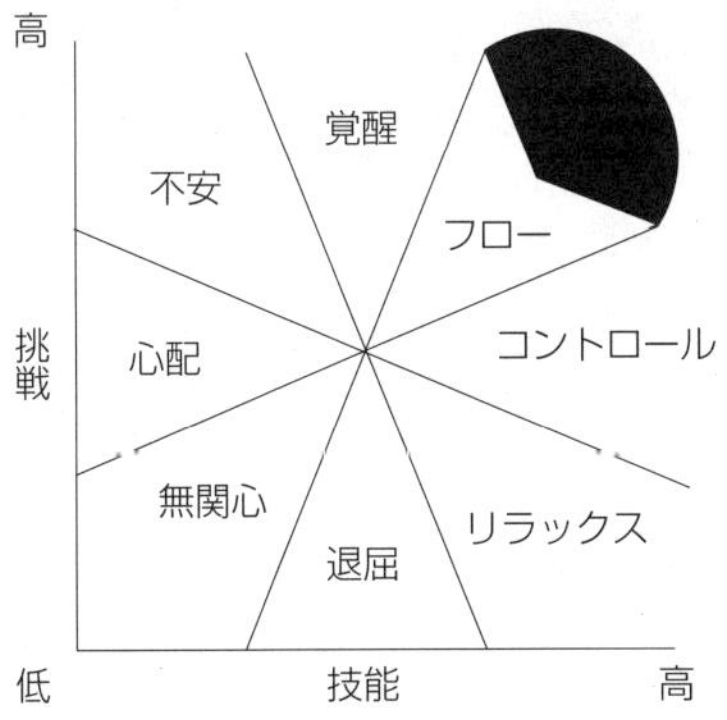

図１‐２　体験の性質[★5]

6）客観的に高い能力をもっている人だけがフローを体験できるという意味ではない。挑戦と技能の水準とはあくまでもその人にとっての基準なのであり、すべての人が自分なりの基準に基づいてフローを体験できるのだという点が、この理論では強調されている。

場合には、タイムを縮めたり距離を伸ばすといった新たな目標を掲げて挑戦レベルを高めることによって、フロー体験を持続することができるというわけです。このようにフローを求めつづけることによって、しだいに困難なことに挑戦するようになり、結果的に技能も向上していくのです。

躍動する主体

学びが躍動しているとき、私たちは学ばずにはいられない気持ちに突き動かされています。「動機論的アプローチ」では、このように人を行動に駆り立て、その行動を方向づけていく心理的なエネルギーを動機（motive）や欲求（need）とよんで重視します。たとえば、ディシとライアン[★6]は、生理的欲求と区別すべき三つの心理的欲求、すなわち、①コンピテンス（competence）への欲求（環境と効果的にかかわりながら学んでいこうとする傾向性）、②関係性（relatedness）への欲求（他者やコミュニティとかかわろうとする傾向性）、③自律性（autonomy）への欲求（行為を自ら起こそうとする傾向性）を仮定しています。以上の三つはいずれも人が生得的にもっている成長に向けての傾向性であり、これらの欲求が同時に満たされるような条件のもとで、人は意欲的になり、パーソナリティが統合的に発達するのだというのです。

学ぼうとする動機は、生活のフィールドの中で人が主体として尊重されながら、他者や環境とかかわっていく豊かな体験を通して育まれていきます。しかもその成長のプロセスには個性的な色彩が必ず反映されているという点を見逃すわけにはいきません。たとえば、

コンピテンス

環境と効果的に相互交渉しようとする生命体に備わる生物学的な意欲と能力。ホワイト[★7]は、生命体、とりわけ高等動物は、環境とかかわりながら知識や技能を獲得し、そのことによってコンピテンスをさらに高めていこうとする心理学的なメカニズム（学びとる力）を生得的に備えていると主張している。この考え方は、今日の学習意欲論の大前提になっている。

身体を通して表現することが得意なエネルギッシュな子どもも、静かに読書しながらじっくりと思索を深めることが好きな子どもも、学びが躍動しているという点では同じですが、その意欲的な姿の違いには、彼らの個性とその成長の方向性がそれぞれ表現されているのです。

その人らしさは「目標構造」にも反映されるようです。私たちの行為の目標はＢＥゴール（「かくありたい私」を表す目標）を上部構造、ＤＯゴール（具体的な行為を指示する目標）を下部構造とする階層構造を成していると考えられています。[★8]たとえば、「常に何かに対して挑戦するような人でありたい」というようなＢＥゴールは、「経験のないスポーツでも一度は試しにやってみる」「めずらしいエスニック料理をつくってみたい」というような下位のＤＯゴールと結びついており、両者は実際の行為に影響を及ぼすと同時に、全体の目標構造が行為の過程や結果に応じて組み換えられていくのです。

また、意欲の具体的な表れ方が、文脈や状況によって異なってくるという点にも留意する必要があるでしょう。教室での授業では意欲的でない子どもが、部活動では見違えるほど活動的だということはよくあることですし、同じひとつの授業時間内

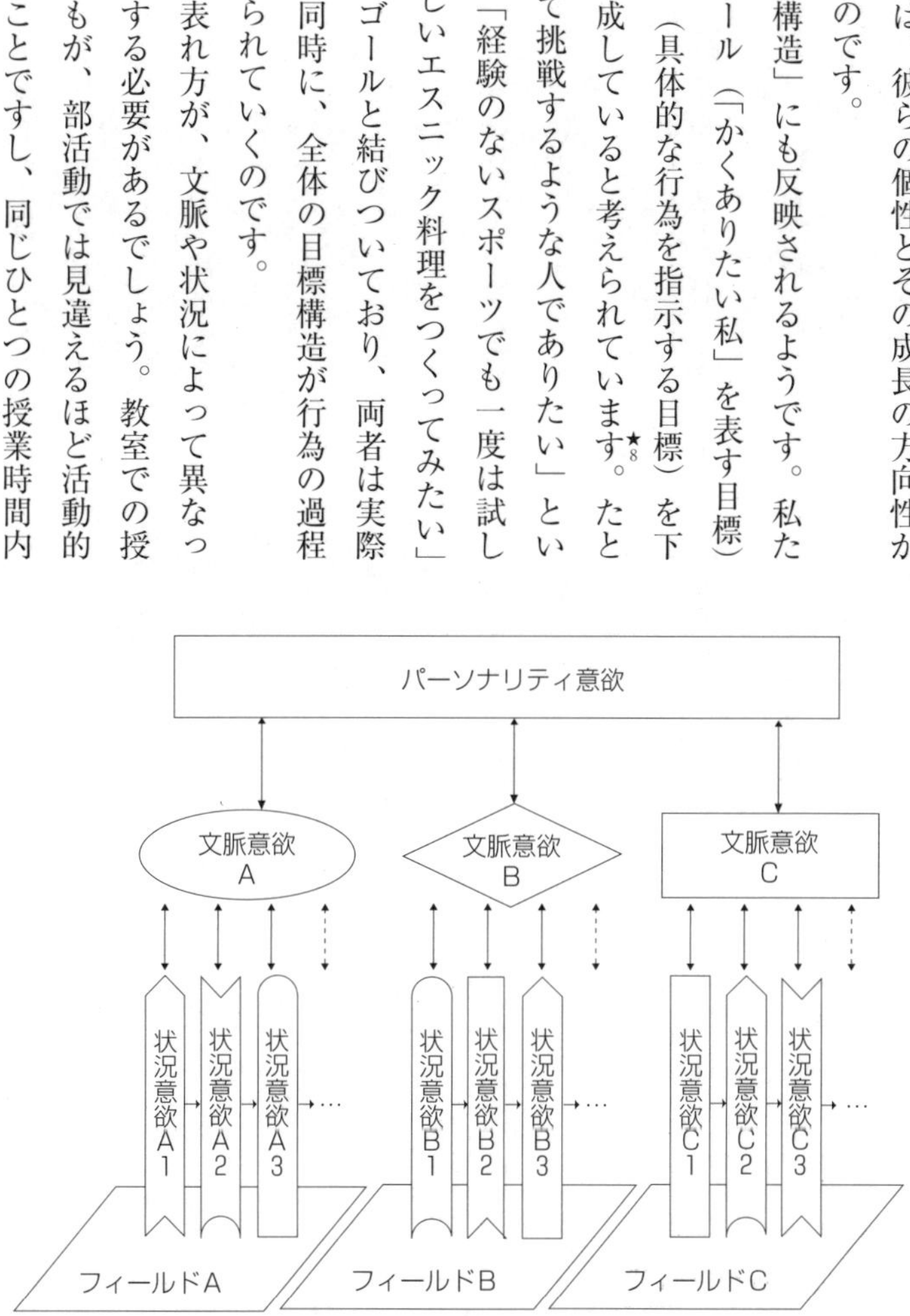

図1-3　意欲の3水準

7）ベーレランドとラッテル[★9]を参照。

であっても、そこには意欲の波があるはずです。図1‐3に示すように意欲という現象は、パーソナリティ意欲、文脈的意欲、状況的意欲の三水準でとらえる必要があるのではないでしょうか。[7] たとえば、「常に何かに挑戦するような人でありたい」（BEゴール）というような一般的で抽象的な傾向性（パーソナリティ意欲）があったとしても、授業の文脈（A）と部活動の文脈（B）ではその表れ方（文脈意欲）が異なります。また、ひとつの授業（状況）であっても、授業の最初の意欲（A1）、次の意欲（A2）、またその次の意欲（A3）というように、その意欲の状態（状況意欲）は刻一刻と変化していくに違いありません。躍動する学びはこのような意欲の構造を背景としつつ、フィールドとのかかわりのなかでダイナミックに展開していくものであると理解すべきでしょう。

学びが躍動するフィールド――「こころざし」をともに育む場

躍動する学びを支える意欲は、他者から学びの道すじが与えられてそれに従うような「勉強意欲」とはまったく違います。主体としての学び手が、学ぶという営みをその人らしい志向性の筋道に位置づけることができたときにこそ、学びが躍動しはじめるのです。

人のもつ究極の志向性は「こころざし」（何のために、何を学び、何になりた

●引用文献●
★1　鹿毛雅治　1999　豊かな学びを求めて　教育評論,**629**,36-39.
★2　Eccles, J. S., Wigfield, A., & Schiefele, U. 1998 Motivation to succeed. In W. Damon & N. Eisenberg (Eds.) , *Handbook of child psychology* (5th ed.) Volume3: Socioal, emotional, and personality development. New York: Wiley.
★3　Elliot, A. J. 1999 Approach and avoidance motivation and achievement goals. *Educational Psychologist*, **34**, 169-189.
★4　チクセントミハイ, M.（著）今村浩明（訳）　1996　フロー体験　喜びの現象学　世界思想社
★5　Csikszentmihalyi, M. 1997 *Finding flow*. New York: Basic Books.
★6　Ryan, R. M. & Deci, E. L. 2000 Self-determination theory and the facilitation of intrinsic motivation, social development, and well-being. *American Psychologist*, **55**, 68-78.
★7　White, R. W. 1959　Motivation reconsidered: the concept of competence. *Psychological Review*, **66**, 297-333.
★8　Carver, C. S. & Scheier, M. F. 1998 *On the self-rerulation of behavior*. New York: Cambridge University Press.
★9　Vallerand, R. J. & Ratelle, C. F.　2002 Intrinsic and extrinsic motivation: A hierarchiacal model. In E. L. Deci & R. M. Ryan (Eds.), *Handbook of self-determination reseach*. Rochester, NY: University of Rochester Press.
★10　鹿毛雅治　1995　学習意欲再考　現代のエスプリ，**333**，105-113.

いのかという信念）だと思います。それはパーソナリティ意欲の中核に位置するとともに，意欲の長期的な成長をサポートします★10。学びが躍動するフィールドは「こころざし」を育む場でもあるのです。

冒頭で教室の「空気」の話にふれました。フィールドの空気は学びを規定し，学びはフィールドの空気を規定します。学びが躍動する空気は，一人ひとりの学びの躍動が協同的に刺激し合うプロセスを通して醸成されていきます。そして，その空気によって一人ひとりの学びの躍動が支えられていくのです。

まずたいせつなのは，学びが躍動する空気を肌でじかに感じる体験を積み重ねていくことだと思います。はたして私たちのフィールドが，ともに意味づけ合い，ともに感応し合い，ともに躍動するような場になっているでしょうか。そして何よりも，そのフィールドにかかわる私たち自身の学びが躍動しているでしょうか。このように自らの足元をふり返ってみるところからまず始めてみたいと思っています。

●推薦図書●

『達成動機の理論と展開―続・達成動機の心理学―』　宮本美沙子・奈須正裕（編）　金子書房　1995

さらに詳しく知りたい人のための専門書。動機理論，期待理論，目標理論など，達成動機づけの諸理論について，代表的な研究を具体的に紹介しながら解説している。

『学習意欲の心理学―自ら学ぶ子どもを育てる―』　桜井茂男　誠信書房　1996

学習意欲に関する知識が豊富な図表とともにわかりやすく説明されている。筆者自身の研究にもふれながら，動機づけの測定，意欲の発達と対人関係，無力感などの話題にも広がりがあり，親しみやすい。

『人を伸ばす力―内発と自律のすすめ―』　デシ，E.L.・フラスト，R.（著）　桜井茂男（監訳）　新曜社　1999

動機論的アプローチの第一人者であるデシによる一般読者向けの本。人の自律性や健康，他者とのかかわりといった問題について，実験心理学的な知見を基盤としながら誠実に語りかけてくる。

『学ぶ意欲を育てる―子どもが生きる学校づくり―』　奈須正裕　金子書房　1996

学校教育現場を知悉した筆者が，教育場面での豊富なエピソードを交えながら独特のユニークな語り口でわかりやすく論じている。教育を改めて考え直してみるための好著。

『教室の動機づけの理論と実践』　新井邦二郎（編著）　金子書房　1995

理論書と実践書という２つの性質を兼ね備えながら教育実践と動機づけの関連について論じた本。子どもの性格，学級の雰囲気，教育評価，教師，メンタルヘルスといった多様な切り口から研究の知見が紹介されている。

子どもの求めに応じる教育とは

奈須正裕

近年、生活科や総合的な学習、さらには在来の教科においても、子どもの求めを学習指導のよりどころ、授業づくりの出発点にしようという動きが顕著です。ところが、この傾向を疑問視する声も後を絶ちません。極端な人になると、「子どもがやりたがることなんか、およそろくでもないことばかりだ。そんなことにたよっていたのでは、価値ある学習など生まれるわけがない」などといいます。いくらなんでも、子どもがやりたがることのすべてが「ろくでもないこと」なはずもないでしょうが、子どもの求めをめぐって、これに近い概念をもっている人は少なくありません。おそらく、子どものいい姿に出会ったことがないのでしょう。残念なことです。あるいは、出会っていてもそれと気づかなかったのかもしれません。もったいないことです。いずれにしても、子どもをそのようにしかとらえられないとは、ずいぶんとかわいそうな人たちではないでしょうか。

しかし最大の問題は、大人たちがそんな否定的なまなざしで見つめ、対応し続けた結果、それこそ「ろくでもないこと」しか求めなくなる子どもが現れかねないことです。この危

●執筆者プロフィール●

①徳島県
②東京大学大学院教育学研究科博士課程（教育心理学専攻）修了　博士（教育学）
③上智大学総合人間科学部教授
④教育心理学・教育方法学
⑤教育にかぎりませんが、どうしてみんな「あれかこれか」の対立図式で考えたがるのでしょう。古典的なところでは、科学か生活か、系統か経験か、知識か問題解決力か、などがあります。最近ではゆとりか学力かという図式がさかんです。でも、本当に「あれかこれか」で対立するのかなあ。もしかすると、問いの立て方がまちがってるんじゃないかなあ。だったらま

①出身②経歴③現在④専門⑤「学び」について思うこと

険性を未然に回避するためにも、今一度、子どもの求めとは何か、さらにはそこからどのように価値ある学びを生み出すことができるか、について考えてみたいと思います。

主体的な生き方更新の最前線

たしかに、子どもが口にする求めのなかには、享楽的で刹那的なものもあります。しかし、そればかりではありませんし、そもそも子どもがやりたがることはひとつではなく、いくつもあります。ならば、教師はそのなかから価値ある学びに結びつくものに着眼し、それをこそもり立て、単元を構成し、学びを組織していけばいいのではないでしょうか。

さらにいえば、一見享楽的と思えるものの背後にさえ、真摯で切実な動きの存在することも少なくないのです。ここはひとつ、具体的な事例で考えてみましょう。

総合的な学習で、4年生が「家づくり」に取り組みました。コンクリートブロックで土台を組み、しっかりと柱を立て、十分に雨風をしのげる家を完成させたのです。

活動終了後、校内研究会で、家づくりをしたいと言いだした数人の子どもたちのことが話題になりました。ふだんはあまりめだたない数人の子が、こと今回の家づくりには、こだわりにこだわったのです。「どうしてだろう」という疑問が、みんなの中にありました。「もしかすると、こういうことかもしれない」。沈黙の後、口を開いたのは前担任でした。「この子たちはみんな、どちらかといえば家庭的には恵まれているといえない子たちでしょう。学校から帰っても、すぐに外へ遊びに行ってましたしね。もしかすると、居心地

ともな答えなんか出るわけないものね。そんなわけで対立図式はやめにして、子ども中心で確かな学力の定着する教育、楽しくて力のつく授業といったものを日夜考え中です。

のいい自分の居場所がほしかったんじゃないかなあ。もちろん、あの子たちはそんなこと意識してないんだろうけど、家をつくりたいって言いだした背景には、そんなあの子たちの切実な思いがあったのかもしれない」

もちろん、この解釈が正しいかどうかは不明です。また、家づくりをしたいという子どもがすべて、居場所のない子というわけでも、もちろんありません。しかし、この事例の場合、自身の生活現実との向かい合いの中から生じていた切実な願いが、家づくりという具体的な、しかも楽しく夢のある活動を生み出したというのは、解釈可能なストーリーのひとつでしょう。

しかも、筆者はこのストーリーをけっして悲しいとは考えません。むしろ、たくましいと思います。なぜなら、この子たちは自分たちの生活現実に目を背けることなく正対し、自分自身、より納得のいく生き方を自分自身の手で切り開こうと、しかも明るく建設的な形で切り開こうとしているように感じられるからです。

筆者は、子どもの求めには、子どもが自身をとりまく現実を吟味し、そこから出発して、より納得のいくあり方を求め、自力で更新していこうとする、いわば子どもが自身の生き方を求めるその最前線が、しかも具体的な活動の形で表現されているのではないかと考えています。だからこそ、多くの実践が証明してきたとおり、真に子どもの求めを基盤とした学習では、結果的に大人から見ても多くの価値ある学びが生じ、子どもの生き方が強くなるのです。

夢・願いと気がかり・不安

その意味で、筆者は子どもの求めのなかに、夢や願いなど「○○したい」という形で表現できるもののほか、気がかりや不安とよぶべきものも含めたいと思います。たとえば、「ぼくたちの町の近くにゴミ処理施設がたくさんあって、ダイオキシンのことが話題になっているけど、だいじょうぶなのかしら」とか、「最近、町で外国の人をたくさんみかけるけど、どこから来て、何をしているのかしら」といったことを、子どもたちはごく日常的に気がかりに思っています。しかし、子どもたちだけでは、また取り立てての場がなければ、なかなか具体的な取り組みとはならず、気がかりや不安は解消されていきません。

従来の学校には、そんな子どもの気がかりや不安を適切に扱う領域も時間もありませんでした。それどころか、「そんなことは先生たち大人に任せておきなさい。今のあなたたちに大事なのは算数。じゃあ、教科書を開いて」などと、冷たくあしらわれさえしました。

新設された総合的な学習では、これら子どもの気がかりや不安を真正面から受けとめ、学習活動を組織し、こたえることができます。さまざまな追究を経て、子ども自身、より安寧な、より納得のいくあり方を、自身の生活現実の中に創造していく姿が期待されます。

子どもの求めをたいせつにするのは、子どもが興味を寄せる活動であれば楽しく熱心に取り組むといった表面的で技術的な意味からではありません。子どもが実現を願うことや気がかりでしかたがないことには、子どもが自身をとりまく現実を吟味し、より納得のいくあり方へと更新していこうとする、その最前線が必ずやなんらかの形で含み込まれているからなのです。

日記と朝の会の充実を

ここで多くの教師が不安に思うのは、日々の生活を自覚的に送っている子は、たしかに自己更新へと連なる切実な求めをいだくかもしれないが、そんなことにはいっさい無頓着に、毎日をただただぼーっと過ごしている子もあるのではないか、そういった子はどうするのか、ということでしょう。

たしかに、何かが目の前にあっても、見ようとしなければ見えません。しかし、教育とはそうすることが価値があると考えたなら、そのことを促すよう働きかける営みです。目の前にないのならしかたがありませんが、あるのなら、着眼を促せばいいのではないでしょうか。もちろん、強制や命令ではうまくありません。やはりここは、子どものほうから自発的に着眼するような、自然な働きかけを工夫したいものです。

この場合、具体的には二つの方途が有効であり、実際、総合的な学習の先進校ではほぼ例外なく、この二つの指導をたいせつにしています。それは日記と朝の会です。

日記を書くということは、自分の今日一日の暮らしを心静かに見つめ直し、感じたところを自分に向かって自分の言葉で誠実に淡々と綴る営みであり、一日に一回、自己とていねいに向かい合う時間、豊かな自己内対話の空間です。また、自然とそのような営みになるよう、教師には細心の注意を払って粘り強く指導を積み上げていくことが望まれます。

日記をこのような営みとすることで、「私」の生活が「私」にとって明晰に自覚されるところとなります。生活現実が明晰に自覚されれば、子どもといえども、いや子どもだからこそ、もうぼーっとは暮らしていられません。とたんに、「もっとこんな自分になりたいなあ」とか「この身近な問題について、ぼくはどうしていけばいいのだろうか」といった、いわゆる切実な願いや気がかりなど、自己の生き方を更新していくのにつながる求めがおのずから生じてくるでしょう。

一方、朝の会は、「私」が心静かに自己内対話したことを仲間と相互に出し合い、交流することで、多様な生活現実への自覚を共有化し、そこからいっそう普遍で重要な生活実践課題を探り、問題意識をさらに明晰なものにしていく営みといえます。ある生活上の事実をめぐって、私はこう感じたけれど、仲間はどう感じたのか、そのことを率直に聞き合い、分かち合うことで、生活現実への自覚を、波紋のようにどんどん広げ、協働で豊かなものにしていく場なのです。

さらに、両者を連携させる、すなわち日記を朝の会での発言の主要な源泉のひとつとして位置づけるとともに、朝の会の議論を日記の主要な題材のひとつとしても位置づけるといいでしょう。こうすることで、両者は相互促進的にどんどん豊かさを増していくでしょうし、子どもたちの生活への自覚と、そこから発した生き方更新への動きはいっそう力強いものとなっていくのです。

問題は子どもが解決する

それでもまだ、不安だという人があるでしょう。たとえば、こんな具合です。

「なるほど、子どもの求めから価値ある学びが生じるという意味合いはよくわかりました。でも、実際となるとやはり不安です。だって、子どもたちがやりたいということにいちいち応じるんでしょう。それじゃあ、活動がうまくいくように準備するだけでも、たいへんじゃないですか」

あいかわらず、この手の誤解は多いようです。子どもの求めに応じるとは、子どもがやりたいということを教師の手で問題なく成就させてやることではありません。それはたしかに「楽しい」「うれしい」ことですが、子どもたちはそこから多くを学ばないし、真の成就感など感じてはいません。さらにそれ以上活動を深めようともしないでしょう。

これはいけないことではありません。あたりまえのことなのです。人が「○○したい」と願い、あっさり実現できたなら、それで「オシマイ」です。「何か気づいたことはありませんか」などとたずねるほうがおかしいんですね。自分がすでにもっている知識や技能や見通しでやりたいことが実現できた（本当はそうではないのですが、事態としてはそうなっている）のですから、そこには新たに考えたり学んだりすることはとくにはありません。

人が切実な追究の要求にかられ、自ら進んで意欲的に学ぶのは、うまくいかないときや予測に反したときです。「○○したい」と思い、実現に向けて取り組んだ活動が、途上において障害にぶつかりスムーズに進まなくなったとき、切実な問題が発生するのであり、その解決をめざして主体的で意欲的な追究が行われます。そして、その過程でさまざまな、しかも自己のあり方に深く根ざすと同時に対象の本質にも肉迫する学習が生じるのです。

よく困り、よく学べ

再び事例で考えましょう。

子どもたちが「おやつづくり」をやりたいといって取り組みました。クッキーやクレープなど定番もののほか、ケーキや肉まんに取り組むグループも現れます。

ここで担任が頭を抱えます。「どうすれば一時間でケーキや肉まんをうまくつくれるか」。お察しのとおり、この問題をこそ子どもが自力で解決しなければなりません。とはいえ、問題の存在に気づかせる投げかけはしていいでしょう。「ところで、あなたたち。肉まんをつくるのに一時間でだいじょうぶですか」。子どもたちははっとして考えるでしょう。それでも「一時間でだいじょうぶだよ」と言えば、そのままやらせればいい。困ったり失敗すればいいのです。なぜなら、そこにこそ解決すべき切実な問題が生じるからです。

教師がすべきことは、再挑戦の機会を子どもたちが納得するまで何度でも与えることです。そうしてやることで、発酵がうまくいかずベタベタの肉まんをつくってしまった子どもたちは、自ら進んで図書室で発酵について徹底的に調べ上げ、次回には見事な肉まんをつくりあげるのです。

それ以前に、教師は家庭科室をキープすることも、オーブンを準備することもしてはなりません。それは子どもたちが解決する問題だからです。「先生、オーブンはどこ」と聞いてきたら、「え、先生知らないよ。オーブンがいるんですか」とボケてやればいいんですね。

生活科で「後かたづけができなくて」となげく人がありますが、あらかじめきれいに並べられ、おせっかいにも余熱までかけてあるオーブンをだれがかたづけようとするでしょう。大人でも気がまわらないかもしれません。反対に、自分たちが家庭科の先生に交渉して持ち出したオーブンなら、低学年の子どもでも、自分たちでどんどんかたづけるでしょう。

問題は子どもたちが自覚し、子どもたちが解決するのであり、どうしても自力で解決できない場合にのみ、教師が脇からちょこっと支援すればいいのです。くれぐれも、問題を教師が解決し、それを脇から子どもに支援してもらってはいけません。

授業とはいっしょにつくるもの

ここで「子どもの求めに応じること、問題解決のたいせつさはわかりました。しかし、それで価値ある学習が保障できるでしょうか。好き勝手なことをやるだけにならないでしょうか」という疑問が起こってくるのはもっともなところです。

最後も事例で考えましょう。

●推薦図書●

『平成子どもおもしろ学—今どきの“子どもと先生”のちょっといい話—』　石田光（編著）　タイムス　2001

教室で出会う，ハッと驚き，スバラシイと感心してしまうような子どもの姿や出来事を，著者たちは「教育的感動」とよび，そこにこそ「教育が成り立つ法則」があるという。珠玉のエッセー集であると同時に，子ども研究の貴重なデータ集でもあり得る。

『子どもに惚れる—今，教師の感性を問う—』　市川　博・峰　勉・中島　巌・中島仁・島本恭介（著）　てらいんく　2001

横浜市の４人の小学校教師が，自身の実践研究の歩みをやさしい語り口で綴ったエッセー集。子どもに寄り添うということの理論的・実践的意味が，生々しい具体を伴ってしみじみと読み手に伝わってくる一冊。

子どもたちが、近くの山で採った木の実でジャムづくりに取り組んでいました。さんざん苦労してジャムができあがり試食というとき、教師がさりげなく「今日、先生ね、お店でジャムを買ってきたんだけど、よかったらみんなのと食べくらべしてみない」と声をかけます。子どもたちは大喜びで投げかけを受け入れ、食べくらべをしてびっくり。市販のジャムは甘ったるくておいしくないし、色も毒々しいと口々に言います。「そう。でもこれ、ふだんおうちで食べてるやつでしょ」という教師の切り返しをきっかけに、子どもたちは自分たちの食のあり方に着眼しました。その後、追究は食品に含まれる添加物や着色料へ、さらには農薬や遺伝子組み換え作物へと進みます。そのなかで、今日の食のあり方が市場経済や大規模流通のしくみとかかわっていることに気づき、また一方でそれに背を向け、自然で安全な食品づくりに取り組む人の生きざまにもふれました。子どもたちが、それらの経験と認識を基盤に、自らのあり方を鋭く問うたことはいうまでもないでしょう。

子どもの求めに応じるといっても、教師の意図性、指導性の適切な発揮はやはり重要です。もし、あそこで教師が投げかけなければ、ジャムづくりはたんなる楽しい活動で終わっていたかもしれません。しかしその一方で、ジャムづくりが子どもたちの求める活動であったからこそ、教師の投げかけをきっかけに、健康や環境にかかわる深く科学的な追究が自発的に生じた、ということも忘れてはならないのです。

授業とは、教師と子どもがいっしょにつくっていくもの。この言い古された言葉の奥に潜む意味を今一度問い直し、深く胸に刻みたいものです。

●推薦図書●

『確かな力を育む総合学習』　山口大学附属小学校（著）　明治図書　2001
子どもの求めをよりどころとしながらも，確かな学力を保障する総合的な学習のカリキュラム編成と評価の考え方・進め方を，ステップバイステップでわかりやすく解説している。

『学校を変える教師の発想と実践』　奈須正裕（著）　金子書房　2002
子どもの目線に立って学校を改革するとはどういうことか。総合的な学習，基礎・基本の確実な定着，特色ある学校づくり，という3つの重要なトピックを例に，この問題について原理的かつ実践的に解説した一冊。

「共に」みる・考える・つくりだす研究とは

秋田喜代美

教室に入れていただくとき、その場の息づかいを感じられるように自分の身体感覚をアンテナにして、目を凝らし耳を傾けてみます。すると、新たに入れてもらったクラスでも、子ども一人ひとりの姿や先生の細やかな配慮ある動きがしだいにみえてきます。子どもたちはさまざまなスタイルで授業に参加しています。クラス全体のようすと同時に個人の授業への参加や学びの過程を追ってみていくと、そこに先生の思いや学校文化のもつ規範と子どもたちの学習のしかたや興味・関心のずれ、学習材や発言に対する子ども間でのかかわり方の違いなどのずれや多様性がみえてきます。そして深く学んでいた子どもたちが、しだいに関心が薄れたりまたもどったりと、一時間のなかでも学習のさまざまな局面をみることができます。特定の子どもの行動の流れに沿ってみていくと、はずれた発言や問題に一見、見える行動にも、その子なりの必然性があると推察できることも多々あります。また授業の中心になっている出来事とは関係のない周辺的に見える出来事や、先生の発言

●執筆者プロフィール●
①大阪府
②東京大学大学院教育学研究科博士課程修了
博士（教育学）
③東京大学大学院教育学研究科教授
④発達心理学・学校心理学・教職開発学
⑤私の学びへの動機を支えるのは、幼稚園や学校の先生方と子どもたちとの出会いです。同じ学校や学級に何度も足を運び先生たちと対話することで、一人ひとりの子どもの姿がくっきり見えだし、新たな学びの姿が見えてくると同時に、各学校や園が私自身の新たな面や可能性を引き出してくれることを感じています。だから現場派。研究室にいつ

①出身②経歴③現在④専門⑤「学び」について思うこと

への対応やうなづき、沈黙や間という何気ない小さなことにみえることが、授業の構造を生成していく重要な機能をしていることもわかります。そこに、その学級固有の集団での学習の構造がつくられていきます。

ある生徒や教師がその場で、ある活動にかかわったりかかわらなかったりするという行動として表れていることの背景には、集団内で形成されてきた関係性の力学や学習環境・学習材のあり方、授業の展開とそれまでの学習の軌跡、単元やカリキュラム構成などの要因が絡み合ってつくり出している構造があります。教室で研究を行うには、社会的関係を時間や空間に沿って考えていくことをはじめ、これらの複雑な要因の布置を頭に置きながら、あるリサーチ・クエスチョンに焦点化した研究をすることが必要になってきます。それが実験的に設定されたペアによる協同学習研究や教室とは別の場での学習指導研究や研究者が準備した方法による介入研究ではみえない面を明らかにできるフィールド研究の魅力であると同時に、教育実践研究のむずかしさともいえます。統制した実験的研究と生態学的な場での研究が相互に協力し往還的に研究を進めていくことで、学習研究は、より進展していくと考えられます。

教師と共に学ぶ研究

日本の授業では、教師たちは学級経営や生徒との関係づくりを学習の基盤ととらえ、子どもを学校という場で指導し育てるのをたいせつにしてきています。★1 アメリカでは多くの

電話してもつかまらないと言われています（？）。

教師が、教師にとって最も大事なこととして教授スキルをあげるのに対し、日本では子どもとの関係づくりをあげるという文化差を指摘した研究もあります。★2 英語でいう「クラスマネージメント」と「学級づくり」や「生徒指導・生活指導」の発想には大きな違いがあります。

私の研究におけるこだわりのひとつは、欧米の授業研究のアイデアや理論をそのまま取り入れるのではなく、日本の教師たちが自らの手で培ってきた独自の専門性や、「教室、学級」という文化的特性を考慮に入れた教育現場の心理学研究をすることです。それが日本から発信するこれからの教育研究に求められると考えています。海外に向けての研究というだけでなく、日本でも教師に自明となっていることを改めて自覚し意味を問い直す点で重要だと考えています。クラスの中で起きていることに継続して焦点を当てて学習を考えることで、平均値や群間差では語りきれない個々の学び方のスタイルの差異がみえてきます。

そして第二のこだわりは、授業をつくる主体である先生と「共に」授業を考えたりふり返る流れに身をおいて研究するスタイルをとることです。そのために、集団力学を問うアクション・リサーチという研究方法をとっています。★3 授業者は次の活動の展開をどのようにするか、集団として生徒をどう動かすかを主眼にして授業を考える必要がありますから、個々の生徒の学びの軌跡まで十分にはとらえられないのは、ある意味で当然です。そこで研究者は、観察やある課題や質問項目等で調査し質問収集することによって、個の姿を集

アクション・リサーチ
社会心理学者クルト・レヴィン（Lewin, K.）によって一九四〇年代に集団力学を解明する方法として提案された方法。教師教育の中では教育の科学化運動の中で使用され教師の授業変革や社会変革の鍵とされて国際的に使われてきている。よりよい実践をめざしてアクションをおこし、その結果を評価していく時系列的な方法をとる事例による実践研究法。

約的に可視化することによって、教師と互恵的にかかわることができる面が生まれてきます。日々かかわっている意味で、教師は線として見ていますが、特定の面や生徒を見ることでは点にならざるをえません。一方、研究者は断続的にしか見ることができないので点で見ていますが、研究の問いに沿ってある面を継続して見ることで、ある線をとらえ分析できます。その意味で研究者と実践者が協働し、語り、探求していくことで、生徒の学習に関して教室での出来事をより深く見えるよう太い線でつなぎ、考えていく関係が可能になります。

しかしこれまでの教育心理学研究は、一時点だけの調査や観察で終わる点型研究が多かったのではないでしょうか。点型から線型研究へ、第三者としてかかわる三人称研究から、あなたと私の関係の二人称研究や一人称研究へです。教師と「共に」という研究スタイルは、教師の専門的力量を支援する視点から、近年の教師研究でとられてきている研究の方法です。[★4] 学校の教師の専門性は教育心理学や教育学等の学問原理の知識を授業に応用して授業する技能にあるのではなく、授業という複雑な問題状況のなかで行為しながら思考し判断しふり返るという実践者固有の即興的判断とそれを支える実践知のなかにあります。「反省的実践家」としての教師像です。[★5] この実践過程での思考を支援できる状況をつくり、「研究（探究）者としての教師」として、共に研究をしていくことをめざす教職開発研究が一九九〇年代になって数多く行われてきています。

授業に関する研究分野では教師の行動と生徒の学習結果という入力—出力の関係を問う

反省的実践家

専門家の専門性について、ドナルド・ショーン（Shön, D.）はある学問原理を合理的・効率的に適用して問題を解決できる技能をもつことにあると考える技術的熟達者としてではなく、複雑で多義的な現実状況の問題をとらえ、行為しながら考え解決する行為の中での知や省察、またその状況から行動をデザインできる実践的な能力にあるとする考え方を提出し、その新しい専門家像を「反省的実践家」とよんだ。

研究から、その間に生徒の認知を考えるのはもちろんのことですが、同時に教師の信念、実践的知識、実践的推理と認知、教師と生徒の属性、コミュニケーションや課題構造、カリキュラム内容、授業文化等の媒介変数を入れてその流れとしてのプロセスを問う研究へと発展してきています[★6]。学力低下論争が一時期マスコミ紙上で活発に行われましたが、そのときも日本では学力テストの結果を考察し評論する人は数多くいましたが、学力として測定される結果が生まれる学習過程に関与するカリキュラムや教材、授業過程との関連を実証的に分析し議論することは少ない状況にありました。ところが欧米ではすでに教育測定、学習・学力評価研究と授業やカリキュラム研究、教師の専門性開発をつなぐプロジェクト研究が学校を拠点に大学と学校や学校間ネットワークの協働により、国をあげて予算をつけ行われてきています。学習評価と授業デザインの循環のなかでの研究です。この研究視点や教師と研究者の協働が日本でも必要になってきていると思います。

そこで次に、欧米のような大プロジェクトではありませんが、ある学級を対象に教師と協働して行ってきた筆者の研究の一例を紹介したいと思います。

教室談話にみる子どもの参加スタイル

教室談話への参加構造

学級では仲間関係が教室の会話に現れることを述べました。その問題を考えるのに、ある小学2年の1学級に一年間三〇週を通して観察に入り、朝の会、帰りの会の会話を分析

参加構造
　多数の人の間では番（ターン）交代によって会話が成立する。いつだれがだれに何を言うことができるかについての権利と義務の形態として、談話生成への過程と参加者の役割を捉えることができる。この談話における役割関係をフレデリック・エリクソン（Erikson, F.）は参加構造とよび、その参加パタンを会話フロアという概念によって説明している[★8]。

しました[7]。この学級では，子どもたちが中心になって朝の会，帰りの会が運営されていきます。ですので，学級での対人関係がよく現れると考え，教室談話への参加構造[7]を分析しました。表１‐１はその会話の一例です。

教室を継続して見ていると，発言する子，その発言の話題にのぼる子，発言に応えて発言する子，黙って聞いている子と役割が固定していくことがわかります。つまり学級内での個々の参加スタイルが固定していくともいえます。表１‐２は学級でだれがどの役割をになったかを検討し，一度でも学期中にその役割をとった子どもの比率を示したものです。時期とともにしだいに特定の役割をになう子どもが決まっていくことが，比率が下がっていくことからわかります。

表１‐１　朝の会の発話プロトコル例[9]（11月下旬）

日直：中山君。
中山：あの，田原さんに言いたいんだけど，シールを学校にもってこないでください。
田原：はーい。
吉川：２つあるんだけど，１つは宮田君がいつも佐藤君のチームになりたいからって，グッパーの時にグーとかパーとか教えるのはやめた方がいいと思います。
宮田：やってません。
田中：言ってないよな，宮田，な。
宮田：言ってないよ。
吉川：え，でも前までやってたよ。
武本：どうする？
佐藤：前はやってたけど，もうやめたよ。
竹川：だからって，前はやってたんだから，ごめんなさいを言えばいい。
（この後，話題は吉川君から出された別の話により，続く。）

子どもの名前はすべて仮名。

表１‐２　教室談話における役割の変化[7]

		語る子	語られる子	第一応答者	沈黙者
１学期	男	91.4	100	56.5	4.3
	女	64.3	100	7.1	35.7
２学期	男	87.0	82.7	65.2	13.0
	女	64.3	100	21.4	35.7
３学期	男	69.6	65.3	47.8	26.0
	女	42.9	42.9	14.2	57.1

一般には、人の発言が終わってから次の人が話す番交代が会話を進めるうえでの暗黙のルールとなっています。けれども実際には、話の途中で割り込む、つまり他者の発言中に重ねて話し始める場合もよくあります。割り込みは社会的な力関係において強い立場、上位にある人が行いやすく、また割り込みという行為自身が力関係を形成していく過程でもあることが、社会学のエスノメソドロジーとよばれる分野の研究で明らかにされてきています。[★10]その枠組みを用いて教室談話を分析すると、一学期八・二%、二学期二三・六%、三学期四一・一%と、割り込みの比率がふえていくことが明らかになりました。

また割り込みの種類をみると、違う話題を話す、早くその話題を終結しようとする（たとえば自分が悪いことをしたことが話題とされるときに、本人は話の途中でも「ごめんなさい」と割り込んで発言しその話題を終わらせようとする）、先取りして人の発言を説明する（「あ、ぼくもそれ知ってるよ。それは」など）、発言のしかたを修正するために一時的に割り込んで中断する（「こっち向いて話さないと聞こえないよ」など）というように、違う話題を話す働きだけではなく、さまざまな割り込みがあることが明らかになりました。教師の場合は、一時的に中断する割り込みが多く、また学級の仲間関係でリーダー的な子が割り込む側になり、反対に仲間関係がうまくつくれないなどの問題をかかえている子どものなかに、割り込まれやすい子がいることも、その教室の事例からは明らかになりました。

筆者らは朝の会を分析しましたが、一日を通してその学級での授業と生活すべてを見せてもらっていました。ですので、授業と朝の会、帰りの会の発言のしかたの関連をみていくことができました。朝の会で饒舌に話す子のなかには、授業場面では学習の進度が遅いので、発言する機会が得られにくいため、朝の会が発言できる唯一の活躍の場であることがわかったり、反対に授業中も活躍する場が多いので朝の会では黙っている子や、日記等を書く力があり口頭で話さなくても教師に書いて伝えられるので黙っている子もおり、朝の会が各々の子にとって果たす心理的機能も、教師と研究者で考え、語られるようになってきました。同時期の友だちや家族を描いた作文と朝の会の発言を照らし合わせてみると、たとえば他者の視点にたった文章をまだ書くことのできないA君は、朝の会の発言でも自分を中心にした視点でのみ出来事について発言をすることが多いなど、各々の子どもの出来事の見方に、話し言葉と書き言葉を通して共通するスタイルがあることもわかってきました。このように、教室談話への参加構造を軸にして見ることで、学級での学習を支える関係性や行動の個人差のもつ意味を考える一つの手がかりが得られます。

話し合い場面の記憶

さきに、朝の会場面の談話分析を紹介しましたが、それでは授業ではどうでしょうか。よく発言する子もいれば、黙って聴いている子もいるのは、どこのどの授業でもある光景です。では積極的に発言する子のほうがその学習についてよく学んでいるといえるのでしょうか。談話への参加と学習にどのような関連がみられるでしょうか。日本の教室文化ではクラス一斉の話し合いと人の話を聴くことをたいせつにしているといわれます。しかし

エスノメソドロジー
日常生活においてある場面への参加者の発話や活動の系列化に着目し、その場面の進行と共に編成され創出されていく期待や規則、秩序だてられていく過程を分析し記述する方法。一九六〇年代にガーフィンケル（Garfinkel, H.）によって提唱された。

発言とその授業についての個々の記憶や理解、学習との関連を実証しようとした研究はまだ少ない状況です。波多野と稲垣[★11]は理科の仮説実験授業で、多数派に属して発言した児童と発言しなかった児童、少数派で発言した児童と発言しなかった児童の四群に分類し、一斉場面の話し合いのあとに行った概念の説明課題の成績を比較する研究をしています。その結果、発言しなくても少数派に属した子どもは積極的に発言した子どもと同様の理解をしているのに対し、多数派で発言しない子どもは成績が他の三群に比べ低いことが示されました。そこから、少数派では発言しなくても徒党性の意識が高くなるので話し合いに能動的に関与していたのではないか、という結論を述べています。

けれども、教室での話し合い場面はいつも二群で多数派少数派に分かれるわけではありません。その場合はどうなのでしょう。また概念理解だけではなく、友だちの発言を子どもはどのように聞き何を取り込んでいるのでしょうか。人の話を聴くことと授業の内容を学ぶことにはどのような関連があるのでしょうか。授業における出来事の記憶と学習についてフェルナンデズら[★12]は図１‐４のモデルを考えています。今回は、授業の情報と出来事表象との関係を調べる研究をしました。そこで前回の共同研究者であった教師が担任していた、小学二年一学級（三十七人）で四回の算数の授業（かさ調べ、大きな数の足し算、長さ）を観察させてもらいました。そして学級全体で話し合う場面二十‐二十五分をビデオに収め、話し合い直後に「算数の時間について、先生やお友だちが発表していたこと、やったことであなたが覚えていることをできるだけたくさん書いてください」という教示

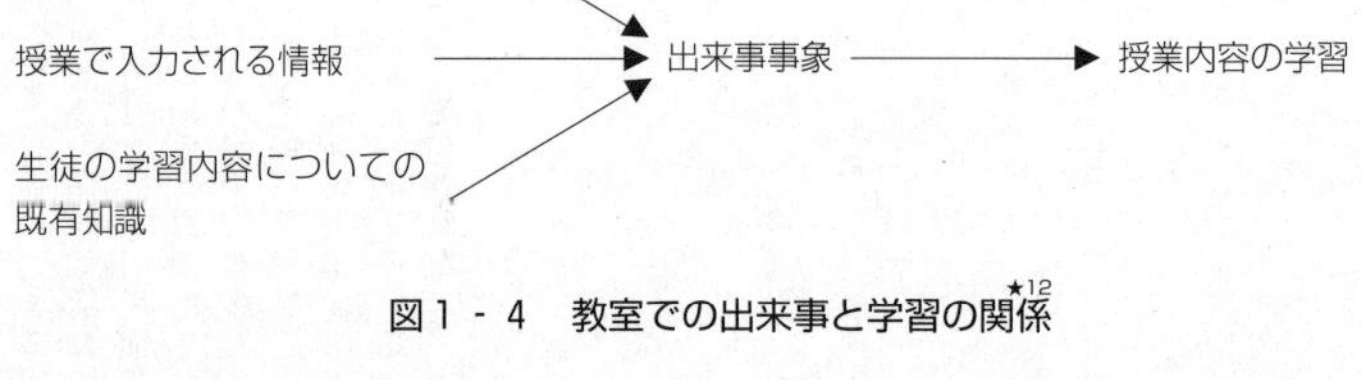

図１‐４　教室での出来事と学習の関係[★12]

で、だれがどんな発言をしたか、覚えていることをシートに自由再生してもらう研究を行いました。[13]そして子どもたちが思い出した発言が授業のどの発言にあたるかをみていき、四回の授業での展開構造の違いと記憶の関連、発言と記憶の関連について分析をしました。

まず授業による違いですが、四回の授業の話し合いでは四百 - 五百発言数と、発言数には大きな違いはありませんでした。しかし子どもたちが再生した公的な場での発言数の平均は三・九、二・九、三・四、三・一と、一回目と三回目の授業が二、四回目の授業より多い結果になりました。そこで、各授業でどの発言がよく覚えられていたのか、みなが同じところを覚えていたのかを調べてみました。その結果が図1 - 5です。

ここからは一、三回めでは再生個所の重複が多い、つまり同じ発言を覚えている人数が多いのに対し、とくに二回目では思い出す個所が人によって違うことがわかってきました。そこで授業の発言連鎖の構造を分節化と因果ネットワーク分析によって比べてみると、一回めと三回めでは発言相互の関連が明確で、ひとつの問いのなかにそれぞれの話題が埋め込まれてつながっている授業展開構造をもっているのに対し、2回めの授業は教師には目標があるのですが、子どもたちは教師の出す問いごとに断片的に話し合い、話題の転換が多い授業にみえる並列的な展開構造になっていまし

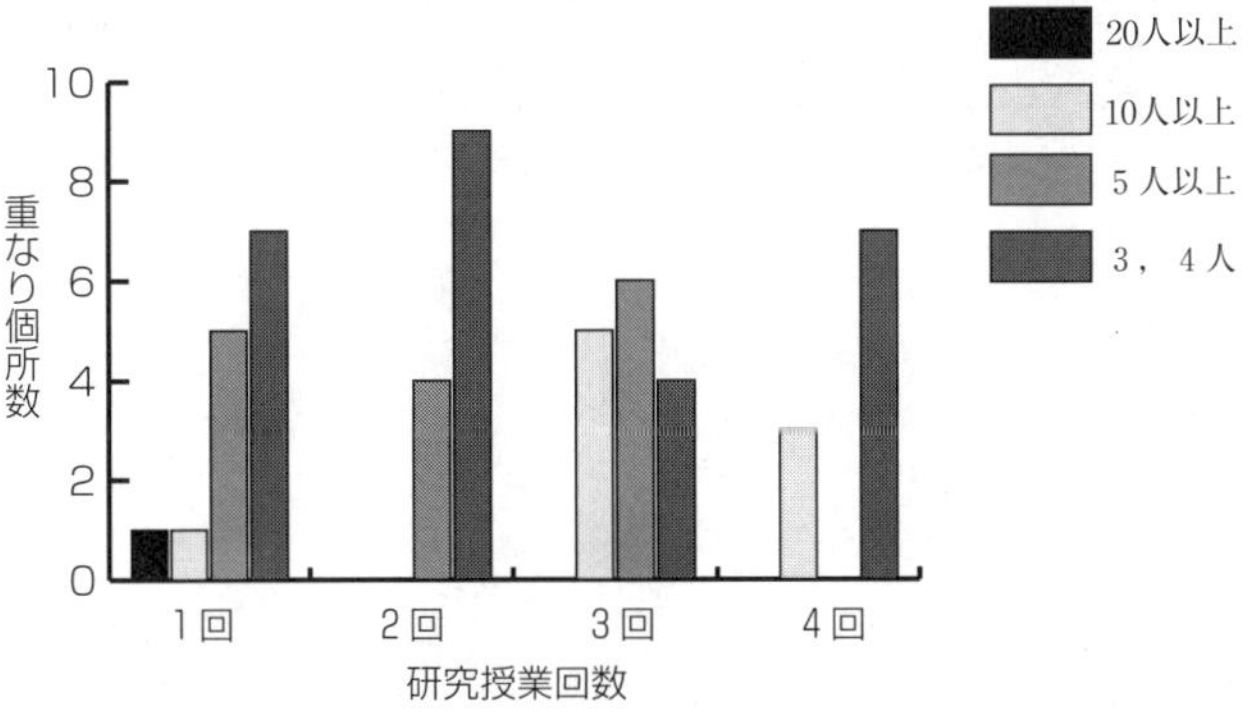

図1 - 5　授業構造における発言の記憶の違い[14]

た。それが、子どもたちの記憶のちらばりとなって現れていました。つまりよく構造化された授業とそうでない授業では、子どもの記憶も異なってくる、構造化されていない授業では子どもが授業の中で覚えていることもばらばらであることがわかってきました。またその一方で子どもたちは、一斉での話し合いのときに公的な発言だけではなく周囲の友だちとのつぶやきも、授業によって数に違いはあるものの全体としてよく覚えていました。ここからは表舞台の話し合いのときに、あちこちでおこるつぶやきが、学習のなかで個々の子どもにはたいせつな意味をもつ可能性が考えられます。

また、授業における話し合いでの公的な発言を文字記録にし、授業者の先生と筆者ら研究者二人がそれぞれの発言について、各発言がその授業においてどの程度重要だと思うかという重要度評定を三人で独立にしました。そしてどの子が、授業者が重要と判断している発言をよく記憶しているのか、発言数の多寡と重要な内容の記憶との関連を分析しました。すると、発言数と再生数の間に有意な強い相関はなく、よく発言しているのに人の発言は覚えていない子、自分でも発言し他児の発言も含めよく覚えている子、発言数は多くはないがどの授業でも重要な発言を覚えている子、発言数も少ないし再生数も少ない子といった特徴的な子どもたちの姿がうかびあがってきました。授業観察でみえるのは発言の多寡や発言内容ですが、学習においてはもう一つの軸として、聴き方にもスタイルの違いがあり、話すことと聴くことの間は線形的関係でないことが明らかになりました。

このクラスではよく発言し重要なことを覚えている子は、教師に向けて発言することで、学級全体に自分の考えを伝えていました。一方、よく発言するのに再生が少ないB君の場合は、算数は得意とはいえないので仲間どうしの笑いをとるようなおどけた発言をしていく形で授業の談話に参加する子どもでした。またこの分析結果を授業者と共にふり返るなかで授業者から語られたのは、算数の計算等のペーパーテストがよくできる子が話し合いの記憶が多いとはかぎらず、担任からみて授業でよく考えている子どもはよく再生しているが、早く正答すればよいという算数観の子どもは、この授業における発言の再生はできていないという感想でした。ここからは、学習として何をどのように評価するかにより、談話への参加との関連の見え方は違ってくると考えられます。この点はさらに今後検討したい問題として私たちの中に現れてきました。

教師と共に学ぶ研究

ここで紹介してきたのはある一学級の事例研究です。けれども、教室で数回観察しただけではわからないことも、「教室談話への参加構造」のように発言をおこして時期的変化をおったり、「話し合い場面の記憶」のようにシートを通して記憶を調べることでみえてくる事実があります。どのような問いと研究の道具立てを使うかを意識することで、授業者と共にそこで新たなことに気づいていく視座を提供することができます。

図1-6は、筆者らが「教室談話への参加構造」で紹介した朝の会、帰りの会のときに教師と行った七回のカンファレンスから、アクション・リサーチによって教師がどのよう

授業カンファレンス
医師が臨床事例の検討会で力量を高めるように、授業においても実践事例に即して検討を行い、専門性を高めることをねらった会合。一九八〇年代に稲垣忠彦により提唱された。

な過程を経て学んだり変わるのかを図示した試案です。教師自身が学び変わっていく契機は、研究者が抽象的な学問の概念を出したり新たなやり方を問題解決法として提案することではなく、教師自身が自分のもっていた子どもへのイメージや学習への考え方を語ることを通して表出し、それに当てはまる具体的事実、あるいは該当しない事実を研究者が授業で見た出来事やビデオ、分析結果から見つけて示すなかで起こっていきました。ビデオカンファレンスでの会話を通して教師には何が問題かという、問題をとらえる枠組みができていきます。そしてその枠組みを共有し話し合っていくなかで、教師と研究者の間に次の授業でいっしょにみて考えることが生まれていきました。カンファレンス当初、教師は研究者の提案をそのまま受け入れることも多かったのですが、回を経て何が自分のクラスで重要か、その行動がもつ意味や働きを考えて新たな行動を自ら考えていくよう

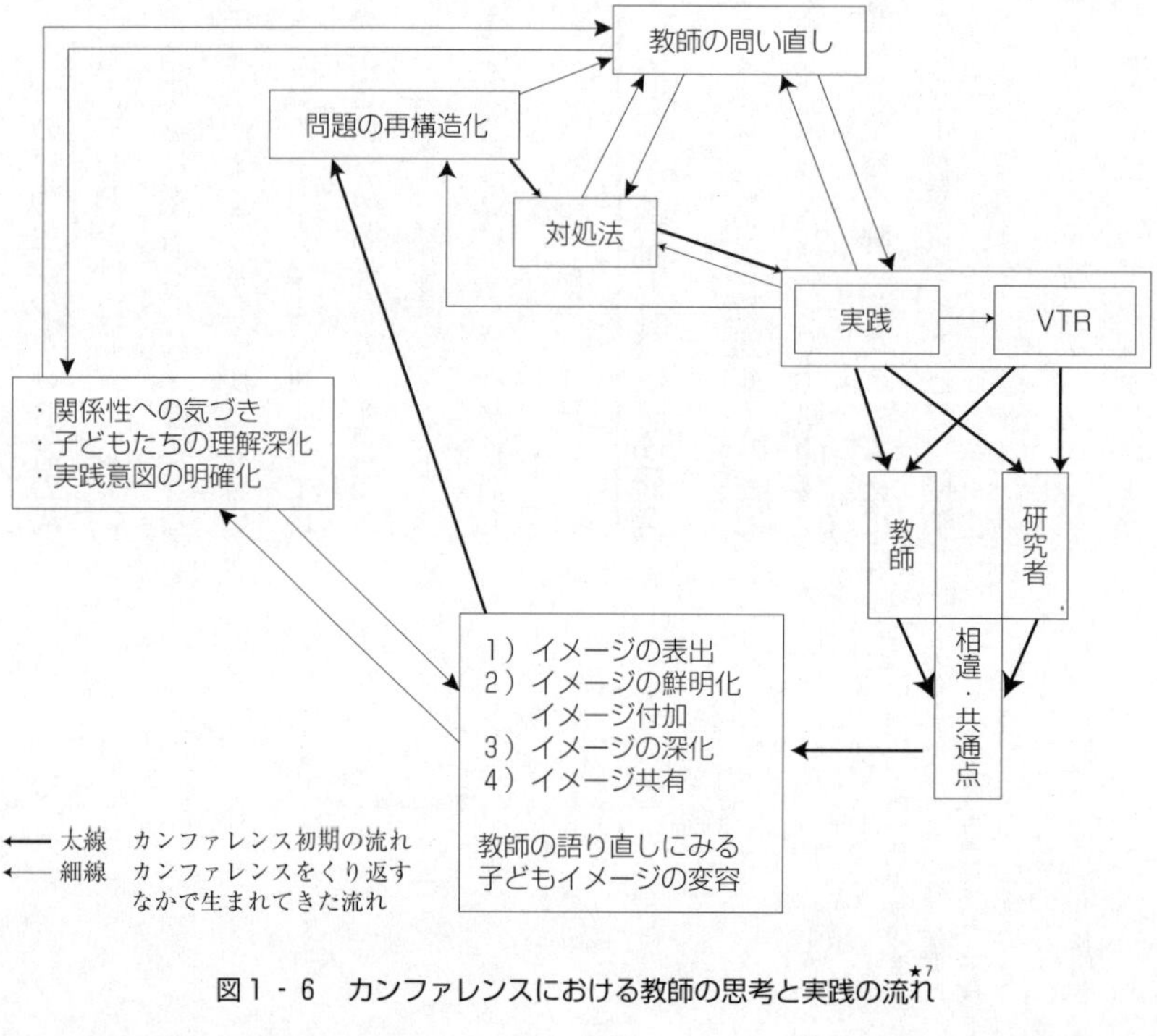

図1-6　カンファレンスにおける教師の思考と実践の流れ[★7]

変わっていきました。研究者もまた、その教師の行動や考えから実践知やその先生の推理様式を学ぶという循環が生まれていきました。授業をするだけ、みるだけでは忘却されることも、見直し語り直す場があることで、変容が生じます。この場を学校内外の研修の場でいかにつくるかが、教師と研究者に問われています。

生きる力を育むための大きな教育改革の流れのなかにあって、絆を重視する日本の学校文化に根づいた形で、子どもたちの学びの多様性と教師の専門性の豊かさを、教室をベースに明らかにするアクション・リサーチ、共に生成しながら学び考える研究を展開していくことは、小さな教室研究が大きな展望を照らす一つの可能性をもっているのではないでしょうか。

この研究の輪の広がりに期待したいと思います。

●引用文献●

★1 Lewis,C. 1995 *Educating Hearts and minds: Reflections on Japanese preschool and elementary education.* Cambridge: Cambridge University Press.

★2 Shimahara,N. 1998 The Japanese model of professional development: Teaching as craft. *Teaching and Teacher Education*,**14**(5),451-462.

★3 秋田喜代美・市川伸一 2001 発達・教育における実践研究 南風原朝和・市川伸一・下山晴彦（編）心理学研究法—実験・調査・実践— 東京大学出版会 Pp.153-178.

★4 Reason, P. & Bradbury,H.(Eds.) 2002 *Handbook of action research: Participative inquiry & practice*. London: Sage Publications.

★5 Schön,D. 1987 *Reflective practitioner*. 佐藤 学・秋田喜代美(訳) 2000 専門家の知恵—反省的実践家は行為しながら考える— ゆみる出版

★6 Morine-Dershimer,G. 2001 "Family connections" as a factor in the development of research on teaching. In V. Richardson, (Ed.), *Handbook of research on teaching* (4th ed.). Washigton: AERA. Pp.47-68.

★7 秋田喜代美・市川洋子・鈴木宏明 2001 アクション・リサーチによる学級内関係性の形成過程 東京大学大学院教育学研究科紀要，**40**,151-169.

★8 秋田喜代美 2002 教室における談話 稲垣佳世子・鈴木宏昭・亀田達也（編）認知過程研究 放送大学教育振興会 Pp.180-192.

★9 秋田喜代美 2001 教室におけるアクション・リサーチ やまだようこ・サトウタツヤ・南 博文（編）カタログ現場心理学 金子書房 Pp.96-103.

★10 山田富秋・好井裕明 1996 排除と差別のエスノメソドロジー 新曜社

★11 Hatano,G. & Inagaki,K. 1991 Sharing cognition through collective comprehesion activity. In L.B.Resnick,J,M.Levine & D.Teasley(Eds.), *Perspectives on socially shared cognition*. Washigton,D.C.:American Psychological Association.

★12 Fernandez,C.,Yoshida.M. & Stigler,J. 1992 Learning mathematics from classroom instruction. *Journal of Learning Sciences*, **2**(4),333-365.

★13 秋田喜代美・市川洋子・鈴木宏明 2002 授業における話し合い場面の記憶（1）-（3）日本発達心理学会第13回大会発表論文集,194-196.

●推薦図書●

『授業が変わる―認知心理学と教育実践が手を結ぶとき―』　松田文子・森　敏昭（監訳）　北大路書房　1997（Bruer,J.T. 1993 *Schools for thought*）
認知心理学の知見を教室での実践にどのように生かすことができるかが具体的研究を通してわかりやすく書かれている。

『授業を変える―認知心理学のさらなる挑戦―』　森　敏昭・秋田喜代美（監訳）　北大路書房（印刷中　2002発刊予定）（Bransford,J.B.,Brown,A. & Cocking,R.R.(Eds.) 1999 *How people learn:Brain,mind, experience and school.*）
アメリカ合衆国政府が国をあげて第一線の教育心理学者・認知心理学者とともに開発してきた研究プロジェクトの知見をまとめた書であり，学習環境や教師の思考などのトピックを含め，これからの教育実践への示唆を研究戸とともに述べている。

『日本の学校　アメリカの学校―学びのコミュニテイの創造―』　臼井　博　金子書房　2001
子どもの発達に社会が与える影響という発達研究の視点から，日米の授業や学校の比較文化研究が整理されて紹介されている。

『教授・学習過程論―学習の総合科学をめざして―』　波多野誼余夫・永野重史・大浦容子（編）　放送大学教育振興会　2001
新設された放送大学大学院の開講科目テキスト。認知科学・脳科学・文化心理学等多面的視点から，最新の学習への知見を知ることができる。授業や学びの実践自体よりも，それを学術的な背景にとらえるための豊かな示唆を提供してくれる。

『子どもをはぐくむ授業づくり』　秋田喜代美　岩波書店　2000
教室研究への導入として筆者自身の経験と最近の心理学の知見をまじえて書いた本であるので，今回の内容に関して興味をもった方に読んでもらえれば幸いである。

第2部

知の発達を支援する

第1部で述べたように、21世紀の学校では「知識創造としての学び」がなされるべきです。しかし、そのことはけっして「知識獲得としての学び」の重要性を否定するものではありません。そもそも人間の知性は、知識なしには成り立ち得ません。そのことは、知識（記憶装置）のないコンピュータが「ただの箱」であるのと同様です。つまり、無から有が生じることがないのと同様に、素になる知識がなければ知識の創造もあり得ないのです。したがって、知識獲得は「知の発達」の不可欠な要素であることに変わりはありません。ただ、従来の学習指導では、知識獲得の指導に主眼が置かれ、しかも知識獲得の指導が、思考・表現など他の認知活動の指導から切り離してなされる傾向がありました。そのことは、従来の学力評価の方法に端的に示されています。

従来の学力評価では、ペーパーテストによる「知識・理解」中心の評価がなされてきました。これは、言ってみれば頭の中の百科事典の収録項目数を数えるような評価です。しかし、百科事典に収録された膨大な量の知識も、それが日々の認知活動の中で活用されなければなんの意味もありません。そうした無味乾燥な知識の量を測るだけの評価が、子どもたちの学びを知識の詰め込み競争へと変質させ、本来は思考・表現活動と一体であるはずの知識獲得を思考・表現活動から切り離す働きをしてきたのです。

こうした学力評価のゆがみを正し、知識獲得の指導を本来のあるべき姿にもどすためには、たんに学力テストの方法を改善するだけでは不十分でしょう。なぜなら、学力評価のゆがみをもたらした根本の原因は、評価者（教師）の知識観にあると考えられるからです。

従来の知識観の第一の問題点は、知識をピラミッド型の階層構造ととらえる点にあります。すなわち、知識獲得とは石でピラミッドを積み上げるようなものだとする暗黙の仮定です。このような仮定の下では、獲得される個々の知識は積み上げる一個の石に対応します。そして、理解とは、その石が設計図どおりの正しい位置に置かれることにほかなりません。しかも、設計図は全国共通で、ドーム型のピラミッドや円錐型のピラミッドは認められないのです。このため、形の斬新さによって個性を表現することはできず、だれもが「大きなピラミッド」を築くことをめざして、「積み上げる石の量」を競うことになります。かくして子どもたちは、テストで良い点を取るために、ひたすら断片的な知識の詰め込みに励み、学習指導はいつしか無味乾燥な知識を教え込むだけの活動になってしまうのです。

従来の知識観の第二の問題点は、「一度でき上がった知識の構造は変化しない」とする固定的知識観です。この固定的知識観は、言い換えれば人間の知識をコンピュータのデータベースのような知識だとする仮定でもあります。コンピュータの知識の特徴は、膨大な量の情報が整然と分類・整理して記憶されていることです。最近では、百科事典をそっくり一枚のディスクに収めたり、必要な情報を高速度で検索することも可能になりました。

情報量と情報検索のスピードに関しては、すでにコンピュータのほうが人間をはるかに凌駕しているといってもけっして過言ではないでしょう。

しかしながら、人間の知識には、コンピュータの知識にはない優れた特徴があります。そして、その特徴は、人間の知識がコンピュータの知識のような「固定的な構造」ではないことに由来しています。すなわち、人間の知識はネットワーク構造の知識であり、前述のピラミッド構造の知識とは異なって、思考・表現活動を通して刻々と生成変化します。また、個々人ごとに異なる個性的な知識でもあります。人間の知識のもつ、こうした柔軟でダイナミックで個性的な性質こそが、人間に創造性と適応力をもたらしてくれるのです。

したがって今後は、こうした人間の知識の特徴が生きるような学習指導がなされるべきです。そのためには、ある特定の教科の学習指導を行う際にも、常に子どもたちが他の教科や他の単元で学んだ知識と関連づけるように指導することがたいせつです。また、たんに新しい用語や事実をどれだけ覚えているかではなく、教室で学んだ知識が教室外の生活体験とどれだけ結びつけられているか、どれだけ自分自身の問題として体得されているかが指導の目標とされるべきです。そうすれば子どもたちは、ある枠組みの下で獲得した知識を他のさまざまな枠組みの下で活用することができるようになるでしょう。そうすることによって、知識は刻々と生成変化をくり返し、応用力や創造力の源となる柔軟性を維持することができるのです。第2部では、子どもたちに、こうした生きた知識を獲得させるための学習指導のあり方について考えてみることにしましょう。

歴史の学びで何が培われるのか
—パラフレーズとメタディスコース

学習者は歴史の学びをどうとらえているのか

深谷優子

歴史を学ぶということは、具体的に何を理解し、何ができるようになることを意味するのでしょうか。とかく暗記科目と批判されるように、歴史の学習は「歴史的事実やその年代を覚えること」と思っている人が多いようです。実際、筆者が行った調査でも、歴史の学習目標として、「大きな流れ・出来事の展開の把握」「人物や出来事を知る」などが多くあげられていました[★1]。ちなみに、この調査では、「なんらかの能力を身につける」「○○ができるようになる」という能力あるいはスキルの習得を目標としてあげた学生は皆無でした。

また、唯一の歴史すなわち正史が存在するという仮定が、しばしば暗黙のうちに受け入れられているようです。おそらくこれには、認識についての信念が関係していると思われます。たとえば、筆者が大学生に聞いてみたかぎりでも、かなりの人が「どの時代どの場所であっても通用するような普遍的で確かなことは存在する」という信念をもっているようです。そして、歴史の教科書に掲載されている資料や内容が、どのような資料群からど

●執筆者プロフィール●
①東京都
②東京大学大学院教育学研究科博士課程（総合教育科学専攻教育心理学コース）単位取得退学
③東北大学大学院教育学研究科助教授
④教育心理学（教授・学習、文章理解）
⑤反芻とパラフレーズとは、飲み込みが遅い私にとって、必須の作業です。出来事や本の内容はくり返し言い換えること、言い換える時間を持つことで自分のなかで一応定着させています。パラフレーズは詳細がだんだん落とされて、自分の枠組みに合う方向であるのは、記憶再生の研究結果と同様です。また、研究以

①出身②経歴③現在④専門⑤「学び」について思うこと

のような基準で選択されたのかが明示されていないことや、学習者の多くは教科書などの活字（文字）に権威を感じる傾向があることもかかわっているのでしょう。しかし、こうした歴史についての素朴な見方は、明らかに誤った認識です。なぜなら、このような歴史の見方は、歴史学者の歴史観とはまったく異なっているからです。歴史学者の仕事は、残された記録や資料から当時の出来事を推論・解釈して、歴史を叙述することであり、歴史学研究においては、新たな資料を発掘して、それを既存の資料と関連づけて歴史を叙述することが重視されていることなのです。そのような作業、すなわち歴史的思考の際に文字による記録や叙述されたテキストを読むことは、欠かすことのできない重要な作業です。しかし、歴史学者は、資料をたんに受動的に読んでいるのではありません。彼らは資料を丹念に分析し、その内容の真偽や信頼性を判断しながら読み進めているのです。

「歴史について考える」とはどういうことなのか

歴史について考えるための知識とスキル

では、いわゆる歴史が得意な学生と歴史学者の違いはどこにあるのでしょうか。その違いは、たとえば同じ出来事に対する資料のなかに矛盾する主張が出てきたような場合に、それにどう対処するかに明瞭に現れます。ワインバーグ★2によると、高校生は「自分の知っていることを使って出来事を解釈し、結論を導き出す能力」が、歴史学者に比べると段違いに低いとされています。

外では、イタリアルネサンス美術について今、パラフレーズを試みています。絵や解説あるいは小説などをくり返し見て、くり返し言い換えているのですが、なかなか腑に落ちる段階までいきません。

歴史学の研究では、たいていの場合、最初の段階ですべてが明示的であることはありません。したがって歴史学者は、それぞれの論点を整理して論理的に整合性のある解釈を考え出さざるをえません。そのために、歴史を客観的な事実としてではなく、異なる枠組みや仮定のもとに語られているひとつの解釈としてとらえることから始めることになります。そして、いま見ている資料の出典は何なのかを調べたり、その資料の信頼性を吟味して解釈の重みづけをしたり、多数の資料に基づいて歴史的出来事を時系列的に並べたり、出来事間の関係を整理したりしていきます。つまり、資料を深く読み込むことが歴史学者の仕事なのです。また、歴史学者は、他の資料を参照して記述を吟味したり、資料の信頼性を丹念に確証しながら資料を読み解いたりします。要するに、こうした地道な作業が歴史学者の歴史的思考を支えているのです。

このようにみてくると、歴史学者の歴史的思考を支えているのは、「さまざまな資料の内容と信憑性を吟味し、歴史的事象に関する解釈や仮説を構成していくための読解スキルと知識」であることがわかります。また、こうした歴史学者の思考過程は、多数の資料を自分の言葉で言い換え（パラフレーズ）、解釈をつくり上げる（メタディスコースの構成）過程ととらえることもできるでしょう。

パラフレーズを通してメタディスコースをつくり出す

テキストに取り上げられている個々の歴史事象は、反芻しながら自分の言葉でわかりやすく言い換えること、すなわちパラフレーズを断続的に行うことを通して、その内容の把

認識についての信念（epistemologica belief：認識論の信念）

知・知識、知的能力、学びなどの認識および認識の活動に対して個人が持つ考え（知能観も包含される）。この信念が学びや学業成績に影響を及ぼす。素朴な形態だと「すべてのものごとは黒白つくものだ。辞書の定義のように細分化された断片が知識、知である」、高度な形態だと「ものごとはそう単純なものではない。辞書の定義以上に有機的につながっているのが知識、知といえる」などとなる。この信念は、教育の経験などによってより複雑かつダイナミックな知の信念に発達していくとされる。★7

握と定着が促されます。そして、これは同時に関連や規則性を抽出する作業でもあります。パラフレーズによって、自分なりの意味づけや解釈、つまり個々の歴史事象間のメタ的なつながり（メタディスコース）が構成されるのです。もちろん、このようなつながりは自然に発生するというよりも、むしろその課題構造や、立問、解釈、説明の必要性が生じたときに、自らつなげようとする試みによってもたらされるものといえるでしょう。

ただし、パラフレーズは一度だけではなく、くり返し、そして断続的に行われるのが普通です。また、パラフレーズを試みても、うまくいかない場合もあるでしょう。それでもなお、自分で問いを立て、一応の解釈をつくり、「なぜなのか」「どういう目的があったのか」など、理由・根拠・意図や背景を考えパラフレーズを試みることがたいせつです。これがすなわち「自分で意味をつくり出す」ということなのであり、そうすることが、時空間を超えて考える力、すなわち具体的事象を抽象化し、関連を見いだす力を培うことにつながるのです。また、うまく説明できなくても疑問を出すこと、あるいは、わからないという気持ちを温めることも、知的な活動のレベルを高め、歴史を読み解く力をつけていくことにつながるのではないかと筆者は思っています。

こうしたパラフレーズや、その結果として構成されるメタディスコースによって、個別の歴史事象間のギャップが埋まり、歴史の全体像が見えてきます。それと同時に、切り落としてしまい見えなくなる部分も出てきてしまいます。ここで、何が見え、何が落とされるのかに関しては、当然個人差が生じます。しかし、この、人による理解の違いにこそ歴

メタディスコース（metadiscourse）
テキストの書き手の記述意図や記述事項の重要性など、記述内容について加えられたコメントの総体。コメントされるテキストはひとつとはかぎらない。コメントの種類は、内容の評価情報や、書き手の視点や目的に関する情報、参照を促す機能的な情報など、いくつかに分かれる。これらの総体を「談話についての談話」ということでメタディスコースとよぶ。

史学習のおもしろさがあるのだと思います。そこで違いに気づくことが、その人なりの理解はどういうもので、その背後にはどのような基準の枠組みがあるのかを考えるきっかけになることでしょう。そしてこれが、自分の理解と他者の理解の比較を通して、歴史の理解をさらに深めることにつながるのではないでしょうか。

歴史的思考の多重空間

ここでクラーとサイモン★3の科学的思考における多重空間モデルを援用しながら、歴史的思考について考えてみることにしましょう。多重空間モデルでは、いくつかの空間が想定されています。たとえば仮説空間では知識をより普遍的に説明できる仮説の生成を行います。また、実証空間では実験を通して導き出した仮説の評価を行います。ここで、歴史学研究での多重空間としては、資料で構成される実証空間と資料の解釈や統合を行う仮説空間とを想定することができるでしょう。ただし、科学的思考の場合とは異なり、「もしこのような条件であったならば」というような仮説は、歴史学の場合には成立しません。このため、実証空間で仮説に基づく新たな実験を行うこと、すなわち、ある解釈や判断を実験によって実証あるいは反証することはできません。また、「因果的あるいは説明可能な事象間の関係」という科学的思考での大前提も、歴史学の場合にはあてはまらない場合があります。実際、たんに同時に生起しただけで、因果あるいは相関すらない事象の関係も少なくないでしょう。それゆえ、歴史学研究での仮説空間とは実証空間により強く依存することになります。そして、この実証空間は既存の資料やモノで構成されています。つまり、理論や仮説の妥当性は、実証空間内で根拠とされる資料自体の信頼性や妥当性（量・質・出典ほか）に依存しているのです。もちろん、同じ資料を用いても、仮説空間において視点を変えることで異なる結論・解釈・仮説・見解が生まれる可能性もあります。だからこそ確証的な方法で資料を読むことが重要になるといえるでしょう。

歴史の学びとパラフレーズ

しかしながら、歴史学者のように確証的な方法で資料を読むことは、学習者にはむずかしいことのようです。歴史を学ぶときには、資料の呈示される順番が学習者の理解に影響を及ぼすことがあります。たとえば、同じトピックに関する複数の資料を読んだ場合、大半の生徒は、最初に読んだ資料に基づいて理解を確定し、その後は、その理解を微調整するだけであることが明らかにされています。[★4]この「最初に読んだ資料がその後の学習の土台になる」という事実は、学校での教科書や教授法の選定が非常に重要であることを示唆しています。

本来、歴史学はひとつの資料からでは成立し得ません。すなわち、歴史学では複数の資料を読み、そのギャップについて思考することが重要なのです。この歴史学の本質をふまえるならば、学校での歴史教育では、教科書と授業をたたき台にしながらも、それを超えることがめざされるべきです。そうすることによって初めて、歴史を学ぶことが複雑な現代社会のしくみを理解する能力の育成につながるのです。

そしてそのときには、前述した自分の言葉で言い換えるパラフレーズやメタディスコースをつくり出す営みがたいせつになります。しかし、歴史学者のようなスキルを身につけていない学習者にとっては、資料だけを呈示されても、そこから叙述をつくり出すのはむずかしいでしょう。最初は自分の言葉で解釈していくことができず、混乱してしまうことがあるかもしれません。そのような場合には、他者がパラフレーズしたストーリーか、あるいは、あらかじめひとつのストーリーにまとめ上げた叙述を示すのがよいでしょう。ただし、その際には、どこがデータ（資料）でどこがメタディスコースの部分なのか、一般的にどの程度のパラフレーズまでが許容されるのかを学習者に明示しておくべきだと思います。

歴史教育で何が育てられるのか

もちろん、歴史教育の目標は、子どもたち全員を小さな歴史学者にすることではありません。しかし、これまで述べてきた歴史学者の思考過程を考慮するならば、これからの歴史教育では、たんに「歴史事項を記憶する」だけでなく、「歴史について考える」ことが教育目標とされるべきでしょう。とくに次の三点が強調されることと思います。

①　資料を探す

歴史学で最も重視されているのは、「自分で資料を探し出す」活動です。これに類する活動は、学校でも「調べ学習」の形でなされています。本やインターネットで調べたり、専門家に話を聞きに行ったりする活動がこれにあたります。このようにして自分で資料を収集することは、教科書には載っていない資料を発見したり、資料の信頼性について考えるきっかけになることでしょう。

②資料に基づいて考える

資料を入手したあとには、その内容を深く読み込んで、くり返しパラフレーズすることがたいせつです。そうすることを通して、「歴史学習では資料に基づいてさまざまな解釈を導き出すことが重要なのだ」という歴史学習についての正しい認識が形づくられるのです。

③解釈を表現・発表する

自分なりにパラフレーズしてメタディスコースを構成していく作業は、同時に他者のパラフレーズやメタディスコースへの気づきをもたらすことになるでしょう。そこで個人やグループで、考えやその根拠を表現・発表することもたいせつです。歴史は異なる枠組みや仮定の下で語ることができるので、歴史認識の対立についての認識を深めることも可能でしょう。たとえば、仮に同じ資料を選択したとしても、そこから導き出される解釈が異なる場合もあること、すなわち資料の解釈や重みづけに個人差があることを認識することもあるでしょう。したがって、歴史の授業では、複数の視点からの記述があるということを明示し強調することが重要です。そうすることによって、パラフレーズやメタディスコースの生成が促されるのです。

歴史の学びを保証する

他の教科との比較

しかしながら、従来の歴史の授業では、こうした「歴史について考える」活動は、必ずしも十分になされてこなかったのではないでしょうか。中学校学習指導要領[★5]によると、たとえば理科や数学では、「科学的な見方や考え方の養成」が教育目標として掲げられていることからもわかるように、技能や能力の育成が重視されています。つまり、数学や理科では、基本となるルールを習得し、それを広範かつ効率的に適用できるようになることが教育目標とされています。そして、数学や自然科学の研究者も、より広範な現象を説明できる一般性のあるルールを探究しています。このように数学や理科の場合には、「教科としての学び」と「学問としての研究」の間に連続性が認められます。このため、「基礎」と「応用」という枠組みが明確に成立しているように思われます。

これに対し、歴史の場合には「基礎」と「応用」という枠組みが成立しにくいのではないでしょうか。中学校学習指導要領では「歴史に対する理解と愛情を育てる」という目標のほかに、調査、資料の活用、表現、そして「広い視野から考える力」が目標として掲げられています。しかし、これらの目標はかなりあいまいで、具体的にどのような能力やスキルをさすのかが必ずしも明確ではありません。

教科書の構成

また、歴史の教科書には内容に対する評価情報などのメタディスコースが明示されています。しかし、筆者が行った研究によると、そうしたメタディスコースは実際にはうまく機能していないようです[★6]。すなわち、教科書には多種多様な資料やメタディスコースが未整理なまま盛り込まれているために、学習者にとっては何をどう学んでいけばよいのか、学びの道筋が見えにくいのです。もちろん、教科書にはページ数の制約もあり、教科書ですべてをカバーするのは不可能でしょう。また、学校での学びの質は、教科書の質だけで決まるのではなく、教師の力量や授業の質によっても左右されます。しかし、歴史的事象間の関連性や因果関係が読み取りにくい教科書では、質の高い学びを保証することはできないのではないでしょうか。なぜなら、歴史的事項間の関連性や因果関係を読み取ったり推論したりすることは、かなり高度な能力を必要とするので、それを教師の個人的努力だけに依存するのは無理があると思われるからです。したがって今後は、教師にとっても学習者にとっても、歴史的思考の助けとなるような教科書づくりがなされるべきでしょう。

歴史の学びをどう評価するか

教育評価では一般に、「よい」状態はただひとつ、「よくない」「悪い」状態は多様と暗黙裏に仮定されているように思えます。同様に、「わかった」状態は収束的で、「わからない」状態は多様と仮定されているようです。しかし、「個人差」「個人のなかでのゆれ」を考慮するとき、これらの仮定に対して懐疑的にならざるを得ません。

まず、個人差についていえば、クラス全員がみな同じように完璧に理解した状態に到達することはあり得ません。また個々人が腑に落ちる時期やそのレベルも一律に決まるものではありません。したがって、評価の際に、個々人の理解のしかたや理解のレベルに応じた対処、発展の方向性を考慮に入れるべきでしょう。

また、個人のなかでの幅やゆれも考慮すべきだと思います。理解のレベルを「できる」

「できない」に区分する二分法には、明らかに限界があります。部分的な理解やその後の修正や調整もあるはずですから、その反芻や醗酵の過程も考慮するべきでしょう。

これらの二点を考慮に入れたうえで、歴史学習の評価のあるべき姿について最後に一言述べておきます。従来のような歴史事項の暗記テストはすべて廃止すべきだとは思いませんが、これからは記述式や論述式、文書・画像資料の判断やポートフォリオなどを組み合わせた多面的な評価が重視されるべきだと思います。とくにポートフォリオのような、自分のなかでの進歩を評価対象とする方法がもっと多用されるべきでしょう。ただし、いつの時点の評価なのか、どの部分の評価なのか、評価の目的は何なのか、といった点は、学習者に明確に示しておく必要があると思います。また、他者との比較に関する問題や、評価方法や内容、公正さや適切さをいかに保証するかという問題に関しては、今後も皆で慎重に議論し検討していく必要があるでしょう。

おわりに

どのような学びにおいても、学び手による学びの過程の省察が重要なことは明らかです。つまり、学びを咀嚼するための時間、すなわちパラフレーズのための時間が必要でありたいせつなのです。おそらく今後は、具体的な体験を通しての学びや、

●引用文献●

★1　深谷優子　2000　生成された歴史の学習目標と要約の検討　日本教育心理学会第42回総会発表論文集, 708.

★2　Wineburg, S. S. 1991 Historical Problem Solving: A Study of the Cognitive Processes Used in the Evaluation of Documentary and Pictorial Evidence. *Journal of Educational Psychology*, **83**, 73-87.

★3　Klahr, D. & Simon, H. A. 1999 Studies of scientific discovery: Complementary approaches and convergent findings. *Psychological Bulletin*, **125**, 524-543.

★4　Stahl, S., Hynd, C., Britton, B., McNish, M., & Bosquet, D. 1996 What happens when students read multiple source documents in history? *Reading Research Quarterly*, **31**, 430-456.

★5　文部省　1998　中学校学習指導要領

★6　深谷優子　2001　学習を支える多様なテキスト　大村彰道（監修）　秋田喜代美・久野雅樹（編集）文章理解の心理学―認知，発達，教育の広がりの中で―　北大路書房　Pp.164-175.

★7　Hofer, B. K. & Pintrich, P. R. 2001 *Personal epistemology: The psychology of beliefs about knowledge and knowing*. Mahwah, N.J.: Lawrence Erlbaum Associates.

共同／協同／協働的な学びが重視されるようになるでしょう。しかし，パラフレーズすることの重要性を考えれば，具体的な体験それ自体に価値があるわけではないと思います。

また，教室場面では学習材を効果的に伝達する目的で，しばしばメタファが用いられます。しかし，こうしたメタファは，教師にとってはたんなる伝達手段のつもりでも，学習者にはそれが伝達対象と受けとられ，印象的なメタファだけが記憶されて学習材のほうは記憶に残らない危険性があります。授業でメタファを用いることの本来の目的は，学習材の意味を具体的な経験と関連づけることにあるのですから，メタファを用いて考えたり，自分でさらに言い換えること，すなわちパラフレーズを行うことが重要なのです。

それから，ここではふれませんでしたが，学校や授業で何をどう教えるのかは，教師の信念に媒介されます。ですから，まずは教師自身が歴史や歴史学習に関する自分の考えをパラフレーズしてみることを勧めたいと思います。そして学習者にとっては，学校の授業や読書の時間が，じつはパラフレーズを促すための格好の機会なのではないかと考えます。本を読んだり教科を学ぶときには，その内容を具体化・特定化して考えることももちろんたいせつですが，それと同時に，一般化したり，ルールや背後にある意図を抽象することによって，より豊かな学びの世界がひらけるのではないでしょうか。

●推薦図書●

『文章理解の心理学』　大村彰道（監修）　秋田喜代美・久野雅樹（編集）　北大路書房　2001

文章理解への心理学的アプローチで得られた成果の紹介と，それらが各教科の学びにおいてどのように活かされるのかが解説されている。

『科学を考える―人工知能からカルチュラル・スタディーズまで14の視点―』　岡田猛・田村　均・戸田山和久・三輪和久（編著）　北大路書房　1998

科学的な思考とは何か。第一線の研究者が自分の研究を熱く語るインタビュー記事が多く掲載されている。多くの人にとって，科学に対する見方が変わるだろう。

『認知過程研究―知識の獲得とその利用―』　稲垣佳世子・鈴木宏昭・亀田達也（編著）　放送大学振興会　2002

放送大学大学院の教科書。推論や知識獲得のメカニズムなど，人間の認識活動についてわかりやすくかつ詳細に記述されている。

意味の理解を深める算数教育

藤村宣之

二〇〇二年四月からの新しい学習指導要領の実施に伴い、算数教育のあり方についての議論がさかんになされています。生きる力を養うために学習内容を限定して「思考力」や「問題解決力」を高めることをめざす主張の一方で、計算の反復練習など「習熟」の時間を確保すべきという立場もみられます。思考力や問題解決力はこれからの社会を主体的に生きていくうえで必要ですし、また反復による手続き的知識の獲得も学習にとっては重要な側面のひとつです。しかしながら思考や問題解決が現実場面で行われるには、また計算が場面に応じて柔軟に適用されるためには、算数で扱われる概念について、その意味を十分に理解していることがまず重要なのではないでしょうか。

本稿では、子どもの知の発達を支援するアプローチのひとつとして、算数教育でどのように概念の理解を深めていったらよいかについて、具体例をもとに考えてみたいと思います。いわゆる「知識の詰め込み」ではない、理解に基づく教育を進めるために、まず学校で算数の授業を受ける以前に子どもがもっている知識や考えの豊かさをみてみることにし

●執筆者プロフィール●
①大阪府
②京都大学大学院教育学研究科博士後期課程修了　博士（教育学）
③埼玉大学教育学部助教授
④教育心理学・発達心理学
⑤小学生に算数や社会に関するインタビューを行っていると、大人が気づかないような視点や考えに出会うことがよくあります。日常経験や教科の学習を通じて得た知識を最大限に駆使して自分なりに多様な推理を展開するようすには、子どもの学びの可能性を感じます。そのような推理や方略、子ども自身による説明を生かした授業を展開することで、より深い学びが実現するのではないでしょうか。

①出身②経歴③現在④専門⑤「学び」について思うこと

ましょう。次に、算数の授業を経験したあとでも残る理解のむずかしさについて、単位あたり量や分数を例に考えてみましょう。そして、そうしたむずかしい概念の理解を深めるために、子どものもつ多様な考えや他児との社会的相互作用に着目して実施されたひとつの授業のプロセスとその効果について紹介します。最後に、以上に述べたことをもとに算数の指導と評価の方法について、知の発達を支援する立場から提言を行いたいと思います。

子どものもつ知識や方略の豊かさ

算数の授業を受ける前の子どもの知識は白紙ではありません。とくに日常的なことがらに関しては既有知識（existing knowledge）をもち、課題に対しても学校で体系的に教わったものではない既存方略（existing strategies）を用いて取り組むことができます。新しい学習指導要領では6年生で学習する単位あたり量の例でみてみましょう。

歩く速さについて、たとえば「2kmを42分かけて歩いた子どもと4kmを84分かけて歩いた子どもではどちらが速いか、または速さは同じか」をたずねた場合、速さなどの単位あたり量を学習する以前の5年生でも8割以上の子どもが「かかった時間も歩いた道のりも倍になっているから速さは同じ」のように答えることができました。[★2] このような倍数操作方略を使える背景には、日常経験のなかで「倍」や「半分」の知識が獲得されていることもあるようです。なお、アメリカ合衆国などでは、25セント通貨（quarter）を使う関係で4分の1についての知識も獲得されていることが指摘されています。

単位あたり量

速度、密度、濃度など2量の商（たとえば、速度＝距離÷時間）で表される量のことで、数学的には内包量（intensive quantity）とよばれる。算数の教科書では6年生の「単位量あたりの大きさ」「速さ」などの単元名で学習される。分母と分子を逆転させて「時間÷距離」のように表される量は逆内包量とよばれるが、その理解も含めた単位あたり量の意味理解は児童にとってもむずかしく、一般に単元終了後でも十分ではない。[★1]

それでは、「3kmを48分かけて歩いた子どもと4kmを72分かけて歩いた子ども」の速さをたずねるとどうでしょうか。この課題は道のりや時間の数値が整数倍でなく倍数操作方略が使えないため、先ほどの課題よりはかなりむずかしくなります。それでも単位あたり量の学習を経験していない5年生の3割程度の子どもがこの問題に対して適切な理由を述べて正しく判断できました。そのなかには、「3kmを48分かけて歩いた子どもが4km歩いたとすると、1kmが48÷3で16分だから、48＋16＝64分で72分の子どもより速い」のように4kmにそろえて考える子どももみられました。このような方略（個別単位方略）は学校で学ぶものではなく、学校での学習を経験した大人にはあまりみられないものです。なお、この方略のように「一方を増やしてそろえる」考え方は、学校教育を十分に経験していないブラジルの漁師の計算などにもみられます[★3]。人間の自然発生的な思考のひとつとも考えられるのではないでしょうか。

このように、歩いたり走ったりする速さやジュースの濃さなど日常的なことがらに関しては、比例や単位あたり量を学習する以前の子どもでも倍数操作や個別単位といった方略を自発的に構成できること、またその割合は、小学校3、4、5年生と学年が進行するにつれて増加することがわかってきています[★1]。また分数や乗除法の基礎としての配分などに関しても、学習以前に有する豊かな知識や方略が明らかになってきています。これらの知識や方略を活用する形で授業を組織することが、子どもが自らの概念理解を深めること（知の発達）を支援するために重要なのではないかと考えます。

学校での学習後に残る理解のむずかしさ

しかしながら、授業以前にもつ既有知識や既存方略だけで算数にかかわる課題をすべて解決できるわけではありません。豊かな知識や方略にも一定の限界があるのです。多くの算数の授業ではその制限を乗り越えるべく一般化や抽象化をめざした指導が行われますが、授業を経験したあとでも子どもが概念を十分に理解できていないことが、とくに高学年に多くみられます。その例を先に述べた単位あたり量の例でみてみましょう。

教科書を用いた単位あたり量の授業を経験した直後の子どもに「3km を48分かけて歩いた子どもと4km を72分かけて歩いた子ども」の速さを比較させると、「48÷3＝16、72÷4＝18なので72分の子どものほうが速い」とするような回答（単位あたり算出後の比較の誤り）が多くみられました。★4 そのなかには授業以前には自分なりの方略（個別単位方略など）でこの課題に正答していた子どもたちも含まれていました。これらの子どもたちは「道のり÷時間」の計算を行って速さを比較することはできるのですが、この例のように時間の数値が道のりの数値よりも大きい場合、単位の意味を考えずに2つの数値を割り算するという手続きだけを適用して判断してしまいます。算数の教科書では速さや混み具合などについて、比較の場面などを用いて「速さ＝道のり÷時間」といった公式が導かれますが、与えられる課題の多くは道のりの数値が時間の数値より大きく、「時間÷道のり」で考えることは導入場面を除いてあまりみられません。また導入場面でも倍数操作などの既存方略が考慮されることはないようです。このようなことから、概念の理解を十分に経ずに新しい方略がたんなる解決手続きとして獲得されている場合があるのではないかと考えられます。

単位あたり量を十分に理解することは中学生でも依然としてむずかしく、とくに小学校の授業では扱われない濃度の領域では、原理的には単位あたりの考え方で解決できる問題であるにもかかわらず、「さとう水の重さ÷さとうの重さ」などを計算して適切に濃度を判断できる中学1年生は二割程度にとどまっていました。[★2]

概念の理解のむずかしさは単位あたり量だけにとどまりません。たとえば、分数の意味は4年生で学習しますが、割合分数（たとえば2mの1/4）と量分数（たとえば3/4m）を区別して図示できる子どもは、通常の授業を経験した5年生で一割以下でした。[★5] また、国際教育到達度評価学会（IEA）が一九九五年に実施した国際比較調査（TIMSS）では、女の子が10人と男の子が20人いる学級について、「女の子1人と男の子2人が組になる」という意見が正しいかどうかを説明することを求めた結果、正答率は4年生で30%（国際平均は21%）にすぎませんでした。[★6] 分数の意味を区別したり、その理解を言葉で表現したりすることは小学生にとって容易ではないようです。

このように、たんなる公式の適用ではない単位あたり量の理解や分数の異なる意味の理解などは、小学校の通常の算数授業を経験したあとでもむずかしいと考えられます。概念のもつ意味を単元の導入場面で扱うだけでなく、計算や文章題の指導のなかでも意味理解を深めるような働きかけを継続的に行っていくことが必要なのではないでしょうか。

算数授業での討論を通じた理解の深まり

教科を問わず授業という場は、他者との相互作用を通じてそれぞれの子どもが理解を深めることのできる機会になります。子どもの多様な方略を利用して討論を組織することで概念の理解を深めることをめざしたひとつの授業について、そのプロセスと効果をみてみましょう。

単位あたり量の導入に際して、一般に教科書では部屋などの混み具合を比較する場面を用いて、①面積が共通、②人数が共通、③面積も人数も異なる、の順で三段階に課題が実施され、人数÷面積で混み具合が判断できることが説明されます。①②と比べて③が急にむずかしくなり、倍数操作などの既存方略を反映しにくい展開となっています。そこで、倍数操作方略でも単位あたり方略（人数÷面積など）でも解決可能な課題（200㎡に15人いるプールと400㎡に45人いるプールの混み具合の比較）を導入課題として実施し、子どもの多様な方略を授業場面で発表させ比較検討したあとに、単位あたり方略のみで解決可能な適用課題を実施する授業が計画されました[★7]。

実際の授業では導入課題に対して倍数操作方略と単位あたり方略をそれぞれ二人の子どもが発表し、その違いや共通点、どの解法がよいかなどについてクラスで討論がなされました。その結果、クラス全体では授業後の混み具合の理解は通常の三段階指導に比べて高いことが明らかになりました。

それでは授業を通じて一人ひとりの子どもはどのように概念の理解を深めていったのでしょうか。導入課題と適用課題で子どもがワークシートに記入した内容、授業での発言の有無、授業後（翌日）の評価テストの結果をもとに、概念理解の深化の道すじを課題解決方略の変化として示したのが図2-1です。

導入課題では27人中19人（70％）が倍数操作方略を用いて課題を解決し、単位あたり方略を用いたのは3人（11％）でした。クラスでの討論直後に実施された適用課題では既存の倍数操作方略で解決できないために、討論時に他児が示した単位あたり方略を用いる者が21人（78％）みられましたが、そのワークシートへの表現のしかたは二通りに分かれました。ひとつは「一人あたりの面積を求める」など計算の目的を書いた後に単位あたりの計算を行い、判断の理由と答えを書くタイプ（意味理解群）で、もうひとつは計算の式と答えのみを書くタイプ（形式適用群）です。前者は他者の解法を自分自身の言葉で言い換えて課題の目的に対応させて用いているのに対し、後者は解法の手続き的側面（大きな数値を小さな

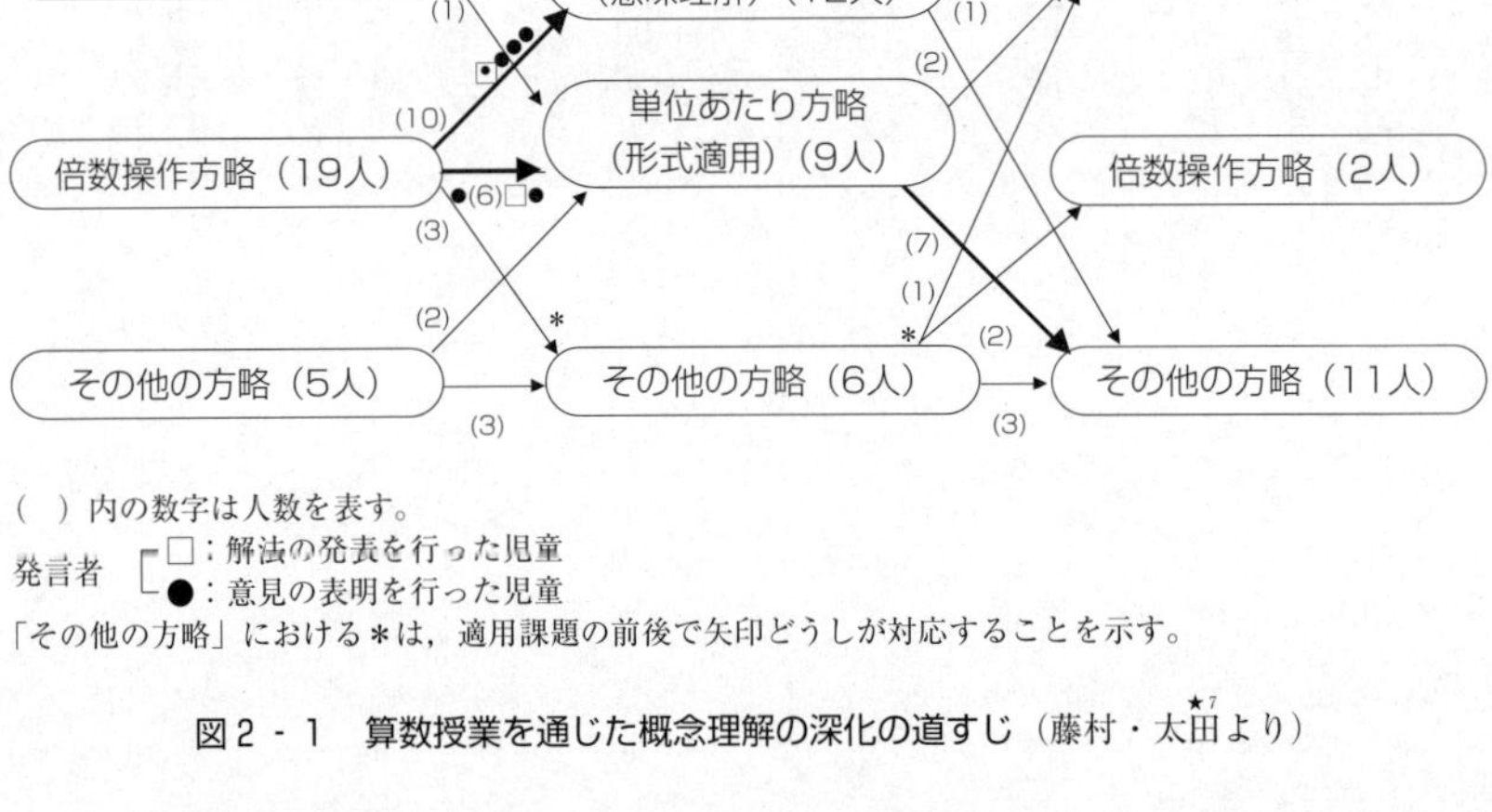

（　）内の数字は人数を表す。
発言者 □：解法の発表を行った児童
●：意見の表明を行った児童
「その他の方略」における＊は，適用課題の前後で矢印どうしが対応することを示す。

図2-1　算数授業を通じた概念理解の深化の道すじ（藤村・太田[★7]より）

数値で割るなど）に着目していると考えられます（なお、このクラスの算数授業では課題に対して「計画」「解き方」「答え」を分けて書く指導が継続的に実施されていました）。

その二つのタイプは、授業後の評価テストで対照的な結果を示しました（図2－1参照）。200㎡に20人が遊んでいる公園と500㎡に40人が遊んでいる公園の混み具合を比べる課題に対して、意味理解群には単位あたり方略を用いて正答する者が多く、形式適用群には単位あたり計算を試みても比較判断の時点で誤りとなるタイプなど「その他の方略」が多くみられたのです。さらに意味理解群は速度や濃度といった未習の単位あたり量についても形式適用群より理解を深めていました。これらの結果は、討論場面で他者の考えにふれたとしても、その利用のしかたによって授業後の概念理解が異なってくることを示しています。なお、意味理解群は形式適用群に比べて授業前に倍数操作方略を多く用いていたことから、子どものもつ既存の方略が授業場面で他者が示した方略の利用のしかたを規定し、それが授業後の理解に影響するといった流れ（理解の漸進的深化のプロセス）も示唆されます。

授業での発言は概念理解とどのようにかかわるのでしょうか。授業後の混み具合課題に正答した者の割合は発言者が非発言者に比べてやや高かったものの、速度や濃度については非発言者も発言者と同様に理解を深化させていました。このことは、授業で発言しない者のなかにも内的には討論に主体的に参加し、自身の理解を深めている者がいることを示しています。一方、発言者のなかでも討論場面で解法の意味や評価に関する発

●引用文献●
★1　藤村宣之　1997　児童の数学的概念の理解に関する発達的研究―比例，内包量，乗除法概念の理解を中心に―　風間書房
★2　藤村宣之　1990　児童期における内包量概念の形成過程について　教育心理学研究, **38**, 277-286.
★3　Schliemann, A. & Nunes, T.　1990　A situated schema of proportionality. *British Journal of Developmental Psychology*, **8**, 259-268.
★4　藤村宣之　1990　児童期の内包量概念の形成過程に関する縦断的研究　発達心理学研究, **1**, 70-78.
★5　藤村宣之・太田正義　1996　ティームティーチングが児童の算数理解に及ぼす効果　教育方法学研究, **21**, 127-137.
★6 Mullis, I. V. S., Martin, M. O., Beaton, A. E., Gonzalez, E. J., Kelly, D. L., & Smith, T. A. 1997 *Mathematics achievement in the primary school years: IEA's Third International Mathematics and Sciences Study*. Chestnut Hill, MA: TIMSS International Study Center, Boston College.
★7　藤村宣之・太田慶司　2002　算数授業は児童の方略をどのように変化させるか―数学的概念に関する方略変化のプロセス―　教育心理学研究, **50**, 33-42.

言を行った者は授業後に精緻な方略を多く用いるなど、発言内容により概念理解に違いが生ずることもうかがえます。

以上のことから、子どもの多様な方略を討論場面に活用した授業では、他者が示した解法の意味を理解して自身の方略として使えた場合に、また解法の意味などに着目した発言を行った場合に、授業後の概念の理解が深まると考えられます。算数の授業では子どもの既存方略を利用することに加えて、討論場面で方略の意味への着目や他の方略との比較を促すことも必要でしょう。また既有知識や既存方略を算数の授業を通じて豊かにしていくことも、理解の漸進性を考慮した長期的な取り組みとしては重要でしょう。

子どもの発達を支援する算数教育

最後にここまで述べてきた三つの研究結果をふまえて、子どもの認知発達を支援する算数教育のあり方について、「子どものもつ多様な知識や方略を利用した指導」という観点から提言を行っていくことにします。

はじめに述べたように、子どもは単元の導入前から日常経験などに依拠してさまざまな既有知識や課題解決方略のレパートリーを有していると考えられます。それらを授業場面で引き出し、新たな要素と関連づけて、それぞれをより洗練された知識や方略に発展させることにより、概念の理解が深まり、二番目に述べたような理解のむずかしさは克服されていくのではないでしょうか。

●推薦図書●

『認知心理学からみた数の理解』　吉田　甫・多鹿秀継（編著）北大路書房　1995
数概念，文章題，分数，割合，確率など，広範な数の理解に関して認知心理学的アプローチで解明を行っている諸研究が紹介されている。この分野の研究を概観するのに役立つと考えられる。

『授業が変わる―認知心理学と教育実践が手を結ぶとき―』　ブルーアー，J. T.（著）松田文子・森　敏昭（監訳）　北大路書房　1997
算数・数学教育，理科教育，読みや作文の指導などについて，認知心理学者が教育にかかわって実施した研究が幅広く紹介されている。認知心理学の理論と教育実践をどう結びつけるかについての示唆に富んでいる。

既存の知識や方略を授業場面で引き出すには、日常経験を喚起できるような場面設定のほか、三番目に示したように多様な方略で解決可能な課題を設定することが有効ではないかと考えられます。また新たな要素と関連づけて知識や方略を発展させるには、具体物やシミュレーションなどの利用により子ども自らが新たな要素を発見し既存の枠組みに統合していく方法や、クラスでの討論を通じて他者の考えから新たな要素を取り込んでいく方法などが考えられるでしょう。とくに後者については、教師がある解法を一方的に説明するよりも、自分と同年齢の子どもの言葉で語られた解法のほうが、また複数の子どもの示した解法を比較するほうが、自分の方略のレパートリーとして取り入れて発展させやすいのではないかと推測されます。

子どもに解法を発表させる授業は単元の導入では目にすることがよくありますが、その後の展開部分では解法の習熟に重点が置かれている場合が多いように思われます。単元の展開やまとめの箇所でも子どもの多様な知識や方略を利用した指導を行うことで、子どもの概念理解の漸進的な深化を支援することができるのではないかと考えられます。

また評価の面では、計算課題や文章題を用いて授業の直接的効果を評価するだけではなく、判断の理由づけを問う、子どもの言葉で説明させるなどの形式で、概念の理解や思考のプロセスも評価することが重要でしょう。その際に理解の漸進性などを考慮すると、単元の終了時だけではなく、学期末や学年末にかけて長期的に評価を行い、理解の深化を恒常的に支援していくことが望ましいのではないでしょうか。

●推薦図書●

『学校教育の心理学』　無藤　隆・市川伸一（編著）　学文社　1998
認知発達（読み書き，数量，科学概念など）と教育，自己学習力の育成，学校における他者とのかかわりなどに関する教育心理学の知見が，学校の教育実践との関連を意識して整理されている。

『小学校の算数教育・理科教育の国際比較―第3回国際数学・理科教育調査最終報告書―』　国立教育研究所（著）　東洋館出版社　1998
1995年に国際教育到達度評価学会が実施した国際比較調査のうち，小学校3, 4年生の算数，理科に関する結果をまとめている。日本の子どもの学力の特質を他国との比較で考える手がかりとなる。

気持ちを受けとめ、学びの流れに棹さす
―情動から学習をとらえ直す

上淵　寿

「知性の発達を支援する」という言葉から、私たちは何を思い浮かべるでしょうか。それは、国語や理科の力を伸ばすような教科学習の支援のこともあれば、芸術などの創造的な学習活動の支援であるかもしれません。しかし、これらの例とはちょっと違って、筆者は感情や情動がかかわる知性のことを、なぜか真っ先に思い浮かべてしまいます。

「よく見る」ことと「受けとめる」こと

かつて筆者は、小学校での授業観察をチームを組んで行っていたことがあります。その観察では、授業を見終わったあと、簡単な反省会のようなことをしていました。ある反省会の際に、「A先生（観察したクラスの担任教師）は、子どもをよく見てない」という筆者の何気ない言葉が、他のメンバーの反発を招いたことがあります。「いいえ、A先生はすごく細かく子どものようすを見てますよ」。これはどういうことなのでしょうか。たんに筆者の授業を見る眼が不確かだったのでしょうか。たしかにそれもあるかもしれません。

●執筆者プロフィール●
①長野県
②東京大学大学院教育学研究科博士後期課程単位取得中退
③東京学芸大学教育学部助教授
④教育心理学・発達心理学・認知心理学。とくに動機づけ、自己制御学習、学習相談、熟達化、情動の発達
⑤「学び」も大事ですが、学ばないこと、変化しないことも大事なような気がしてなりません。最近は、さまざまな意味で教育実践を支援しつつ、実践環境を構築する活動を、自分ができることから少しずつ始めています。

①出身②経歴③現在④専門⑤「学び」について思うこと

しかし、それだけではなく、筆者の「子どもをよく見る」ということと、他のメンバーがいう「子どもをよく見ること」が異なっていたのでした。

つまり、今思い返せば、筆者は、授業を受ける子どもたちの立場に立って、その授業を見ていたことに気づきます。A先生は、的確に子どもたちのようすを把握して、それに基づいて子どもたちを指名し、どんな答えが返ってきても、その応答をじょうずに利用しながら、授業を展開していました。しかし、筆者はそのような授業のようすを拝見しながらも、心地よい緊張感を味わうことができませんでした。筆者のいう「子どもをよく見る」とは、「子どもの気持ち、つらさ、悲しさ、受け入れてほしいという願いを理解し、受容する」ことなのでした。ところが筆者には、A先生のてきぱきとした授業の中に、それを感じ取ることが、できなかったのです。もちろん、このことは必ずしもA先生の授業を否定するものではありませんが。

以前に、授業という教育的な営みの中で気持ちのやりとりが多様に行われていることについて、述べたことがあります。[★1★2]

以下の例は、前にも詳しく取り上げたことがある、[★2★3]ある小学校の2年生の体育の授業記録の一部です。「色鬼」というゲームをする前に、教師が遊びのルールを、子ども自身に確認させています（以下、子どもの名前はすべて仮名です）。

教師　色鬼のルール、はじめから覚えている人？　大きな声で

教師　色鬼の説明ができる人（手をあげて）

西岡　（手をあげる）
教師　西岡さん
西岡　（前に出る）
和久　イエーイエー、西岡。わが日本の代表
彦坂　笑わせるんじゃねえよ
教師　（西岡の背中に手をあてる）一番後ろの、米原さんに聞こえるように言ってね
教師　はい　（手を離して、数歩離れる）
西岡　最初、鬼を決めて、鬼が何か色を言って、みんな、その色を見つけて……
他の子ども　さわる前に、鬼がタッチしたら、その人が鬼になる（小声で）
西岡　さわる前に、鬼がタッチしたら、その人が鬼になる

この場面で教師は、西岡という子どもの背中にふれています。そっと背中に手をあてることで、おそらくこの子の緊張感は、気づかないうちに少しずつほぐれていったのではないでしょうか。このとき、西岡は、なかなか第一声が出なかったようです。集団の前で話をするのは、ふだんからいっしょに遊んでいる友だちの前でも緊張を強いるものだったかもしれません。

次に教師は、「はい」と言って、話すきっかけや促しを与えると、「あとは自力でやってごらんなさい」というように、背中にふれていた手をそっと離して、少し離れた所に立ち、あとはじっくり見守るような姿勢をみせました。「接触」と「分離」という行為によって

リズムをつくり出し、子どもにとっていくらか緊張する、「発表」という行為へとなめらかに移行させようとしたのでしょう。

このような例にかぎらず、かかわりのなかで得られる感情のやりとりは、身体や言葉を通じてさまざまに表現され、伝えられ、感じ取られているはずです。

以上のように、筆者が重視したいのは、「今」「ここ」の関係をいかにつくっていくかということであり、さらにそれがリズミカルな行為のやりとりそのものであるという点です。

また、これは別の例ですが、筆者はある中学校の授業を参観したことがあります。そのとき、授業中の発言を教師に無視された子どもが、授業終了後に「ちきしょー、ヤラレたよ」と陰で怒鳴っている場面に出くわしたことがあります。この中学生の言葉から、何が想像できるでしょうか。それは、先ほどの言葉を使えば、「よく見」てもらえなかったことがくやしくて、思わず発した叫びだったのではないでしょうか。

情動知性

数年前に、ビジネス界を中心に「ＥＱ」という言葉がはやりました。これは正確には情動知性（emotional intelligence）とよぶべき概念です。情動知性については、さまざまな定義がなされていますが、簡単にいえば、社会関係や感情をじょうずに制御し、調整する能力のことです。

すでに、心理学の世界では、情動知性についてさまざまな主張がなされており、最近の知見を整理すれば、表2‐1のようになります。研究者によって、情動知性に取り入れられている要素に多少の違いはありますが、いずれも社会状況のなかでのさまざまな問題を理解したり、解決したりする能力やスキルが含まれている点で共通しています。とくにメイヤーらの説には[★4]、情動が社会的な関係や自己のあり方を規定しているという考えが現れています（似た考えとして、ゴットマンらのメタ情動を中心に据える立場があります[★5]）。

現実社会の多様な問題を乗り切っていかなければならないのは、何も社会人となった大人に限ったことではありません。学校という場所に長い時間拘束される子どもたちにも、同じことがいえます。もちろん、教師集団も同様です。

言い換えると、教室の中で授業を受けたり、学習をしたり、友だちと仲間関係をつくっていくためには、情動知性が必要なのです。

また、教室の話とはずいぶん縁遠いと思われるかもしれませんが、言葉を使って十分なコミュニケーションができない乳児と養育者では、情動や感情によるコミュニケーションが中心になります。そのため、たとえば、はいはいをしている赤ちゃんは、目の前にいる親の表情などを見て、すぐ前の床を進んでもだいじょうぶかどうかを判断するといわれています。しかし、このようなコミュニケーションは、顔の表情によって情動のやりとりがなされているだけではなく、新たな情報や知識の獲得に役立つという点で、学習機能を有すると考えられています[★6]。このような情動を介した学習機能は、言語を介した学習に完全にとって替わられるわけではないでしょう。むしろ、その下支えをしているといってもい

情動知性
サロヴェイ（Salovey, P.）らが提唱した、能力・適性の一種。従来、知能テストで測定されてきた知能とは異なり、社会的関係を円滑に進めたり、他人や自分の気持ちを理解して、適切に表現する能力などからなる。

メタ情動
ゴットマン〈Gottman,J.M.〉が提唱した、人が情動に関して経験する情動や認知の総称。おもに情動への気づきの側面と、情動への評価の側面からなるとされる。このメタ情動能力の高さが、親のしつけとかかわるとされる。

表2-1　代表的な研究者による情動知性の特徴（Mayer[★4]を改変）

アプローチの種類	能力アプローチ		混合アプローチ			
研究者	Mayer, Cruso, & Salovey		Bar-On		Goleman	
情動知性の内容	(1)情動を正確に知覚する情動覚知能力	表情，音楽，デザインにおける情動を正確に知覚する	(1)個人的EQ	情動の自己覚知，主張性，自己考慮，自己実現，独立性	(1) 自己覚知	正確な自己査定，自信
	(2)情動を思考を促進するために使用する能力	情動を他の基礎的感覚（例:色，肌理）と正確に関係づける　情動を視点を変えるために使う	(2)対人EQ	共感性，対人関係，社会的責任	(2) 自己制御	セルフ・コントロール，信頼，良心，適応性，改革
	(3)情動やその意味を理解する能力	情動を部分に分析する能力　ある感情から他の感情への可能な移行を理解する能力　物語の中での複雑な感情を理解する能力	(3)適応性EQ	問題解決，現実性の検証	(3) 動機づけ	達成動因，コミットメント，自発的な楽観主義
	(4)情動を管理する能力	自己の情動を管理する能力　他者の情動を管理する能力	(4)ストレスマネジメントEQ	ストレス耐性，衝動のコントロール	(4) 共感性	他者の理解，他者を発達させる，方向性を指し示す，多様性を利用する，政治的自覚
			(5)全般気分EQ	幸福感，楽観主義	(5) 社会的スキル	影響力のあるコミュニケーション，葛藤のマネジメント，リーダーシップ，絆を結ぶ，協同と強調，チームとしての能力

いのかもしれません。

メイヤーらの情動知性の定義は、そのような情動を中心としたコミュニケーションと、それによる知識の獲得（学習）も視野に入れているのです。

情動や感情が学習のベースにあるとするならば、授業という人間関係に基づいて構築される特殊な学習プロセスは、まさに情動や感情のやりとりであり、それによって学習が構成されているといえるのではないでしょうか。そしてその基本には、情動知性のような一人ひとりの適性も絡んでいる可能性があります。このような、学習環境の中における相互作用を情動や動機づけの観点から再解釈し、再構成する試みは、すでにほかでも始まっているのです（たとえばヤルヴェラ[★7]、ヤルヴェラとニエミヴィルタ[★8]）。

授業の流れをつくるものはだれか

話は変わりますが、私語や授業困難という問題は、今や中学校、高校だけの問題ではなく、下は小学校から上は大学でも生じています。このような問題に直面した場合、多くの教師は、私語の絶えない子ども（あるいは学生）を「困った子」扱いしてしまいがちです。時には排除したり、「授業の邪魔をするな」としかったりする場合や、彼らの言動を無視する場合もあるでしょう。

しかし、実際には私語の絶えない生徒たちの言葉を巧みに使いながら、授業の流れをつくり出す教師もいます。つまり、教師のいうことに適当に答えて妨害しているとしか思われない子どものつぶやきを聞きとり、授業に関係ありそうな話をとらえて解説し、今度は他の生徒にも話をふるという営みがなされる場合もあるのです。

このような授業展開で意外に重要な点は、教師も生徒も、自分たちが「授業をやっている」のであって、「学習プロセス」を紡ぎ出しているという自覚があまりないことでしょう。たんに日々のルーティンをこなしているにすぎない、すなわち「机に向かわせる」あるいは「机に向かっている」、「勉強する態度をとらせている」あるいは「勉強するふりをしている」と思っているのかもしれません。しかし、実際には、これこそが彼らの「学習プロセス」となっている可能性があるのです。

日々の学校、教室という場で営まれる行為が蓄積されて、一人ひとりの「発達」をつくり出していくとすれば、このような営みは、きわめて重要です。また、このような例からは、フォーマルな教育の場であるはずの学校で、インフォーマルな教育が展開されているという、逆説的な現象が生じているのだと、いえなくもありません。

おそらく問題とすべきは、生徒たちが、自分たちも授業の「学習」というプロセスをつくり出す担い手になっていることや、それが他の生徒たちの役に立っているだけではなく、自分の学習のプロセスを積極的につくり出してさえいるのだということに、気づかせることなのかもしれません。★9 そのようないわばメタ認知を形成していく作業が、学習の営みのなかでは必要なのです。

筆者たちは、以前、個別学習のなかでこれに近いことを実践しました。★10 この実践では、家庭学習のなかで、学習への意欲があまり高くない子どもに、学習にとりかかるときの気持ちを文章にして表し、それがどのような意味をもつかを考えさせることを試みました。つまり、学習に関する情動のセルフモニタリングを促す介入を行ったのです。その結果、子どもの学習に対する態度は、積極的なものへと変わりました。

しかし、集団の中での学習の再構築の試みは、まだ緒に就いたばかりです。おそらく、この試みのなかでポイントになるのは、さきに述べた学習に関するセルフモニタリングと、学習にかかわる情動のコミュニケーションを再検討することだと思います。そして、このような実践研究では、さきにあげたヤルヴェラら[★7]が行っている相互作用分析が、参考になるでしょう。ともあれ、私たちは今、そのような新しい実践の入り口に立っているということができます。

●引用文献●

★1　上淵　寿　1994　教育場面における情動　東京大学教育学部紀要, **34**, 229-233.

★2　上淵　寿　2001　心をつなぐ，学びと感情をつなぐ　学校教育(学校教育研究会), No.1002, 68-71.

★3　上淵　寿　1997　体育にみられる「共に学ぶ」意義　無藤隆(代表)平成7～8年度科学研究費補助金(基礎研究B(1))研究成果報告書『幼稚園と小学校における身近な環境への関わりと総合的な学習の研究』Pp.169-176.

★4　Mayer, J.D. 2001 A field guide to emotional intelligence. In J.Ciarrochi, J.P.Forgas, & J.D.Mayer (Eds.), *Emotional intelligence in everyday life: A science inquiry*. Psychology Press. Pp.3-24.

★5　Gottman, J.M., Katz, L.F., & Hooven, C. 1997 *Meta-emotions:How families communicate emotionally*. Mahwah, New Jersey: LawrenceErlbaum Associates.

★6　遠藤利彦・小沢哲史　2000　乳幼児期における社会的参照の発達的意味およびその発達プロセスに関する理論的検討　心理学研究, **71**, 489-514.

★7　Järvelä, S. 1998 Socioemotional aspects of students' learningin a cognitive-apprenticeship environment. *Instructional Science*, **26**, 439-472.

★8　Järvelä, S. & Niemivirta, M. 1999 The changes in learningtheory and the topicality of recent research on motivation. *Research Dialogue in Learning and Instruction*, **1**, 57-65.

★9　杉山亜希子・上淵　寿　2002　いわゆる「問題のある」生徒の位置とその授業展開への役割をめぐる授業者の教育観―授業への参与観察を通して―（未発表）

★10　小堀友子・上淵　寿　2001　情動のモニタリング操作が学習に及ぼす影響　教育心理学研究, **49**, 359-370.

●推薦図書●

『0歳から思春期までのEQ 教育』　ゴットマン，J.（著）　戸田律子（訳）講談社 1998

「メタ情動」を提唱したゴットマンが，保護者や保育者向けに書いた，しつけの本。情動や感情にかかわるしつけについて，わかりやすく述べている。ちなみに，ゴットマンの著書では，他に夫婦関係に関する本が翻訳されている。

『感情と心理学—発達・生理・認知・社会・臨床の接点と新展開—』　高橋雅延・谷口高士（編著）　北大路書房　2002

全体として，最近の感情や情動の研究の動向を知るのによい本のひとつだと思われる。

『教師のパワー—児童・生徒理解の科学—』　淵上克彦（著）　ナカニシヤ出版 2000

教師やその集団をエンパワーメントするという視点から，学校教育を立て直すためのさまざまな知見を提供している。

プロローグ

個性化・個別化時代を生き抜く知の支援

青木多寿子

ある春の日、私の研究室に一本の電話がかかってきました。

「青木先生。一つお知恵をお借りしたいことがあるのですが……。この四月に赴任した中学校は全校生徒が三人なんです。2年生が二人と3年生が一人。みんな素直なとてもよい子です。でも三人しかいない。いったい、どうやって社会性を育んだらよいでしょうか」

電話の相手は、私の大学院の講義を受講していた現職教員の方でした。四月から、ある島の中学校の教頭を務めておられます。

「生徒が全体で三人なんですか?」と私は思わず聞き返しました。しかし、たしかに「三人」だとおっしゃいます。しかも、その生徒たちは、生まれたときからずっと固定した人間関係の中で育ったことも聞かされました。

このことがきっかけとなって、私は次のようなことを考え始めるようになりました。日本では、基本的にすべての国民は同じだという暗黙の了解事項があり、そのうえに全国共

●執筆者プロフィール●
①福岡県
②九州大学教育学部博士課程後期単位取得退学　博士（心理学）
③広島大学大学院教育学研究科助教授
④発達心理学・教育心理学・学校心理学
⑤私は本の活字から学ぶより、自分で見て、聞いて、感じ取って考えるほうが好きです。ガードナーのいう知能の個人差でしょうか。こんな私が何よりもよく学べる方法は、『他者の話を聞く』ことです。大学の教師という仕事は、相手が年上であれ、偉い人であれ、学生であればこちらから話すようお願いできます。こうして私は、この特権のお

①出身②経歴③現在④専門⑤「学び」について思うこと

通のカリキュラムがつくられています。しかし、もしかしたら、基本的にすべての国民は同じだというこの大前提は現代社会に合っていないのではないでしょうか……？

考えてみてください。幼児期から中学生になるまで、数人の固定された人間関係の中で育った子どもと、都会の多くの友人がいる環境の中で育った子どもとでは、身につけている社会性・人間性は違っているのが当然ではないでしょうか。単身赴任家庭と毎日家族全員がそろう家庭とでは、親や教師の子どもへの援助やかかわり方が違うのではないでしょうか。泣き虫の子と切れやすい子とでは、教育の目標も支援のしかたも違って当然なのではないでしょうか。

ではなぜ、日本人は「同じ」だと考えがちなのでしょうか。考えてみれば、終戦直後の日本では、農業人口が九〇パーセントを超えていました。そして当時の大人たちは、戦争を体験し、戦後の貧しさ、苦しさ、苦労を共にした共通の経験ももっています。つまり、戦後のある世代までの日本人は、どんな相手でもどの世代でも相互に共感できるチャンネルを基礎として、そのうえに日本人として不足している力を補うための共通のカリキュラムをつくれば、それで十分だったのだと考えられます。

では、現代の児童・生徒・若者の場合はどうでしょうか。彼らの世代は、親の職業が多様化し、就労形態も複雑化し、家庭環境もそれぞれ違っています。ペットを飼った経験さえもない子どももふえています。このような現代の子どもたちにとって、相互に共感できる共通のチャンネル、世代を越えて共感できる共通チャンネルとはいったい何なのでしょ

かげで、多くの社会人入学の大学院生との対話を通して、毎日学びを楽しんでいます。これが私が多様性を生かす協同学習に惹かれる原点です。

うか？　この点、アメリカ人は、朝鮮戦争、ベトナム戦争、湾岸戦争、ニューヨークのテロ事件など、多民族であっても国民としての共通の経験をもっています。アメリカ人であれば、たとえ異文化の人たちであっても、相互に共感でき、対話するチャンネルがあるのです。このように考えると、国内の他世代、同世代との共通経験に乏しい今の日本の若者は、世界でもきわめて特殊な、他者との共感のチャンネルの少ない人たちであると仮定することができます。これらのことから、「今も昔も子どもは同じはず」と考えるのではなく、「それぞれ違う」と考えたほうが実情に合っているように思えます。そこで本稿では、「子どもはそれぞれに、必要な力、必要な援助が違っている」ことを前提として、個性化・個別化時代を生き抜く知の構築について考えてみます。

個性の受容—多文化教育

多くの人種、民族がともに生活するアメリカでは、多様性は生活を豊かにするものであるという認識の下に多文化教育が進んでいます。多様性の概要は、アメリカでは図2-2のように説明されています。この図によると、個人の多様性を生み出すのは、知性と経験、性別、経済地位、文化です。文化や社会的地位というのを見ると、いかにも多民族国家のアメリカ的です。しかしよく考えてみると、日本にも同じ構図が当てはまることがわかります。

まず、知性に関しては、学力を知性と考えれば、知性の多様性の存在を納得することが

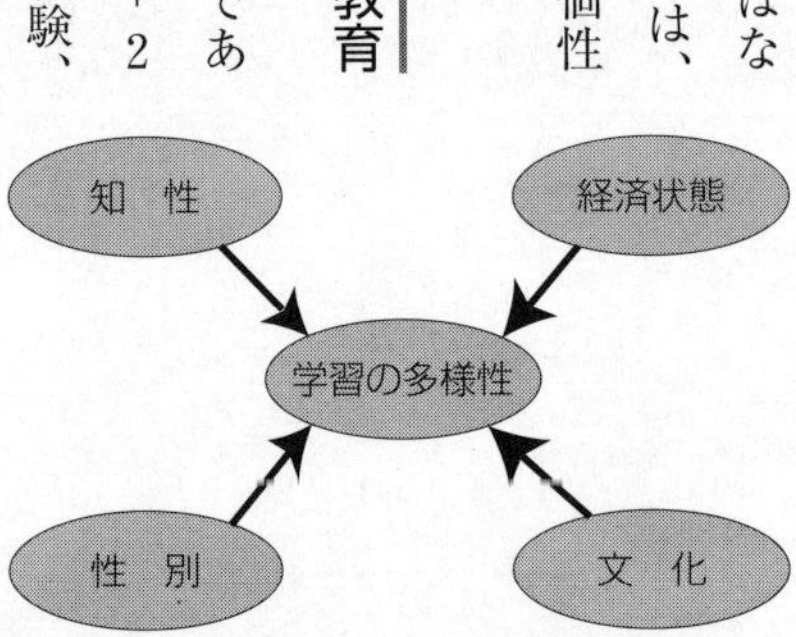

図2-2　学習の多様性[★6]

できます。経験に関しても、島で全校生徒三人の中で育った生徒と大都会の中心部で育った生徒とでは経験が違っていることを考えると、多様性の存在を納得できるでしょう。文化に関しても、家族間で敬語を使う家庭とフランクに話をする家庭、父親を尊重する家庭と家族が友だちのような関係の家庭、何よりも学習に力を入れる家庭と芸術系を重視する家庭など、よく考えるとさまざまな多様性が日本にも存在すると考えられます。では、社会経済的地位についてはどうでしょうか。日本では、国民のほとんどが中流意識をもつとされています。しかし、厚生労働省[★1]の調査によると、離婚数は増加しつづけており、未婚の母も五年間で三七、五〇〇世帯から六九、三〇〇世帯にまで増加しています。さらに母親一人で子育てをしている家庭の平均年収は二二九万円となっており、きわめて厳しい状況で子育てをしている世帯が増加していることがうかがえます。さらに、平成十三年度は四〇歳代の男性の自殺率、過労死者数も過去最高と報道されています。これらの数値は、経済的に苦しい層が増加していることを暗示しています。このように考えると、経済的な問題は、「日本には無関係」なものではなく、日本でも児童・生徒への対応を多様にさせる要因のひとつになりつつあるとも考えられるのではないでしょうか。このように考えると、日本も十分に多文化社会なのです。

ガードナーの多重知能理論

アメリカの多文化教育を支える理論に、ガードナーの多重知能の理論（ＭＩ）があります。[★2]ガードナーは、子どもの広範囲の認知能力に関する評価、学習活動の研究から、子どもの異なる能力のプロフィールを示しました（表2‐2）。ガードナーは、「私たちはある意味で種の知的な遺産である同じ一式の知能をもっている。しかし、私たちは等しい長所や同じプロフィールを示すわけではない。人によって、ある知能に強くても、もう一つの知能に弱い。そして、ある特定の知能の長所が、必ずしも他の知能の長所（短所）を予測しない。また、子どもたちはだれも同じ心を持っておらず、それぞれ独自の方法で知能を組み立てる」としています（松村訳より）。

ガードナー[★2]によると、この理論では、次の三つが鍵になっています。①私たちはみな同じであるはずがない、②私たちはみな同じ種類の心を持っているわけではない、③こういう差異が、否定されたり無視されることなく考慮に入れられると、教育は最も効果的になる。これを実践的なレベルでいうなら、「どんな教育方法であれ、画一的であれば、それが最適なのはごく一部の子どもたちだけだ」ということになります。つまり、人間の差異を真剣に考えることが、ＭＩの考え方の中心なのです。

多様性を補う教育方法

知能は個性的であり、各個人が多様なものだとしたら、教師が一方的に

表2‐2　ガードナーの多重知能の理論[★2]（松村訳，58-60より作成）

・言語的知能・・・話し言葉，書き言葉への感受性，言語を学ぶ能力，およびある目的のために言語を用いる能力。弁護士，演説家，作家，詩人など。
・論理数学的知能・・・問題を論理的に分析したり，数学的な操作を実行したり，問題を科学的に究明するのに関係する。数学者や論理学者，科学者など。
・音楽的知能・・・音楽的パターンの演奏や作曲，鑑賞のスキルを伴う。
・身体運動的知能・・・問題を解決したり何かを作り出すために，体全体や身体部位（口や手）を使う能力。ダンサー，俳優，スポーツ選手，工芸家，機械工など。
・空間的知能・・・広い空間パターン（航海士，パイロット）や限定された範囲（彫刻家，外科，建築家など）などのパターンについての能力。
・対人的知能・・・他者の意図や動機づけ，欲求を理解して，その結果，他者とうまくやっていく能力。
・内省的知能・・・自分自身を理解する能力。自己の効果的な作業モデルをもち，そのような情報を自分の生活を統制するために効果的に用いる能力に関係する。

知識を伝達する一斉授業では子どものなかで知識が積み上がらない可能性が考えられます。この点についてガードナーは、特定の知能の育成につながる、生徒に興味・関心を持たせる七つの別個の入り口を確認しています。それは、語りによる入り口、量的・数的入り口、論理的入り口、根本的・実存的入り口、美的入り口、体験的入り口、社会的入り口の七つです。ガードナーは、一つの課題について、これらの複数の入り口をもうけることで、多くの児童・生徒たちの興味・関心を引くことが可能になると考えているのです。

この点に関しては筆者が見たアメリカの教育実践に思い当たることがあります。筆者はアメリカ（二〇〇〇年）で小学校3年生の天体の授業を見せてもらいました。前半部では、図書室につくられた簡易プラネタリウムで星の映像を見て、星の物語を聞いていました（体験による入り口、語りによる入り口）。次に教室で宇宙の星座、おもな星について生徒の知識を確認していました（量的・数的入り口、論理的入り口）。ところが次に、教師は生徒に黒い紙と金色の星のシールを配りました。そして、これらから自分の星座をつくるのです（美的入り口）。そしてその次には、自分の星座の物語をつくる作文用の用紙が渡されました（語りによる切り口）。児童には多様な個性があります。そして教育改革後のアメリカで行われている授業は、その多様な個性に応える複数の入り口を工夫しているように思えます。

さらに、授業の入り口の豊富さだけでなく、授業の組み立てにも個人の多様性を生かす授業形態が考えられます。それは協同学習です。そこで次に協同学習による知の構築について解説します。

協同学習―多様性を生かしつつ、新たな問題を予防する道具

協同学習とは、どの生徒も明確な割り当てがあり、どの生徒も活動に十分に参加できるくらい小さなグループで一緒に作業をする学習です。★3 この学習形態は、学習の際に互いに助け合って作業をする学習、★4 共通のゴールに向かっていっしょに作業する学習★5ともいわれます。いくつか定義はありますが一般に次のような要因を含んでいます。つまり、「生徒は小さなグループに分かれる（基本的に二人～五人）」「グループの活動はゴールを達成するものである」「他者との社会的な相互作用が重視される」「学習者は、ゴールを達成するために、他のメンバーを頼らなくてはならない学習状況をつくる」です。なかでも、共通の目標に到達するための積極的な相互依存は、とくに重要なものとされています。代表的な例として、エッゲンとカウチャック★6では、「ジグソーⅡ」という方法を紹介しています。これは、たとえば社会の授業なら、四人を一チームとし、アメリカのいくつかの州について、地理担当、気候担当、経済担当、政治担当を決めて調査します。担当者は、それぞれエキスパートとして、まず地理担当者の会合に参加して知識を確認し、次に各州のようすをまとめるのにエキスパートとして参加します。このように、一人ひとりの異なる知識が全体をつくることから、ジグソーという言葉が使われているのです。

このように、協同学習では、他者との相互交渉が不可欠です。そしてこの点にこそ、協

同学習の魅力があり、ディベートや他者とのディスカッションなどとの違いがあると思います。なぜなら、ディベートやディスカッションにはゴールを達成するために、他のメンバーと力を合わせる必要があるとはかぎらないからです。この点について杉江[★7]は、バズ学習という協同学習の要件の第一は「信頼に支えられた人間関係が教育の基盤である」という人間関係重視の側面としています。協同学習は、生徒の興味のうえに成り立つ学習であると同時に、ガードナーのいう六番めの知能、対人的な知能を促進する側面が不可欠な学習をつくることができます。多くの民族が混在するアメリカでは、対人的な知能はとても重視されています。この点については、宗教や民族、文化を越えて、人間として最低必要なものを品性徳目として選び出し、学校区単位で、幼稚園から高校まで共通した品性徳目を定め、くり返しくり返し、基本的な徳目を実践させる教育活動なども始まっています[★8★9★10](表2‐3)。

ところで筆者は、大学院の授業で協同学習を実践してみることにしました。受講生は二十二人。教育学、心理学専攻、保健体育専攻、英語教育専攻、養護教育専攻という多様なメンバーでした。まず、「『協同』による総合学習の設計―グループ・プロジェクト入門」[★12]をテキストとして協同学習についての概略を理解し、グループを組んで課題に取り組むことにしました。学生に与えた時間は授業四回分。テーマは、学生たちが提案したアイデア(ダイエット、サプリメント、ストレス、給食)の上位概念である「健康」としました。

次に、人が交流するには、それなりのルールが必要です。そこで斉藤[★13]「コメント力、段

表2－3　品性徳目の具体的内容と年間学習計画[★11]

① 責任感・・・8月，9月（日本では4月，5月に相当する）
自分が引き受けた仕事，承諾した仕事は喜んで義務を果たす気持ちを育てる。仕事は責任を持って，良心的にやる。他者に気持ちよく，援助を求めることができる。

具体例としては「自分の約束を果たす」「間違いをしたら，素直に認める」など

② 尊敬（思いやり）・・・10月（日本では6月）
他者の意見や要求を却下したり，粗末に扱うのではなく，デリケートに答える。個人間の違いは，社会を豊かにするものであり，祝福されるものである。個人の自由を主張する一方で，グループや他のメンバーの立場にも敬意を払う。尊敬するのは，他者だけでなく，自分自身，地球環境も含まれる。

具体例としては「だれにでも親切に接する努力をする」「他者がどうしたら喜ぶか想像できる」「他者の個性，属性に注意深くなる」など

③ 忍耐強さ・・・11月（日本では7月）
目標に向かって，心をしっかり持って，勤勉に努力する。いったん始めた仕事は最後までやる。仕事はたいへんなので，他のメンバーは，喜んで他者をサポートする。

具体例としては「やり始めた仕事は最後までやる」「一生懸命やる」「他者と協力する」など

④ 奉仕・・・12月（日本では9月）
人生の最大の満足感は，他者への奉仕によって得られることを発見する。人の才能は，サービスを通してみんなで共有すると豊かになれることを認識する。人に頼まれるのを待つのではなく，報酬は期待しないで，他者の要求に積極的に答えることができる機会を探す。

⑤ 自己統制・・・1月（日本では10月）
最も単純なレベルでは，よい生活習慣を身につけること。また，だれもみな，成長段階による制限，個性という制限の中で生きていることを理解する。
具体例としては「自分の手，足，物を自分で統制できる」「順番を守り，他者を待つことができる」

⑥ 正直さ・・・2月（日本では11月）
他者の仕事にけちを付けずに，自分の責任を注意深く，誠実に果たす。悪いところがあれば進んで認める。どんな人も，人はすべて頼れる人であるという確信を持って，自分自身をオープンにして，みんなで共有する。

具体例としては「だれにでも，完全，真実な情報を与える」「自分の誤りを認め，悪いところは良くなるように努力する」など

⑦ 思いやり（共感）・・・3月（日本では12月）
人はみな，思慮深く，注意深い。過去から現代まで，人は傷つき，混乱し，腹を立て，悲しんできた事実がある。このような面を無視するのではなく，互いに手を差し伸べあう。葛藤がある状態では，とにかく和解の方法を探し求め，たとえ相手が悪い場合でさえ，互いに理解し合うように努める。

具体例としては「援助が必要な人を助ける」「他者をからかわない」「違いがあってもよく，それは何の問題もないことを忘れない」など

⑧ 勇気・・・4月（日本では1月）：反省する勇気を持つ。
具体例としては「それが簡単なことでなくても，正しいことをやる勇気を十分に持っている」「他者に同じだと励ますことができる」「他者のよいところを探すことができる」など

⑨ まとめ・・・5月（日本では2月，3月）には，もう一度，全体の総復習をする。

取り力、まね盗む力」と、「『協同』による総合学習の設計」、アメリカの学校で使われている資料などに基づいて、次のようなルールを決めました。「一度に一人が話すこと。他者を傷つけないように敬意を持って積極的に発言すること」「『〇〇』さんが……」と言わずに「ある人が」ということ」「他者の意見に耳を傾けること」「コメント力を発揮し、意見のなかの良い点を見つけること」「段取り力を発揮し、四回の授業内で終われるテーマを選び、授業以外に集まらなくてもよい工夫をすること」「最終日には十五分で発表できるものにすること」です。

さて発表の日、各グループの力作が発表されました。最も「多彩」だったのは「給食グループ」でした。このグループは、今年がワールドカップの開催年に当たることを利用し、ワールドカップ開催国の給食について、「①給食はありますか」「②どこで食べていますか」「③給食費はいくらですか」「④給食のねらいは何ですか」「⑤だれが作っていますか」「⑥代表的メニューは何ですか」という質問でまとめていました（表２－４）。さらに発表の日、このグループは、ワールドカップの各国のユニホームを型どった紙型を作り、肩をひもで止めて、そのユニフォーム型に調査結果を示していました。発表の際の入場も、ワールドカップの曲を流しての入場でした。この多彩な工夫をこらした発表は、複数のメンバーの興味・関心が統合してできた成果といえるでしょう。

他方、学生たちの発表のなかに、生徒の発想をたいせつにする協同学習の別の利点をもみることができました。それは、「問題行動の出現を予防する」という側面です。

あるグループは、ダイエットについて、①食事療法、②ダイエット薬の使用、③運動、④その他のダイエット法、についてそれぞれ各自が一週間チャレンジした結果を発表しました。サプリメント（栄養補助食品）の有効性について発表したグループもありました。これらの発表は、大学院生らしくよく調べたものではありましたが、驚いた点もありました。それはインターネットに掲載されている情報を出典を確認しないまま鵜呑みにしていること、病気でもないのに、医師の処方もなく、薬を自分の判断で使うのを当たり前のように思っていることです。筆者は教員をめざす大学院生がこのような行動をとることに危機感を感じました（外国製の安価なダイエット薬が劇症肝炎を引き起こし、死者を含む二十人を超す被害者が出たのはこのあとのことです）。私はこの点を見逃さず、「危険がある可能性を考えなくては」とコメントしました。このコメントは教師主体の一方的な知識伝達型の授業では、絶対にできなかったコメントだと思います。このように、他者と意見を述べ合う協同学習には問題行動が社会問題となってから対策を伝えるのではなく、問題行動が小さな芽のうちに発見し、つみ取る予防の効果もあると考えられます。

時代の流れが急速に速くなり、個人の体験や経験も個性化しつつある今日、人と人が共感できる共通のチャンネルが少なくなりつつあります。そのようななかで、他者を知る機会をふやし、いろいろな他者と力を合わせる方法やそのマナー、他者と意見を交換する楽

だれが作っているか	代表的メニュー
栄養士，調理師	たこ飯，筑前煮，（岡山版）
子どもを元気に育てる	ご飯の他4，5皿のおかず。キムチは毎日でる。
カフェテリアのコックさん	モケッカ
家でお母さんかおばあちゃん	ボカディジョ
専門家	ピザ，ホットドック，ハンバーガー
自校調理方式か学校給食センター方式	トマトスパゲッティ，子牛の包み煮込み，チーズ，フルーツ
民営給食センターが自校で調理	フィッシュ＆チップス，パン，サラダ，チョコレートやアイス
ランチを持参できない地域で無料給食	ピーナツバターサンドイッチのみ

しさを学び、問題行動を事前に予防できる協同学習という知の構築のあり方は、今後、発展させていかなくてはならない学習形態だといえるでしょう。

表２－４　給食チームの発表内容

給食のありなし		どこで食べるか	給食費はいくら	給食のねらい
日本	ある	教室（時間15～20分）		
韓国	ある	食道	5000円程度	国の政策
ブラジル	基本的にno. ごく少数の学校にはある	カフェテリア	約３ドル	健康維持のため
スペイン	基本的にno. サンドイッチをお昼に食べる			
アメリカ	ある（選択制）	カフェテリア	補助費＋実費	栄養
フランス	ある	食堂（給食時間90～120分）	無料～25F（公立）	食教育・味覚の教育
イギリス	選択制	食堂か多目的ホール	選択払い	食の管理は家庭の仕事
南アフリカ	ある	教室か外で	無料	なし

●推薦図書●

『間違いだらけの学習論』　西林克彦　新曜社　1994
なぜ勉強が身に付かないのか。学習を認知心理学の見地からわかりやすく解説。この本で，学習についての「常識」を考え直してみよう。

『児童心理学』　無藤　隆（編）　放送大学教育振興会　1998
放送大学のテキスト。小学生について，生活，学習，心の成長などについて，主要な理論をわかりやすく解説した発達心理学の入門書。

●引用文献●

★1　厚生労働省　1998年　母子家庭実態調査
★2　Gardner, H. 1999 *Intelligence Reframed; multiple intelligences for 21st century*. 松村暢隆（訳）　2001　MI：個性を生かす多重知能の理論　新曜社
★3　Cohen, E. 1994 Restructuring the classroom: Conditions for productive small groups. *Review of Educational Research*, **64**, 1-35.
★4　Slavin, R. 1995 *Cooperative learning: Theory, research, and practice*(2nd ed.). Needham Heights, MA: Allyn & Bacon.
★5　Johnson, D. & Johnson, R.　1994　*Learning together and alone: Cooperation, competition and individualization*(4th ed.). Needham heights, MA: Allyn & Bacon.
★6　Eggen P. & Kauchak, D.　1999　*Educational Psychology: Windows on classrooms* (4th ed.). Merrill.
★7　杉江修治　2002　多人数授業への対応と工夫　創価大学FDシリーズNo.2　創価大学教育・学習支援センター
★8　青木多寿子　1999　アメリカの小学校－The basic school実践校のケースレポート　岡山大学教育学部附属教育実践総合センター研究年報, **2**, 11-20.
★9　青木多寿子　2000　アメリカの小学校に見る個性の育成　学校教育，広島大学附属小学校学校教育研究会, **996**, 68-71.
★10　青木多寿子　2001　新しい人権教育想像のための基礎研究—校則ルールの違いにみる人権教育の日米比較　山陽放送学術文化財団リポート研究成果特集, **45**, 4-9.
★11　青木多寿子　2002　アメリカの小学校に見る品性徳目教育とその運用　岡山大学教育実践総合センター紀要, **2**, 47-59.
★12　Sharan, Y. & Sharan, S.　1992　*Expanding cooperative learning throuth group investigation*. New York: Teachers College Columbia University.　石田裕久ほか（訳）　2001　『協同』による総合学習の設計—グループ・プロジェクト入門— 北大路書房
★13　斉藤　孝　2001　子どもに伝えたい〈三つの力〉「生きる力を鍛える」 NHKブックス

第3部

自分づくりを支援する

従来の日本の学校では、学習が自己形成のプロセスから切り離され、知育偏重の学習指導がなされてきました。このため子どもたちには、学校での学習の意味が見えません。なぜなら学校での学習は、それが子どもたちの自己形成にとってどのような意味があるのかが問われることはあまりないからです。しかし、子どもたちにとっては、意味の見えない学習ほど苦痛なものはありません。学習の意味が見えなければ、学習はいつしか「苦行」となり、学校はそのための「修行の場」になってしまうでしょう。学ぶことを「勉強（強いて勉める）」という言葉で表すことが、そのことを端的に示しています。

だとすれば、いま最も重要なことは、学校を「意味ある学び」のなされる場所として蘇らせることでしょう。そしてそのためには、「いかに生きるべきか」という個性化のテーマと、「そのためにいま何を身につけるべきか」という知性化のテーマをつなげることが重要になります。そもそも学びは、これら二つのテーマがつながったときに初めて「意味が見える」のであり、そのとき学びは、自己実現をめざして自己を向上させ成長させようとする自己形成（自分づくり）の営みになるのです。

私たち人間は、それぞれに固有の人格をもつ個性的な存在です。社会の発展や進歩は、まさにそのことによって支えられているのです。したがって私たちは、それぞれの個性を磨き、それぞれの自己実現をめざして自己形成の営みを続けていく必要があります。もちろん、私たちの個性は最初から明確に形づくられているわけではなく、私たち自身が、他者との心の交流を通じて、しだいに磨き上げ、創り上げていくものです。つまり、自己形成の過程を方向づけるのは他者との心の交流の体験であり、私たち人間は、他者という鏡に自分の姿を映すことによって、初めて自分自身の個性を自覚することができるのです。

したがって、子どもたちの個性を引き出し育んでいくためには、教室を自由な自己表現のできる場所にすることがたいせつです。自由な自己表現のなされない学級では、学習が自己形成の営みから切り離されてしまい、そのような学級においては、子どもたちは学習の意味を見いだすことができないでしょう。なぜなら、学習の意味とは「学ぶことは自分のためになる」という認識にほかならず、この「自分のためになる」という認識は、自己形成の営みのなかで初めて生まれてくるものだからです。

そうした子どもたちの自己形成の営みを支援するためには、何よりもまず教育評価の在り方を抜本的に改革することがたいせつです。従来の教育評価では、評価規準（基準）を決めるのも評価をするのも、常に教師でした。しかも、教師が指導の結果をふり返って評価するという意味において、「過去志向」の評価でした。しかし、教育評価の本来の目的は、未来の目標に向かって伸びていこうとする子どもたちの自己形成の営みを支援することにほかなりません。したがって、これからの教育評価では、自己形成という視点に立って一人ひとりの子どもをより深く理解することが不可欠であり、その深い理解に基づいて、子どもたちに未来への展望を与えることがたいせつなのです。

自己形成とは、要するに自分の未来を自分の力で切り開いていくことにほかなりません。そして、子どもたちが切り開いていく未来は、子どもたち自身の未来なのです。だとすれば、教師が果たすべき役割は、けっして教師の価値観を押しつけることでも、子どもたちの人生に点数をつけることでもないはずです。そもそも教育評価の本来の目的は、子どもたちの「過去」に対する最終判定を下すことではなく、子どもたちのそれぞれの「未来」に展望を与え、それぞれの自己形成のプロセスとしての「学び」を豊かなものにすることのはずです。ところが従来の教育評価では、評価の科学性・客観性を重視するあまりに、子どもたちはそれぞれの未来に向かって、それぞれに個性的な自己形成のプロセスを歩んでいるのだという明白な事実が忘れられがちでした。このため、画一的な評価規準に基づく評価がなされ、そのことが子どもたちの個性を削ぎ落とす働きをしてきたのです。しかし、教育評価はけっして鋳型によって同型の鋳像をつくる鋳物師の技であってはなりません。教育評価の本来の目的は、子どもたち一人ひとりの個性に寄り添い、それぞれの個性がそれぞれの未来に向かって伸びていくのを支援することなのです。したがってそのためには、何よりも教師自身が偏狭な価値観から解放されて、子どもたちの多様な個性に共感することのできる、豊かな感受性をもつことがたいせつです。そこで第3部では、子どもたちの自己形成（自分づくり）の支援はいかにあるべきかについて考えてみることにしましょう。

「経験を語る」ことと子どもの自己

生活の中の「物語」

小松孝至

●執筆者プロフィール●
①茨城県
②東京大学大学院教育学研究科博士課程単位取得退学
③大阪教育大学教育学部助教授
④発達心理学
⑤個人的なことで恐縮ですが、この本が出版されて一か月ほどで三十代をむかえます。三十年間、さまざまなことを学んだようでもあり、なにも学べなかったようでもあり……。とにかく、心機一転して新たな「学び」を重ねていこうと考えています。

①出身②経歴③現在④専門⑤「学び」について思うこと

私たちの生活には、「物語」があふれています。こう書くと、多くの読者は映画・テレビや本を通して接する「物語」を思い浮かべるかもしれません。しかし、生活の中の物語は、このようなものばかりではありません。「語り手」と「聞き手」がおり、「いま」「ここ」の出来事ではないことがら（過去のこと、未来のこと、空想上のこと……）が、「筋立て」られていれば、つまり時間的な連鎖などをもつように組み合わされて表現されれば、すべて「物語（narrative）」になるのです。その内容は、個人の経験でもうわさでもなんでもかまいません。また、表現手段もさまざまで、書き言葉、話し言葉、時には身体の動きによっても、「語る」ことは可能です。

こう考えると、私たちは生活の中で日常的に物語の語り手や聞き手になっていることがわかります。毎日会っている友人や家族との間でも、経験を語ったり、聞いたりしているでしょう。もちろん、最近さまざまな場で取り上げられている「自分史」や、心理学で取り上げられることが増えている「ライフ・ストーリー」は長く壮大な「自己の物語」ですが、日常的なやりとりの中にも、自分や周囲の他者に関する「物語」が多くちりばめられているのです。

生活の中のこの「物語」は、もちろん大人だけのものではありません。たとえば、ネルソンらの研究★1では、ある女児について、一歳九か月から三歳にかけての就寝時の発話記録が内容、構成などの観点から分析されていますが、記録開始の時期から、すでに自分自身の経験が語られています。そして、幼稚園などに通う四～五歳の時期ともなれば、子どもは立派な語り手になります。その例として、表3-1に示したのは、四歳の女児とその母親が、保育園から帰宅する際に母親の運転する車の中で行ったやりとりから

表3-1　帰宅車内での母親と子ども（みな（仮名）4歳女児）の会話

子	あ ばすだ
母	ばすだね
	（中略）
子	なんで ここに とまってんだろう ねえ
母	うん あのみち ひろいから （子：うん） おりる ひとが いるんじゃない
子	そうだね
母	りょこう いってきたんだね みんなね おでかけ してきたんだ
子	りょこうって おでかけ なんだ
母	おおがた ばすです ほいくえんで たのむ ばすと おなじ もよう だったね おぼえてる？ みな
子	おぼえてるよ まま どうぶつと ね ゆうえんち つながってたんだよね
母	と……そうそう あそこは （子：うん） Tどうぶつこうえん （子：こう） あ ちがう ごめん Kどうぶつえんの ことか （子：うん） ことし いった ところ？ （子：うん） Kどうぶつえん ですね ごめんなさい
子	そして （母：うん） ゆう ちゃんと いった とこは？
母	Kどうぶつえん
子	そして ずっとまえ あかちゃんとこ いったとこは？
母	あかちゃんとき いったときは Tどうぶつこうえん
子	そう そうだよね みなちゃん ちいちゃいころ かわいかった？
母	かわいかった
子	おにいちゃんも いった？
母	おにいちゃんは いかなかったよ （子：したら） えんそくだから ほいくえんの えんそくだから おにいちゃんは いかないよ
子	ほいくえん？ （母：うん） あ このなか （以下不明）
母	ちがう ほいくえんの えんそくだから おにいちゃんは ついて こないよ （空白4秒） おにいちゃん そのひ がっこうだもん おとうさんと おかあさんと みなで さんにんで いったのは Uどうぶつえん ぱんだや
子	まま おおきく なったら Uどうぶつえん ぱぱと ままで いこうね
母	うん こんど いこうね

あいづち等をカッコ内に示した。

の抜粋です。家に着く直前に、停車してお客さんを降ろしている、旅行帰りのバスを見つけたところから話ははじまります。

ここで、母親の助けを借りながら子どもが語っているのは、自分の過去の経験であり、そのときの自分の姿（「かわいかった？」）であり、さらに未来の希望です。見かけた一台のバスをもとにしながら、語りが過去から未来へと広がっていることがわかるでしょう。

本稿では、このように日常の中で、何気なく、しかし確実になされている、経験に関する「語り」の意味、とくに、子どもたちが自分の経験を語ることがもつ意味を、「自己」という概念と関連づけながら考えてみようと思います。

語りと自己

「自己」は、心理学のなかでさまざまな形で取り上げられる概念です。私たち（もちろん子どもたちも）は、学習や仕事をこなす能力（例：国語が得意、算数が苦手）・パーソナリティ（ちょっと引っ込み思案）・社会的な立場（A小学校の6年2組に通学している）など、自分自身をさまざまな属性の集合体として記述することができます。こうした記述に含まれる評価や自分に対してもつ感情（たとえば、自尊感情）は、その人の行動や態度と結びついていると考えられています（たとえば、「適度に高い自尊感情をもつ子どもは、困難な学習課題に積極的に取り組む」など）。このことが心理学のなかで自己に関連するさまざまな概念が重視されてきた大きな理由です。しかし、「自己」は、このような属性

文化的実践
(cultural practices)
一定の考え方や価値観を背景にしながら、ある文化の構成員の多くによって日常的にくり返される活動は、「文化的実践」などとよばれ、文化と人間の行動・心理を積極的に結びつけて考える際に重要な概念となる。本稿で取り上げる日常の語りもこのような実践のひとつとして取り上げられることがある。

の集合体として存在するものなのでしょうか? また、子どもが「自己」を「理解」するということは、さまざまな能力や属性を、自分に関するデータとして、心理テストで「測定」されたような形でもつことなのでしょうか?

もちろん、そのようにとらえ得る側面があることは否定できませんが、それだけでは「自分」というものを理解したことにはならないでしょう。逆に、それらの属性をあげていくと、きりがなくなってしまうように思えます。むしろ、多くの属性や特徴のなかから語るべきことを取り上げ、具体的に筋だてて物語る行為のなかにこそ「自己」の「理解」が生じていると考えられるのではないでしょうか?

さきに述べた母子の語りでは、子ども自身と直接関連のないバスを目撃したところから、子ども自身についての語りが始められています。ここで語られた出来事が、彼女の自己のすべてでないことはいうまでもありません。しかしながら、ここには彼女自身についてのきわめて具体的な語りが構成されています。彼女自身に関して物語られた内容をあえて分割して考えれば

・自己の特徴:「かわいかった」自分の姿
・自己と他者との関係:その場をだれと共有していたのか、これからだれと共有する(したい)のか
・主観的感覚:過去に経験した、あるいは未来に予測されるポジティブな感覚

といったことが、わずかなやりとりのなかに含まれています(三番目の主観的感覚は明確

自尊感情(self-esteem)
人が自分自身に関して形成・維持する評価。自己をどの程度肯定的にとらえ、価値ある人間と考えているかを示す。自己を肯定的にとらえることは、学習活動をはじめとしたさまざまな活動への積極的な参加と結びついているとされ、精神的健康の一要素と考えられている。

に述べられてはいませんが、少なくともポジティブな思い出であることは事実でしょう）。そして、重要なことは、これらの内容が場に即したやりとりを通して組み立てられ、しだいに明確で詳しいものになっていることです。

通常、心理学で測定されるような、「一般的な（＝だれについても同じ基準で評価することができる・自分について、いつでもどこでもだいたいあてはまる）」自己像も一方には存在するのかもしれません。しかし、日常的に自己が表現され、自分自身や周囲の他者によって理解されるのは、さきのような具体的なやりとりを通してであるように思われます。日常生活を基礎として子どもの「自分づくり」を考えるならば、「心理測定」的な観点に加え、具体的な状況に即して語るプロセスの中に自己をとらえることが重要であるといえるでしょう。

共に語る関係と自己

これまで、自己についての語りが、日常的なやりとりのなかで構成されることを述べてきましたが、その際の相互作用には、子どもの自己を考える際に重要となるいくつかの特徴があります。次に、この特徴についてみていきたいと思います。

語りには語り手と聞き手が存在することははじめに述べましたが、子どもを含め、日常的なやりとりのなかで「語る」際の両者の関係は、一方が他方に情報を与えるといった一方的なものではありません。たとえば、表３‐１の母子のやりとりにみられるように、子どもの話に大人が情報を補ったり、誤りを訂正したりするという明確な共同性が存在します。そもそも、語られる内容を肯定的に受けとめる聞き手の存在がすでに共同性を示しているともいえます。

ここで、この共同的な関係そのものが、子どもの「自己」を意味づけていることを見逃してはいけないでしょう。母子の会話の例でいえば、母親にとって子どもは（援助を受けつつでも）自分の経験を語る存在、その語りを聴くに値する存在と認識されています。このように関係のなかで位置づけられることが、「個」としての子どもの姿をいわば枠づける作業となっているのです。さらに、幼稚園や保育所での経験など、子どもと家族が共有しない経験が語られれば、「独自の（他者と共有し得ない）経験をもつ個としての子ども」という他者からの認識はより強くなります（小松・野口参照[★2]）。「自己」が、自らの認識とともに他者からの視線・認知のもとに成り立つことを考えれば、周囲の他者がもつこれらの視点も子どもの自己を支えるものといえるでしょう。

このように、「語る」ことが子どもの独立した、個としての自己の存在と結びつく一方で、語りを通して経験を共有することは、個と個の結びつきを強めます。はじめに示した母子の会話でも、経験を再確認することが母子の情緒的な関係を密接にしていることが感じとれるのではないでしょうか。たとえば、子どもが母親から「あなたは小さいころかわいかったのよ」と言ってもらうことは、たんに子ども自身の客観的な特徴を述べる行為ではないはずです。

以上のように、経験を語ることは、一方では個としての輪郭を明確にする行為であり、他方では経験の共有を通して個と個を結びつける行為だといえます。つまり、経験を語ることは、他者との関係のなかに自分を位置づける行為でもあるのです。

物語の成り立ち──くり返し・定型性がもつ意味

日常的な語りの特徴をさらにみてみましょう。はじめに示した例では、過去の経験と結びついた具体物（バス）を偶然みかけたことから語りが始まっています。もちろん、「シナリオ」があらかじめ決まっているわけではなく、そこからさまざまな形に話が展開していきます。つまり、その場でどんな話がなされるのかは、その場面に依存して決まってくる部分が少なくないのです。その意味で、日常の語りは「即興」的に進行します。しかし、（矛盾するような言い方ですが）ひとつの話が、それきりまったく独自のもの、他に例をみないものとして存在するわけではありません。

ある話がその人らしさを表すものとしてくり返されることは生活の中で少なくないでしょう。筆者は、大学生への講義の中で、「〝あなたらしさ〟をよく示す、しばしば人に語って聞かせるエピソード」「よく思い出す、幼児時代の記憶」を回答してもらったことがありますが、そのなかに表3‐2のような回答がみられました。

子ども時代のエピソードが家族の中でくり返し話されて、大学生になっても自己を描くための重要な要素となっていることがわかるのではないでしょうか。下線で示した部分、つまりAさんの話が伝聞調（「らしい」）であること、Bさんの話は「忘れようにも忘れられなかった」とコメントされていることからもわかるように、自らに明確な記憶がなくとも、周囲の他者はくり返し子ども自身についての話をするのです。もちろん、会話の中で語られる物語は、いったんはその場で消えてしまいますが、くり返されるなかで、自分にとって重要な物語になっていくものが存在するといえるでしょう。

さらに、表3 - 2であげたエピソードには、行為の評価が含まれています。たとえば、Bさんの回答では「努力すること」をポジティブにとらえる評価枠組みが機能しているといえるでしょう。これ以外にも、経験が語られるなかでは、さまざまな価値観（それぞれの家庭で重視される考え方、その地域や集団（学校など）で共有される考え方、民族や国といった大きな集団で共有される考え方など）が反映されます。そしてこれらの価値観は、異なる出来事をしばしば同じ形で筋立てます。これは、ちょうどテレビドラマや小説で「サクセス・ストーリー」「勧善懲悪」といったジャンルに分類される一定の筋が、登場人物や舞台を変えてくり返されることに似ています。もちろん、私たちの日常的な語りにこれらのジャンルがそのまま適用できるわけではありませんが、即興的になされる語りは、同時に一定の価値観・考え方を反映しながら、くり返されるものなのです。そして、その価値観・考え方は、個人の行動や思考にも強い影響をもつことになると考えられます。

表3 - 2　大学生のもつ記憶の例

Aさん（女性）　国立大の附属幼稚園を受験したとき，先生の質問に「わたし，そんなことに答えたくない」ときっぱり言った（らしい）。もちろん落ちた。幼稚園年中さんくらいから，かなりの内弁慶になったが，本当の私はこの話にあらわれているような（いやなことははっきりいやと言う）子どもだったと思う。

Bさん（女性）　自転車や一輪車など，何か乗り物に乗る練習をするとき，何回こけても，家族に「今日はもうやめときなさい」と言われても，必死で練習していた。乗れたとき，みんなに「がんばりやさんだね」と言われるのがうれしかった。（その話を思い出すのは，）家族のみんなが，大きくなってもよくこの話をしていたので，忘れようにも忘れられなかった。

下線は筆者による。

「語り直し」と「豊かな語り」のために

これまで述べたことから、日常生活の中で実践される会話に、「自己」を考えるうえでの重要な視点が含まれていることを理解していただけたのではないでしょうか。もちろん、ここで述べてきたことのいくつかは、従来の心理学における諸研究とも通じるものです。しかし、筆者は、心理検査で「測定」される自己像を超え、具体的な語りのなかで構成される「自己」の姿、あるいはそのプロセスを検討することを重要な視点と考えています。なぜなら、「語り」がもつさまざまな特徴、力が、私たちの自己の成り立ちや、それと結びついた他者の理解において大きな役割を果たしていると思われるからです。

しかし、このような語りの力は、時にネガティブな側面を示すことがあります。たとえば、さきに、語りのくり返しや定型性について述べました。この特徴は、一方で安定した自己および他者の理解をもたらしますが、その安定性が問題となることもあります。

筆者は、保育の場面を観察したり、子どもたちにインタビューをしたりするなかで、特定の子どもの行動やその子と自分の関係についての語りが、「定型化」してしまっているという印象を受けたことが何度かあります。たとえば、乱暴なかかわりが多いなど、「問題」とされる行動を示す子どもたちについて、その子の周囲でトラブルが生じると、周囲の子どもたちや、場合によっては保育者までが、その子の行為の不適切さから生じたトラブルとしての語りを構成してしまうことが少なくありません。また、インタビュー調査をしてみると、周囲の子どもたちは、「○○君（ちゃん）は、ぼく（私）が何もしていないのに、たたいてくるんだよ」といった、定型的な筋でこの友だちと自分との関係について語ります。しかし、観察してみると、そうとも言い切れない、あるいはトラブルの原因がまったく別にあることも少なくないのです。

このような現象は、ある「語り」が、現実に対する視点を固定し、他の「語り」の可能性を排除してしまっている不幸な例のひとつといえるでしょう。もちろん、子どもたち自身に関する「語り」が不変のものである必要はありません。まったく別の筋をもつ「物語」を語り得ること、「語り直し」が存在する可能性も、常に考えなければならないのです。その意味で、「語り」は常に「語り直し」に開かれたものにしておく必要性があるといえるでしょう。

もちろん、保育・教育の場でなされる「語り」を通し、子どもたちが自己や他者をより豊かにとらえ得ることも事実です。教育や保育の場には、この「自己の語り」そのものを直接取り上げた活動が存在します。たとえば、保育の場や学校で行われるスピーチ活動、英語では“Show and Tell”などとよばれる活動です。また、これらのように「語ること」を直接の目的にしなくとも、経験を語り、ひとつの物語にする行為は、さまざまな活動を媒介にしながらなされます。たとえば、経験をもとに絵を描くことや、描かれた絵そのものは、その経験を思い起こしながら主観的な感覚、他者と自己との関係など、さまざまな内容を再構成する契機となるでしょう。

さらに、子ども自身と関連が強い身近な題材をもとに、ストーリーを持った「絵本」を作成することで、より「物語」に近い形で自己認識を深めようとする小学校での教育実践の例もあります（注）。自分が毎日接する人やもの、たとえば自分が育てた植物などを題材として、ひとつの物語をまとめることで、それにかかわる自分のあり方もとらえなおされ、自己とその周囲を語る物語の中に組み入れられていくのです。

ここで重要なのは、なんらかの「作品」（整ったスピーチや優れた絵、本など）を完成させることだけでなく、それを媒介にした相互作用をどのようなものにしていくかという観点です。はじめにあげた母子の会話では、目撃したバスをもとに会話が展開していったように、自己についての語りは些細なものを含め、さまざまなものをきっかけや媒介にしてなされます。つまり、重要なのは、この媒介の選択や、結果として生まれる作品だけでなく、それらを生み出す相互作用・やりとりのなかで、どのような「語り」が構成され、変化しているのかに目を向けることなのです。基本的には、教師・保育者や仲間・家族など、子どもの周囲の他者が語りを受けとめ、展開していくこと、それが可能な場をつくることが、子どもの「自己」を考えるうえで重要になるわけですが、残念ながら、ここではこの点を十分に論じることはできません。むしろ、私たち研究者の今後の課題として、実践を取り上げつつ検討されるべき問題であることを述べておきたいと思います。

Show and Tell
アメリカなどの幼稚園や小学校低学年で、母語(英語)の時間などに行われる活動。子どもは自分のお気に入りのものなどを教室に持ってきて、クラスメートの前でそれについて数分間話をし、その後質疑応答を行う。

注　大阪教育大学附属池田小学校における総合的学習の実践「木の芽生えとわたし」(平成9年度 4年生 菅井啓之教諭)を参照した。

●推薦図書●

『意味の復権―フォークサイコロジーに向けて―』　ブルーナー，J.（著）　岡本夏木・仲渡一美・吉村啓子（訳）　ミネルヴァ書房　1999

原題は“Acts of Meaning”（1990年刊行）。自己や他者，その行為についての日常的な意味づけであるフォーク・サイコロジーを取り上げ，その中での「物語」の重要性を指摘している。

『〈わたし〉の発達―乳幼児が語る〈わたし〉の世界―』　岩田純一（著）　ミネルヴァ書房　2001

豊富なエピソードを紹介しながら，誕生から児童期に至るまでの子どもの「自己」の発達を描いている。本稿で扱った子どもの経験についての語りも，「自己」の発達の一側面として紹介されている。

『〈私〉の心理学的探求―物語としての自己の視点から―』　榎本博明（著）　有斐閣　1999

記憶や自己に関する研究を中心に，心理学のさまざまな知見を紹介しながら，副題にある，「物語としての自己」のあり方と特徴をまとめている。その視点は，発達心理学や臨床心理学を含む幅広いものとなっている。

『人生を物語る―生成のライフストーリー―』　やまだようこ（編著）　ミネルヴァ書房　2000

「物語アプローチ」によるさまざまな研究と，このアプローチの意義を理論づける議論が収められている。インタビューを通して織りなされる「人生の物語」を中心に，人間にとって「物語」がもつ意味を，多角的に考察している。

『ことばの発達入門 入門コース ことばの発達と障害 1』　秦野悦子（編著）　大修館書店　2001

さまざまな観点から言語発達についてまとめられている。「物語ることの発達」にも1章があてられており，本稿で取り上げたような子どもたち（とくに幼児期）の語りを考えるにあたって参考になる。

●引用文献●

★1　Nelson，K. (Ed.) 1989 *Narratives from the crib*. Cambridge，MA: Harvard University Press.
★2　小松孝至・野口隆子　2001　幼稚園での経験に関する3歳児と母親の会話―その意義と機能に関する考察と検討―　大阪教育大学紀要 第Ⅳ部門，**50**，61-78.

「思いやる心」と自分づくり

思いやりは欠けているか

戸田まり

地下鉄への入り口の階段にわが物顔で座りこみ、おしゃべりに夢中な高校生の一群を見かけたことはありませんか。彼ら彼女らに「邪魔じゃないか、どきなさい」と厳しく注意すると、とたんに不機嫌な顔になり、時には怒って抗議してきます。こんな光景を見て「最近の若者は思いやりの心が失せている」と嘆くことはないでしょうか。

中里と松井[★1]は、日本の若者は全体的にみて思いやり意識が弱いと述べています。これは中国、韓国、アメリカ、トルコ、日本の五か国で一九九四年に行われた調査の結果から論じられたもので、日本の中学生・高校生は、他の国と比べてとくに奉仕的な意識が乏しいとされました。また、思いやり行動を起こす基準が「相手がかわいそう」といった情緒的な理由に限られており、「人間としてやらねばならない」「みんなで生きていくためのルールだ」といった理性的な思いやり意識が欠けていると指摘しました。

一方、現場の先生からはこんな話も聞きます。道徳の時間にディスカッションをしたら

●執筆者プロフィール●
①愛知県
②東京都立大学大学院人文科学研究科博士課程単位取得退学
③北海道教育大学助教授
④発達心理学
⑤「好きだ」と思うことに関しては、大人も子どもも驚くほどの学習意欲をみせます。その結果、次々に新しい知識が吸収され、知識が吸収されるほど応用する力も増していきます。ものごとや人に興味・関心をもつことこそが学びの原点だと痛感するとともに、得た知識や技能を他の人々と交換し合うことに学びの喜びがあるのではと感じています。

①出身②経歴③現在④専門⑤「学び」について思うこと

すばらしい意見を言う生徒がいたそうです。友だちだけでなくかかわりのある人々みんなの立場、状況を考慮し、自分にとって面倒でマイナスになるようなことでも率先してやっていこうとクラスメートを説得したというのです。ところが、休み時間にそれとなく見ていると、その生徒はさっきの授業で自分が提案したような面倒なことは人に押しつけていっさいやりませんでした。その日だけではなく、何日たっても、自分が述べた意見を実行するようすは見られなかったのです。その姿を見た教師は（意見と実際の行動とはどうしてこんなに違うんだろう。自分の行った道徳の授業って何だったんだろう……）と、落ち込んでしまったそうです。

これらの実態は何をさすのでしょうか。本当に若者たちには「思いやりの心」がなくなってしまったのでしょうか。じつは冒頭の若者たちも、何の感情も交えずふつうにお願いすると、すんなり退いてくれることがあります。また、困っているとわかると、快く手を貸してくれることも多いのです。ということは、思いやりの心は失われていないのでしょうか。だとしたら、思いやりが欠けて見えるのはなぜなのでしょうか。

ありふれた「思いやり」という言葉を、人間の行動の機序という面から考えてみたいと思います。

思いやる心の基盤

「思いやる」ためには何が必要なのでしょうか。まず、他者がどのような立場にあり、

新学習指導要領と道徳
文部科学省が定める学習指導要領は、これまで約十年に一度、改訂されてきており、時代と社会にあわせた教育のガイドラインを提供するものである。一九九八年に改訂された現行の新学習指導要領では、「生きる力」の育成がうたわれ、とくに幼稚園や小学校低学年では、道徳教育の中で基本的な善悪の判断などについて、くり返し指導し徹底するよう示されている。

何を考えたり感じたりするのか読みとれることが大事だと思われます。つまり「人の立場になって考えられる」かどうか、ということです。この言葉はよく子どもに向かって発せられますが、じつはそう簡単なことではありません。

他者視点取得、あるいは視点取得能力などの用語でよばれるこの概念は、基本的には年齢を追うに従って形成されていくと考えられています。セルマン[★2]は、自分と他人は違うということはわかるが、それぞれの考え方や感じ方を区別することができない段階から、区別はできるが判断するときにはどちらかの見方にのみとらわれてしまう段階を経て、自分も他人もいろいろな考え方をもち、さらにそれらを第三者として見通すことのできる段階にまで発達していくと考えました。

ところが、この能力があるからといって、かならずしも思いやりのある行動が出現するとはかぎりません。たしかに全体としてみると、視点取得能力の高い子どものほうが他人を助ける行動を起こしやすいという研究結果が得られています。しかし、さきに取り上げた教師は、他者の立場を理解する高い能力があるにもかかわらず、現実の生活の中ではそれを発揮しないで思いやり行動を取らない生徒について嘆いていました。このようなことはよくあるのではないでしょうか。

思いやりを示すには、他者の立場を認知的に理解するだけでなく、相手の感情を理解して同じような気持ちを感じ取る共感性が必要です。これを共感性とよぶこともありますし、視点取得能力の一環として「感情的視点取得」ととらえる場合もあります。共感性は三つの側面をもつと考えられています。ひとつはいま述べたとおり、相手と同じ感情を共有することです。うれしそうにしている友人を見て、自分までうれしくなるといった経験がこれにあたります。二番目は同じ感情を共有するわけではないが、頭で理解して「かわいそうに」などと感じる「同情」があげられます。さらに相手の感じている苦痛などに対して、同情するのとは逆に嫌悪感や煩わしさを感じることも、広い意味では共感とされます。[★3] このように、ひとくちに共感といっても、いろいろな意味を含むことに気をつけなくてはなりません。

共感性は一般に向社会的行動の先行条件のひとつと考えられています。とくに大人を対象とした研究では、共感性と、他人に対して援助を申し出たり寄付をしたりするなどの行動との間に関連がみられます。ただ、先に述べた共感性の三つの側面のうち、最後のひとつ、つまりかわいそうな状況の相手に対して同情するのではなくてイライラや嫌悪感などをいだいた場合は、その時どきによって行動が異なるといわれています。いやだなあと感じても目の前の相手から逃げられない状況だと援助を申し出るし、かかわりなく逃げられるのであれば敢えてかかわらないほうを選ぶという研究結果もあります。

子どもでは、共感性の測定のしかたによって結果が異なります。そもそも小さい子どもでは、自分の気持ちをしっかりと言葉で表現できないこともあるでしょう。共感するだけでなく、自分が援助したら（しなかったら）相手がどう感じるだろうかと考える「感情予期」が、共感と行動との間の媒介になっているとする考え方もあります。[★4] この「感情予期」

などは、たんに相手の気持ちになるだけでなく、相手や自分をとりまく状況を認識し、判断するという意味で、感情の問題ではなくむしろ認知的な力ととらえることもできます。

思いやりを外に表す技能

ここまでは「思いやる心の基盤」と考えていいでしょう。しかし私たちが他者の思いやりを感じるのは、相手が自分を理解するからでも共感するからでもありません。それらをもとにして、相手が自分に対してなんらかの行動を示したときに初めて「思いやり」と感じられるのです。ということは、視点取得ができ共感性が高くとも、実際に実行にうつす技能がなければ「思いやり」ではないともいえます。心で思っているだけでは思いやりには見えないのです。

たとえば小学1年生に外国での大災害のようすを知らせ、現地の子どもがどれほど困っているかを伝えたとしましょう。多くの子どもたちは「かわいそうに」と共感しても、立ち上がって何か始めようとはしないでしょう。外国は遠く、子どもにできることは限られています。思いやる気持ちはあっても、どうしたらよいかわからないとき、「かわいそう」と表現することはできても、思いやりのある行動を外に示すことはできません。適切なときに適切な援助を実行する技能が必要なのです。これはある程度、教えることのできる内容です。技能ですから「思いやりを大事にしましょう」といったお題目ではなく、実際の行動の中で何が思いやりにあたるのかを伝え、大人がモデルとなる行動をきちんと示し、実際に行動に移すことを教える必要があるでしょう。同時に思いやりのある行動を目にしたとき、即座に認めたり、賞賛したりといったフィードバックが有効ではないかと考えられます。もしも教育現場でこの「災害にあった遠い外国の人」という話をするのであれば、小学校1年生なりにできる援助の方法を示さないと、「かわいそうな気持ち」が喚起されたまま、同時に「それでも、どうしようもない」という無力感をも教えることになってしまいます。これは思いやりを育てるうえで効果的なやり方とはいえません。

もうひとつ大事なことは、自己効力感です。たとえば電車の中で、酔っぱらいが別の人に絡んでいる場面を目撃したとしましょう。酔っぱらいに注意したり、絡まれている人をかばったりすればよいということは大人ならだれでもわかります。しかし実行に移すのは簡単ではありません。「自分がかわりに絡まれないか」「殴りかかってきたらどうしよう」などと考え、躊躇する気持ちが大きいのではないでしょうか。もしも武術の達人で、いざとなれば簡単に自分の身を守ることができるとわかっているなら、なんのためらいもなく注意できるでしょう。これが「自己効力感」といわれている側面です。自分がどれほどのことまでならできるか、という自覚、確信と考えてください。自己効力感は教科などの学習場面でよく検討されていますが、思いやり行動を実行に移す際のキーとしても考えることができます。

対人情報を受け取る際のゆがみ

では、思いやりを表したり、同情や共感を感じること自体を抑制するのは何でしょうか。同じ経験をしても、受け取り方は人によって異なります。しかし自分なら何とも思わないのに、なぜこの人はこんなに否定的に受け取るのだろう、あるいは逆に、こんなひどい状況なのにこの人はなぜ怒らないのだろうなどと疑問に思うことはありませんか。もちろん他者がニコニコしているときや、怒ったようすであるときのように、だれでも間違いなく理解できる場合は、個人差はみられません。異なるのは、どちらでもないとき、悪意や敵意があるのかないのか、あいまいなときに多いようです。

対人関係のなかで状況を読みとり、どんな内容なのか解読し、どのような行動を起こすかを決める一連の過程を社会的情報処理とよんでいます。この領域での研究によると、攻撃性の高い子どもはいつでもまわりに攻撃を仕掛けてくるのではなく、あいまいでどうとでも受け取れるときに、確かな証拠もなく「わざとだ」「悪意がある」と受け取りやすく、そのせいで攻撃的になるのだと示されています。[★5] つまり、あいまいなかで相手の意図を悪意と認識しやすいために、結果として攻撃が生じるのであって、相手の意図など状況は正確に受け取っているがもともと攻撃しやすい性質であるとか、攻撃しか対処方法を知らないというのではないということです。これは子どもにも大人にもあてはまります。

この考え方を応用して思いやり行動の発現プロセスを考えてみましょう。図３‐１の左側はダッジによる社会的情報処理モデル[★5★6]、右側には、思いやりを感じて行動化するまでの流れの例を記しました。思いやりを示す行動が外に表れるか否かは、まず、状況を把握し、符号化するところから始まります。しかしこの時点で状況自体に注意が向かない場合、思いやりを示す機会に「気づかない」まま、インプットも情報処理もなく終わります。この章の冒頭で述べた「地べたに座り込み通行の邪魔をしている」ケースなどは、このような場合なのかもしれません。一応、状況に注意が向き符号化されると、これまでの知識や経験などから解釈が行われます。表象過程の部分です。他者視点取得能力のレベルや共感性などは、データベースとして解釈の際に使われると考えるこ

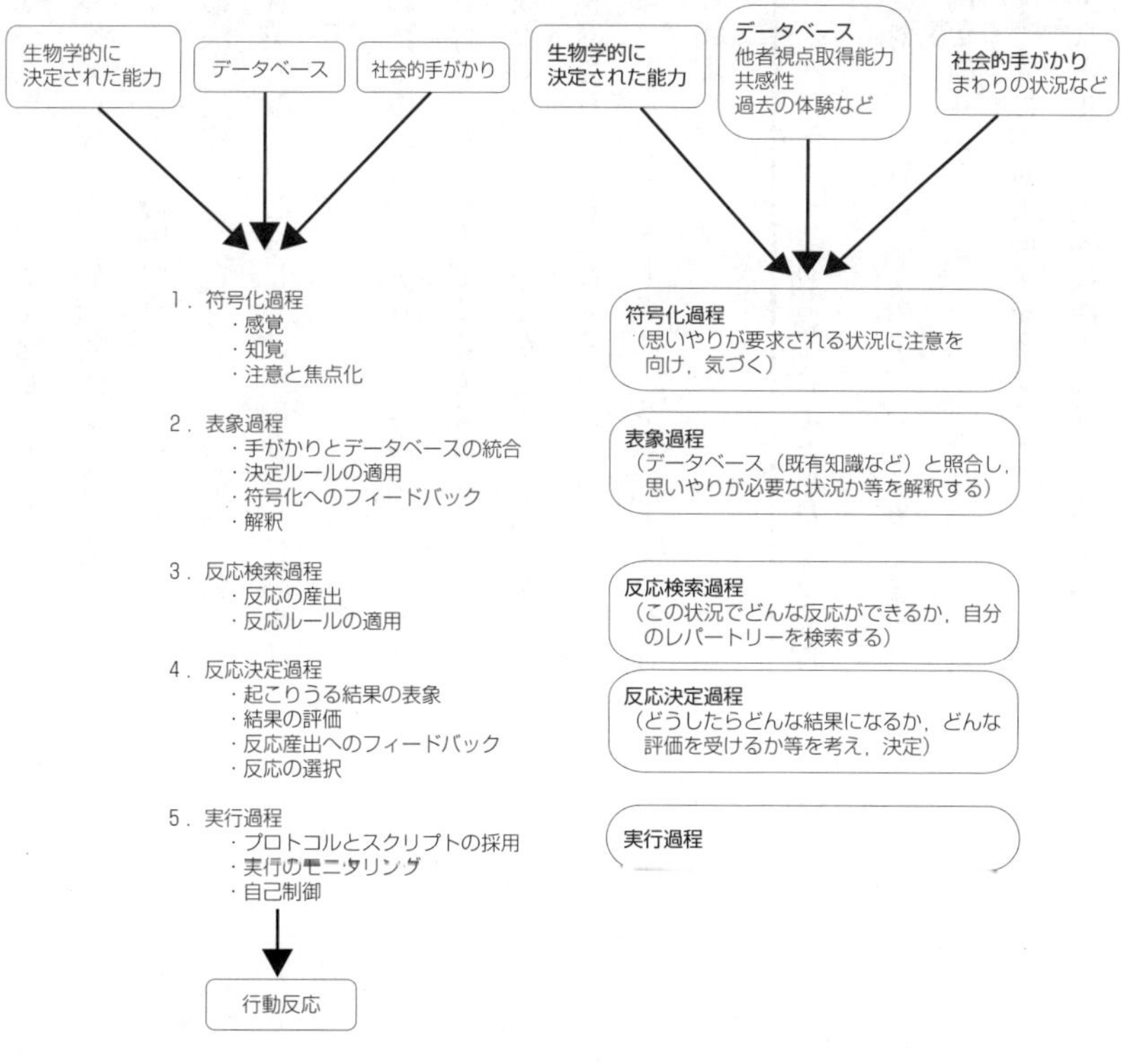

図3－1　Dodgeの社会的情報処理モデル[★5★6]（左）と，それをもとにした思いやり行動の機序モデル（右）

とができます。日本の若者に理性的な判断に基づく思いやり意識が乏しいとした中里と松井[★1]のデータは、表象過程で使用されるデータベースに理性的な価値判断があまり入っていないことを表したものかもしれません。さらにここまでの段階で高い思いやりを示すことが妥当だと判断されても、反応検索過程や反応決定過程で自分自身の実際の行動と結びつけられなければ、行動としては現れません。冒頭で教師がこぼしていた言動不一致の生徒の例は、このレベルでの問題だとも考えられます。

以上のように、「思いやりが乏しい」と思われる事態も、どのステップでの「乏しさ」なのかを考えることによって対応や教育的アプローチが異なってくるのではないでしょうか。むろん、ここで述べた考え方はひとつの仮説であり、思いやりが発現する過程をこのようにとらえるのが適切かどうかはこれから検討されなければなりません。ただ、ひとくちに「思いやりに欠けている」「共感性に乏しい」などというよりは、多少、実際的な対処を考えるうえで有効なのではないかと考えられます。

教育として何ができるか

少数ではありますが、すでにこうした問題に対し、教育現場でのアプローチも始まっています。以下にあげるようないくつかの実践例があります。

ソーシャル・スキル・トレーニング（ＳＳＴ）とは、対人関係をうまくつくっていく技能を教えようとする訓練法です。ソーシャル・スキル（対人的技能）には、相手の話を聴く態度や、一方的にならない自己主張の方法、相手との間にトラブルが起きたときにうまく解決するやり方など、思いやりだけでなく人間関係のさまざまな側面が含まれますが、これを学校の授業に取り入れて教えようとする試みがはじまっています。[★7] プログラムの基本的な組み立ては、内容の教示からはじまり、モデルを見てまねること（モデリング）、自分たちで実際に行ってみるリハーサル（ロールプレイなど）、それに対するフィードバックと実際の生活への般化をめざす部分からなります。もともとアメリカで実施されているものですが、日本でも小学校、中学校などで試験的に実施されつつあります。[★8]

「セカンド・ステップ」も北米でさかんで、その他ノルウェー、ドイツなどでも導入されている方法だそうです。これは思いやりを直接ターゲットにしたものではなく、衝動的・攻撃的行動のコントロールを主眼としたプログラムですが、そのなかで相手を理解することを第一の段階にすえています。河村[★9]が紹介している幼児から低学年向けのプログラムでは、この段階で人形や紙芝居形式のカードを使い、表情や態度、ようす、まわりの状況から相手の気持ちを理解することなどを学ぶようになっています。ここでもロールプレイは重要な手法として取り入れられています。

ＶＬＦ（Voices of Love and Freedom）は、セルマン（Selman,R.L.）が中心になって開発し、アメリカのボストンで幼稚園から高校まで採用されているプログラムです。日本へは渡辺[★10]が紹介し、幼稚園や小学校と連携しながら精力的に実践活動が進められています。このプログラムは相手の気持ちを推測し、理解する「役割取得能力」の発達を促すために

社会的スキル（ソーシャル・スキル）

人間関係をうまく営んでいくための技能をさす。対人関係の取り方のうまさを性格特性や態度等ではなく「技能」と考えるところがポイントで、技能であるからには教育・学習が可能と考える。社会的スキルトレーニングは、大きく分けて精神障害者を対象とし日常生活上の技能を訓練するもの、障害児教育のなかで生活訓練として行われるもの、そして本文でふれているような、対人関係を円滑にするための技能を学ぶものに分けられる。それぞれで使用される「社会的スキル」の意味は微妙に異なることがある。

つくられたもので、子ども一人ひとりの役割取得能力のアセスメントを行ったあと、物語を教材としてペアでの話し合い、ロールプレイ、文章や絵への表現などを行います。一つひとつのステップは、日常的に教師が教科教育のなかに取り入れている技法と大きく変わらないものですが、役割取得能力の発達段階と理論を基本に据えることで、より具体的で建設的な子どもの対人的スキルを育てようとしています。実際に道徳や総合的な学習の一環として実施した学級の報告では、授業後のアセスメントにおいて子どもたちへの効果が認められました。★10

これらの実践はともに「相手の感情や立場を理解する」ことを基礎に置いています。各プログラムとも、思いやる心の育成だけが最終目標ではありませんが、実施していくなかでおのずから「思いやり」の基盤を育てることになります。

ただし、これまで述べてきたように、「思いやりが乏しくなっている」と感じられる背景にはいくつか異なった様相が混在していると思われます。一般に「思いやりがない」という場合、私たちは「どうすればいいのかわかっているくせに、実行しない」ととらえ、悪意や怠惰な気持ちがその根底にあるのではないか、あるいは他人の立場を理解する能力に乏しいのではないかと疑ってしまいがちです。しかし、符号化する時点でそもそも「思いやりを発揮する状況に気がつかない」のだとしたら、そうした非難は的はずれであるし、働きかけも変える必要があります。現在実施されているプログラムを積極的に利用していくのはもちろん

●引用文献●
★1　中里至正・松井　洋（編著）　1997　異質な日本の若者たち　ブレーン出版
★2　Selman, R.L. 1980 *The growth of interpersonal understanding*. Academic Press.
★3　菊池章夫　1998　また思いやりを科学する―向社会的行動の心理とスキル―　川島書店
★4　首藤敏元　1994　幼児・児童の愛他行動を規定する共感と感情予期の役割　風間書房
★5　Dodge, K.A., Pettit, G.S., McClaskey, C.L., & Brown, M.M. 1986 Social competence in children. *Monographs of the Society for Research in Child Development*, **51**, No.213.
★6　渡部玲二郎　2000　社会的問題解決能力の発達　堀野 緑・濱口佳和・宮下一博（編）子どものパーソナリティと社会性の発達　北大路書房　Pp.188-201.
★7　小林正幸・相川　充（編著）　1999　ソーシャルスキル教育で子どもが変わる―小学校―　楽しく身につく学級生活の基礎・基本　図書文化
★8　藤枝静暁・相川　充　1999　学級単位による社会的スキル訓練の試み　東京学芸大学紀要第一部門, **50**, 13-22.
★9　河村真理子　2001　攻撃性をコントロールする力をどうつけるか―教育プログラム　セカンドステップ―　児童心理, 12月号, 1631-1635.
★10　渡辺弥生（編）　2001　VLFによる思いやり育成プログラム　図書文化

のこと、今後は「やさしい心」「思いやり」を考える際に、周囲の状況に注意を向ける力や、自分とは異なる他者の存在に関心をもつ力を育てていく必要があるのではないでしょうか。

●推薦図書●

『人とつきあう技術―社会的スキルの心理学―』　相川　充（著）　サイエンス社　2000

社会的スキルについて，その内容，モデル，測定，トレーニングなどが包括的に書かれた本。人間関係をスムーズに進める態度，行動を「技能（スキル）」としてとらえ，訓練により上達可能と考える立場である。

『思いやりのある子どもたち―向社会的行動の発達心理―』　アイゼンバーグ，N.（著）　二宮克美・首藤敏元・宗方比佐子（訳）　北大路書房　1995

向社会的行動の発達についての第一人者であるアイゼンバーグの著書の翻訳。原書は1992年刊。

『子どものパーソナリティと社会性の発達』　堀野　緑・濱口佳和・宮下一博（編）　北大路書房　2000

パーソナリティおよび社会性について，発達心理学的観点から書かれた最も新しい本の一冊。最新の研究が幅広く取り上げられている。

『異質な日本の若者たち』　中里至正・松井　洋（編著）　ブレーン出版　1997

1994年に行われた５か国での青少年への調査を分析したもの。各国の文化的差違が回答に反映されており，興味深い。

『VLFによる思いやり育成プログラム』　渡辺弥生（編）　図書文化　2001

１章と２章でＶＬＦの理論的背景とプログラムが紹介されているが，全体の半分を占める３章は実践校での指導案の紹介となっている。道徳や総合的な学習での学習計画の考え方についてもふれている。

〈自分さがし〉と〈自分づくり〉

岡田　努

自分さがしブーム

筆者自身は、認知心理学を専門とはしておりませんし、ましてや、教育実践にかかわる仕事もしておりません。いわば、本書の趣旨からすれば、外野席からの話ということになってしまうことをお許しください。

まず「自分づくり」という考え方と深くかかわる「自分さがし」について、概念的なところから考えてみたいと思います（なお、引用したそれぞれの著者によって、「じぶん」「自分」、「さがし」「探し」とさまざまな表記がされていますが、なるべく原著者の表現をそのまま使うこととしました）。この言葉は現代の若者を現すキーワードのひとつとして、しばしば登場します。それだけ「自分の内面」に対する関心やこだわりが、若者にとって強いものになってきているということができるでしょう。心理テストブーム、カウンセリングブームなども、こうした関心の高まりと軌を一にしていると思われます。

「自分さがし」ブームの先鞭をつけたのは、おそらく上野[★1]ではないでしょうか。上野は、

●執筆者プロフィール●
①神奈川県
②東京都立大学大学院博士課程満期退学
③金沢大学文学部助教授
④人格心理学
⑤日本海側の酒と魚とローカル線をこよなく愛しています。時間ができると（時間がなくても）カメラを担いで、ローカル線探訪に出かけてしまいます。おかげでこの原稿も締切を過ぎてしまいました（苦笑）。

①出身②経歴③現在④専門⑤「学び」について思うこと

匿名の他者の視線が内在化され、この視線を照準として、自分らしさを演出し微調整する時代になったとして、これを「自分探しゲーム」とよんでいます。多くの商品の中から自分らしさを表してくれるモノを選択し身につける行為によって自分らしさが得られるという、バブル時代の特徴をよく表す言葉として注目されました。佐々木[2]は、一九九〇年代以降、若者が「自分らしさ」に対してこだわりを見せるようになり、さらに「自分探し」が教育政策の中心的キーワードとしても位置づけられるようになってきたとしています。しかしこの「自分らしさ」は、自分自身が自己満足しているような精神状況であると同時に、自己表現という形をとった表出活動を媒介として他者に承認されてはじめて十分に安定するものであり、自己表現と他者からの承認の二つが、「自分らしさ」にとって必須ということになります（佐々木はこれを「関係的自己実現観」とよんでいます）。こうした「自分」の姿は、先にあげた上野の一九八〇年代のバブル的な「自分探し」においても、自分らしさの「演出」と、それが見えない規範として内在化され、それを照準にした「私らしさの微調整」を行うという点では、基本的に共通したものといえるでしょう。このほか、斎藤[3]は現代の若者を二つの典型（渋谷系と原宿系）に分けています。「渋谷系」の若者は、将来の目標や自分のありように自信がもてず、家族や他人の影響、葛藤があり、テレビ、CD、映画などへの関心が消極的で、「癒し」「自己啓発セミナー」などへの関心が強いなどの特徴をもっており、これを「じぶん探し系」若者としています。他方の原宿系の若者は、自分という存在のありようについてはあまり悩まず「自分を探す」必要がなく、他者からの影響とは独自に自らの価値観を保有し、テレビ、CD、映画などへの関心が積極的であるなどの特徴があり「ひきこもり系」と重なるとしています。

こうした「自分さがし」の背景には、若者たちの対人関係や自分らしさについての意識の変容があると考えられます。一九七〇年代までは、学生運動などを典型として、若者たちは「我々」という連帯感をもち、そこに管理社会に抵抗する自分としてのアイデンティティを感じていました（豊泉[★4]、栗原[★5]など）。しかし、一九九〇年代以降になると、連帯よりも「私」個人へと関心が向き[★4]、意思疎通可能な小集団の中でのみ関係をもち[★6]、社会システムを受容する[★4]方向へと変容してきました。小谷[★7]は、現代においては、モラトリアムは自明のことであり、もはや抜け出すべき時期ではなくなり、そうしたなかで流行する「自分さがし」を、他者への共感性や想像力が欠如した「他者なき私探し」であるとしています。また大平[★8]は、現代人の「本当の自分探し」の特徴として、「自分」という漠然としたものを探そうとしているにもかかわらず、明確な結果のわかる、マニュアル的でプラグマティックな探し方になっていると指摘しています。つまり、消費社会ないしは管理社会に対する抵抗としての「私」の内面への注目が、結果的にはその消費社会に再回収されてきたということができます。また豊泉[★4]は、一九八〇年代の消費社会化の波のなかで、個人の内面は、モノにアイデンティティを求めるような「〈私〉探しゲーム」に変容し、アイデンティティは企業のCI（コーポレーション・アイデンティティ）に飲み込まれ、そこに適応する個々人の「内面の植民地化」が進行してしまったとしています。

アイデンティティ
同一性。自我同一性（ego-identity）。エリクソンは自我同一性の感覚を「内的な不変性と連続性を維持する各個人の能力（心理学的意味での個人の自我）が他者に対する自己の意味の普遍性と連続性とに合致する経験から生まれた自信のこと」としている。すなわち、過去から未来に至る一貫した自分が、他者と明確に区別された形で認識され、それが社会の中においても位置づけられているという感覚をもてるということである。

個人の内面が消費やビジネスの対象になった端的な例としては、一九九〇年代に流行した自己啓発セミナーの問題があります。集団心理療法の技法を利用して、日常生活では得られない極端な幸福感や恍惚感、一体感を体験させることを通して、自己の「本当の姿」を再発見していくというのが、こうしたセミナーの基本的なパターンですが、急激に自己の内面に目を向けたり極端な自己開示を行うことで、参加者によっては精神的に重篤な病理を示す場合があること（大西らなど[★9]）、法外な参加料金を要求されてしまうこと、周囲への執拗な勧誘がノルマ化されることなど[★10]の問題も指摘されるようになってきました。井上[★11]は、セミナーによってどれほど巧みに「貴重な体験」が与えられようとも、〈自分探し〉の成否は、本人が本当に望む〈自分〉を自己発見できるかどうかにかかっていると指摘しています。しかし、そうした本当に望む自分というものは、じつは明らかにはなっておらず、それを自分自身に対して明らかにしていくことが、〈自分探し〉の本質なのだと述べています。

小沢[★12]も、最近さかんにもてはやされる「心の時代」「心の教育」の実体が、たんなる「心ビジネス」「心のモノ化・商品化・利潤追求」に陥っているとし、臨床心理ブームのなかでの「心の専門家」についても同様であると指摘しています。日常的な人間関係への不信感を「心の専門家」が逆にあおり立て、本来ならば日常の人間関係のなかで解決されるような問題でさえも「心の専門家」への過度の依存が助長され、さらには「心」というプライベートで内面的なことがらが、金銭化され、ビジネスの対象にされてしまいつつあることに小沢は警鐘を鳴らしています。このことは、あとで述べるように、教育現場での

「偏差値追放、個性重視」が、結果的には、個人の人格領域にまでも、競争や評価といった企業社会的な市場原理が踏み込む形となったことと、共通した流れをもっているということができるでしょう。

「自分さがし」という言葉には、どこかに満足いく自分が隠されており、それを見つけさえすれば終わり、というニュアンスも否定できません。白井[13]は「自分さがし」とは自分を客観視する段階であり、そこで見えてくる「本当の自分」とは、自分が知りたいと期待していたものとは必ずしも一致しない、等身大の自分であらねばならない、とし、「自分さがし」の先には〈自分を高める「自分づくり」の段階〉があるとしています。

このように積極的に自分をつくっていく「自分づくり」という考え方は、教育との関連においても、より望ましい方向にみえます。次に、この「望ましい自分のあり方」という点について考えてみます。

望ましい青年像という幻想

青年心理学といえばエリクソンといわれるくらい、エリクソン[14]の漸成発達理論は青年期の代表的な人格発達理論となっています。そのなかでも青年期はアイデンティティを達成することが「発達課題」であると、多くの教科書には書かれています。しかし、「発達課題」とは、個人の生涯のいろいろな時期に生じる学習・成就すべき課題、言い換えれば、社会的に望ましい姿としての規範をさしており、人格発達論とは異なっています。しかし、教育の中でこの漸成発達論が使われる際には、どうしても望ましい人格づくりとしてのアイデンティティづくり、ないしは「自分づくり」という規範的な意味合いが強調されがちです。栗原[★5]は、青年心理学が、一定の発達像について「若者はかくあるべし」というイメージをつくり上げてしまい、いい子、健全な子というイメージとして教育課程のプログラムに取り込まれて、子どもや若者がそれに合わせていく傾向があると指摘しています。また、そうしたイメージづくりにエリクソンの理論がおおいに貢献しているとも述べています。

北村[★15]によれば、青年心理学や発達心理学が日本に導入されたのは明治二、三〇年代ごろであり、そこには明治期の国家建設に有用な人材を育成するために青年教育が必要とされていたという背景があったとしています。明治期後半にかけては、急激な近代化や教育の普及によって、逆に逸脱青年の問題や学校騒動など、青年をめぐる社会問題も生じてきました。こうした問題の解決策のひとつとしても、発達心理学、青年心理学は期待されていたようです。すなわち、その時代の社会にとって望ましい正しい発達のあり方を規範として示し、青年をコントロールするための理論としての役割を発達心理学、青年心理学は担わされていました。すなわち、各発達段階での「らしさ」を規範化し、これからの逸脱をチェックし、また理想的な発達像を、説教ではなく「適切な指導」によって実現することを援助するための機能です（以上　北村[★15]による）。この意味では、栗原[★5]が指摘するような「かくあるべき」発達像の提示というのは、青年心理学が本来もっている機能にほかならないといえます。しかし、こうした「あるべき」発達像、人間像の提示という方法には、いくつかの問題点があります。

第一に栗原が指摘するような、プログラム化ないしはマニュアル人間を育ててしまう可能性があるということです。さらに青年心理学によってつくられた（とされる）そうしたマニュアル人間自体が、若者らしくない、個性がない、ということで、当の青年心理学にとって批判の対象となるという矛盾が生じています。一般に青年心理学では、青年は、大人社会の提示した規範に反抗することを通して自己を確立していく、とされています。これでは、「規範に従うべきではない」という規範を提示する、というダブルバインドなメッセージを発信しているようなものです（実際には、青年心理学が若者の生態を変えてしまうほどの大きな社会的影響をもつとは考えにくいので、この論点はやや大げさにも思えますが）。

青年に求められる望ましさという点では、青年期危機という考え方も、これと同じような問題点をもっています。青年期危機説では、より成熟した人格へと発達するためには、青年期において不適応や疾風怒濤とよばれる激しい情緒的混乱を示すことが前提条件とされます。しかし、オッファーとオッファー★16の縦断研究では、必ずしもこうした混乱を示さなかった青年も、順調な発達を遂げていることが示されています（青年期平穏説）。しかし青年期危機説が述べているのは、不適応を経験した者が、それを乗り越えることに成功した場合、以前に比べ、人格的な成熟がみられるという個人内での変化であって、平穏説が述べる、個人間での比較（＝不適応を経ることが一般的に成熟の先行条件になる）、ということとは異なります。つまり、青年期の危機は、どの青年にも求められる理想像、理想的発達経過を示しているわけではなく、これを、望ましさのひとつに設定するわけには

●引用文献●

★1　上野千鶴子　1987　〈私〉探しゲーム　筑摩書房
★2　佐々木英和　2001　ケータイ・インターネット時代の自己実現観―「自分探し」と「居場所探し」が陥るジレンマ―　田中治彦（編著）子ども・若者の居場所の構想―「教育」から「関わりの場」へ―　学陽書房　Pp.84-105.
★3　斎藤　環　2001　若者のすべて―ひきこもり系VSじぶん探し系―　ＰＨＰ研究所
★4　豊泉周治　1998　アイデンティティの社会理論―転換期日本の若者たち―　青木書店
★5　栗原　彬　1996　増補新版　やさしさの存在証明―若者と制度のインターフェイス―　新曜社
★6　宮台真司　1997　まぼろしの郊外―成熟社会を生きる若者たちの行方―　朝日新聞社
★7　小谷　敏　1998　若者達の変貌―世代をめぐる社会学的物語―　世界思想社
★8　大平　健　1995　やさしさの精神病理　岩波書店
★9　大西　建・山田和夫・長瀬康子・藤谷興一・大久保善朗・渥美義賢・小島卓也・融　道男　1991　自己啓発セミナーへの参加を契機に精神症状の発現をみた6症例　精神医学, **33**, 1217-1223.

いきません。さらにいえば、何をもって望ましい特性（＝人格的成熟）とみなすかは、時代や社会背景、研究者個々人によって相当異なります。研究者自身の考える望ましさを主張するだけでは、たんなるお説教と変わらなくなってしまうでしょう。本来、現象を価値中立的にとらえるべき心理学の立場として、そうした「望ましさ」という価値判断を伴う変数をどのように考えるのか、については、まだまだ議論が必要かと思われます。

自分づくりとは何か

現代の若者が置かれている状況は、消費社会というシステムによって、個々人の個性さえも社会システムに統合するように要求されていると指摘されています。[★4] すなわち、そうしたシステム側の侵入から自己を守るために、現代の若者は、自己の内部に境界ラインを設け、仮面の演技としての「ノリのよさ」「軽さ」を演じ、反面、そのノリの向こう側で本当の自分を隠して守ろうとしているのです。また、同様に他者に対しても、他者が見せる（システムに統合されたかのように見える）「個性」をそのまま受け取ることで、同じようにその向こう側に隠されている「他者の本当の自己」を傷つけないようにしている、これが現代青年が示す「やさしさ」の本質であると豊泉[★4]は指摘しています。この指摘のとおりならば、同様に社会システムの一環である教育という圧力によって、若者の仮面をはがそうとしても、若者はますますシステムの「向こう側」に本当の自分を隠してしまうことが考えられます。

一方、学校現場では、偏差値追放が叫ばれ、新しい学力観のもと「関心、意欲、態度」

★10　二澤雅喜　1990　人格改造―都市に増殖する闇のネットワーク「自己開発セミナー」潜入体験記―　JICC出版局
★11　井上文人　1994　〈自分探し〉の時代を生きる　池谷壽夫・小池直人（編著）　時代批判としての若者　同時代社　Pp.151-176.
★12　小沢牧子　2002　「心の専門家」はいらない　洋泉社
★13　白井利明　1999　「自分さがし」の青年心理研究法―青年心理学の学びによる自己の気づき―　心理科学研究会（編）新かたりあう青年心理学　青木書店　Pp.49-67.
★14　Erikson, E.H.　1959　Identity and life cycle: Selected papers. *Psychological Issues*. Vol.1. New York: International Universities Press.　小此木啓吾（訳）1973　自我同一性　誠信書房
★15　北村三子　1998　青年と近代　世織書房
★16　Offer, D. & Offer, J. 1975 From teenager to young adulthood. New York: Basic Books.
★17　南風原朝和　1993　「公的テスト」で何変わる？　朝日新聞1993年5月31日付　新潟北部版
★18　榎本博明　2002　〈ほんとうの自分〉のつくり方―自己物語の心理学―　講談社

など個人の内面的特性が進学などの際の評価の対象となってきました。すなわち教育する側は「良い個性（あるいは同一尺度上の対極としての悪い個性）」というものをあらかじめ設定し，その尺度によって，個々の子どもの「自分＝人格」が評価されるようになってきています。しかし本来，教育に弊害を与えているのは，偏差値という学力指標そのものではなく，そうした数値が人間そのもののランクづけにすりかえられている点にあります。[★17]しかし実際には，脱偏差値の結果，人格までもが競争的に管理され，人格的能力を弁別して「よい子」を選り分ける学校の「権力」が公認のものとなってしまいました。[★4]つまり「すりかえ」のないストレートな人間そのもののランクづけによって，評価がなされるようになったということができます。こうした状況下では，子どもたちが，本物の自分を隠し，仮面として演じる自己のみを表明するようになるのは当然ともいえます。教育システム側が，評価対象である「自分＝個性」を教育的につくろうとしても，そのこと自体が仮面としての自己をより強固にしてしま

●推薦図書●

『〈ほんとうの自分〉のつくり方―自己物語の心理学―』　榎本博明（著）　講談社　2002
ページの関係もあり本稿では詳しくふれることができなかったが，「自己物語」という観点から「自分づくり」を考えるうえで興味深い一冊である。

『増補新版　やさしさの存在証明―若者と制度のインターフェイス―』　栗原　彬（著）　新曜社　1996
心理学ではなく社会学系の本だが，現代青年論としては代表的な著書である。

『「心の専門家」はいらない』　小沢牧子（著）　洋泉社　2002
カウンセリング，臨床心理士といった「心の専門家」はたいへんなブームとなっている。そういったものを無批判に受け入れてよいのか？と一歩立ち止まって冷静に考えてみることも必要だろう。この本はそういった視点で，たいへん参考になる一冊である。

『子ども・若者の居場所の構想―「教育」から「関わりの場」へ―』　田中治彦（編著）　学陽書房　2001
教育社会学，臨床心理学などの専門家が「居場所」という視点から，現代の若者をとらえたもの。現代青年をとりまく状況を理解するうえで重要な視点を提供してくれる。

『人間の発達課題と教育』　ハヴィガースト，R. J.（著）　荘司雅子（訳）　玉川大学出版部　1995
ページ数の関係で本稿ではふれることができなかったが，この本は「発達課題」に関する代表的な著書である。ただしここに列挙された課題は1950年代アメリカ中産階層をモデルにしたものであり，現代日本にはそのままあてはまりにくいものも少なくない。そうした時代や社会背景も含めて読んでみてもよいだろう。

う、という結果になってしまうでしょう。

本来、「自分らしさ」とは、自己物語であり、それまで生きてきた自分についての認識の総合体のようなものです。人はもともと外界を直接的に体験しているのではなく、個々人の物語的な文脈を通して意味づけられた出来事を体験しているにすぎず、個人のアイデンティティもそうした物語に沿ってつくられている、と考えることができます。★18 自分がどのような物語をもち、それを他者や自分自身にどう語るか、によって、形づくられる「自分らしさ」も異なってきます。新たな他者に新たな自分を語ることによって、物語は書き換えられ、新たな自分がつくられていきます。しかし、個々人のもつ物語そのものが、その人の「語り方」を規定するものである以上、特定の方向の物語を教育的につくるということは困難です（もちろんカルト・マインドコントロールなどのように強力に個人の信念体系の改変を行えば、不可能ではないかもしれませんが、ここでは一応そうした反社会的な方法は考えないことにします）。

よって、「自分づくりの支援」が実質的な意味をもつためには、「どのような自分をつくるか」「どのような道すじでつくるか」などの教育目標や到達目標をまず捨てることが必要になります。これは、教育というものがもつ性質とは、なかなか相入れないものかもしれません。しかし、個性とは多様性のことであって、一定の正解なり目標を決めてしまった段階で意味を失ってしまいます。自分づくりを支援し教育するということは、このように矛盾した要請をこなさなければならない、たいへんむずかしい課題といえましょう。

自己物語
人はだれでも物語的文脈を生きており、その物語的文脈に沿って目の前の現実を解釈し、日々の行動の取り方を決定し、自分の過去を回想し、未来を予想すると考えられている。★18 そうした物語的文脈を「自己物語」とよぶ。自己物語は固定的なものではなく、適応や発達の過程において変容するものであり、アイデンティティもまた自己物語の集大成とみることができる。

臨床現場に見る自分づくりへの支援

自己と他者の狭間に立って

伊藤美奈子

人が人として成長発達していく方向には、個性化と社会化の二方向があります。個性化とは、個性的・主体的に「他とは異なる個」としての自己を生かそうとする方向性、一方、社会化とは社会で共有された規範や「他者との関係性」を重んじ、他者との調和的共存や社会への適応をめざす方向性を意味しています。人が集団的存在様式をもつと同時に個性的存在でもあるという点に注目すれば、これら二つの方向性は、相互に他を前提としつつも補完し合う関係にあり、お互いに矛盾と調整をくり返しつつ、より高次な均衡を求めて発達していくものと仮定されるでしょう[★1]。

ただし、具体的な生活の中では、これら二つのあり方が相互にぶつかり合うことも多く、互いに排他し合う関係に陥ることもあります。とくに、思春期のように、自己確立をしながら、社会でのあり方を身につけていくことが求められる時期には、この相対立する両方向を調和共存させながら獲得する過程は安易な道ではありません。

●執筆者プロフィール●
①大阪府
②京都大学大学院教育学研究科後期博士課程修了
③慶応義塾大学教職過程センター教授
④臨床心理学（学校臨床）・発達心理学（思春期以降の人格形成）
⑤心理臨床の世界は、学べば学ぶほど自分の無力さと限界が身にしみ、教育（指導者たる立場）に自信をなくす毎日です。現場から学ぶという姿勢をたいせつに、地道にじっくり、一実践者に徹したいと感じる今日このごろです。

①出身②経歴③現在④専門⑤「学び」について思うこと

本稿では、臨床現場で出会ういろいろな場面から、これらの課題を統合しながら自分づくりをしていくことのむずかしさを考えてみたいと思います。

友だち関係の悩み

新学期の二、三か月、相談室には友だち関係の悩みが多く寄せられます。たとえば、

「自分を出したいけど、出すぎてきらわれるのは怖い」
「人と違う存在でいたいけど、めだつのはいや」
「人に悪く思われないで自分の気持ちを伝えるにはどうしたらいいか」
「一人でいるのはいやだけど、人といっしょにいるのは疲れる」

ここに表現されているのは、人と違った存在でいたい（私だけの個性をもちたい）、だけどだれかといっしょでないと不安、というアンビバレントな気持ちです。同じ流行の服を身にまとっているように見えながら、わずかな差異で個性を出そうとしている女子高校生たち。人からずれていないか、流行に遅れていないかと気を使いつつ、「自分ブランド」をどのようにアピールしようかと画策する若者たち。彼ら・彼女らの中にある不安も、個性化と社会化の相克を背景にした揺れ動きであるともいえます。

このように、生きていくうえでの大きな課題である「個性化（自分らしくある生き方）」と「社会化（人と調和しながら関係性のなかで生きていくあり方）」とは、時に対立した

方向をもつものです。とかく、人と人との関係に埋もれて自分を見失いがちな現代、あるいはその対極に、自分自身を貫こうとするあまり人への配慮がおろそかになり、未熟な個人主義（エゴイズム）に走ってしまうケースなど、両方向のアンバランスが引き起こす人間関係上のトラブルは少なくありません。

「仮面」の意味と、その病理

人の中に埋もれて自分を失ってしまわないためには、時に社会的な役割演技で素の自分を隠すというあり方も必要です。そこで次に、「仮面」という言葉に注目し、社会の中での自己のあり方について考えてみたいと思います。

人は、社会に対する自分自身の表現形（役割行動）を増やしながら成長するといわれます。自分に与えられた役割にふさわしい行動をとるために、時には演技することも求められます。その表現形（役割にふさわしい言動）が「仮面」です。仮面は、自分自身（あるいは自分の役割）を表すものであると同時に、素顔の自分を隠すものでもあるという二面性を背負っています[★2]。人間は成長とともに、社会で必要とされる役割を増やしていくのであり、それに合致した仮面の数を増やしていくものと考えられます。

しかし、複数の仮面をつけ外ししながら、複数の自己を演じ分けることは容易なことではありません。仮面をめぐっては、いくつかの病理も指摘されます。ひとつは、時と場合に応じた適切な仮面がかぶれない（あるいは、選べない）場合。この場合は、その場その時に必要な役割を演じることができず、不適切で未熟な言動をとってしまうことになります。またひとつには、仮面が脱げないという場合があります。これは、外で演じるべき役割が素顔に張りつき、素の自分にもどれなくなった状態を意味しています。本当の自分を見失った状態であり、アイデンティティの喪失・拡散という病理につながるものです。

事例より─仮面をかぶることに疲れた女の子

ここで、ひとつの事例をもとに、「仮面」をキーワードにしながら自分さがしの道のりについて考えてみたいと思います（本事例は、スクールカウンセラーの実践事例として、伊藤[★3]の中で紹介したものです。プライバシーを守るため、一部修正を加えています）。

Y子は小学校高学年のときに、何も原因は思い当たらないのに、かばんを隠されたり無視されたり、ひどいいじめにあった。そういう事態を乗り越えるためにY子がとった方策は、明るく元気な女の子を演じるというものだった。明るくおもしろいY子はクラスの人気者となり、その点では、Y子の「明るさの仮面」はある程度成功したといえる。ところが、中学校に上がったころからY子の欠席が続くようになった。

筆者がカウンセラーという立場で初めてY子に会ったのは、Y子が中学3年の九月である。ニコニコと愛想のよい表情からは、不登校という悩みなんてまったく想像もつかない。淡々と過去を語るY子の口調からは、辛さや悲しさは伝わってこなかった。素顔とともに自分の感情もどこかに置き忘れてきたのだろうか。

その後もクラスに入れず、相談室を出るときも同級生の姿におびえるY子だったが、カウンセリングには休まずやって来た。相談室では、好きな音楽の話や映画の感想など、表現力豊かに話してくれた。しかしその一方で、「同級生の女の子の話題にはついていけない」、そんな言葉で同年代の女の子たちへの違和感を口にしていた。

Y子の父親は酒癖が悪くて、Y子が幼少時に両親は離婚し、それ以後母親が女手ひとつでY子を育ててきたという。この母親は、のんびり屋で芸術家肌のY子とは正反対、一人で設計事務所を運営し、むずかしい仕事もバリバリこなすしっかり者の女性であった。Y子ののんびりした性格と音楽の才能は、父親から受け継いだものなのだろう。

冬になり、Y子も自分の進路のことを悩み始めた。「音楽の才能を生かしたい」、そんな思いを語る一方で、勉強の遅れも気になってくる。勉強を通して対話するなかで、Y子は徐々に心の仮面をはずし、自然な笑顔と生き生きした感情を思い出していった。自ら学校説明会に行き音楽専門学校への受験を決意したY子は、最後まで希望を失わず勉強を続け、みごとに合格を果たした。クラスには、結局一日も入れなかったが、中学生最後の卒業式には制服姿で出席した。式の最後に見せた「本当の笑顔」がとても印象的だった。

Y子は、自分とは性格も価値観も異なる母親に、どこか同一視しきれない思いを抱き続けていました。立派すぎる母親は、Y子のモデルにはなりませんでした。その一方で、Y子はまわりの友だちに対しても違和感を感じていました。クラスの同性の友だちの中でチ

不登校
　日本では、一九六〇年前後から問題となり始め、その後増加の一途をたどっている。神経症的な不登校をはじめ、非行・怠学の特徴を有するもの、家庭の事情によるものなど、さまざまなタイプがある。「不登校はどの子にも起こりうる」という文部省（現文部科学省）の発表以来、さまざまな取り組みが、学校内外で進められつつある。

ャム・シップの形成に失敗したといえるでしょう。このように、家庭にも学校にも居場所を見いだせずどこにも根付けないY子にとって、カウンセラーとのおしゃべりは、初めて自分の世界を共有してくれる存在との出会いとなりました。相談室で対話するなかで、「のんびりした自分でいい」「他の友だちと違っていてもいい」、そんな気持ちを育んでいったのかもしれません。

このように、Y子にとって、不登校（引きこもり）を続けた二年間は、仮面を脱ぐ練習のため、そして素顔の自分を取りもどすために必要な時間だったといえます。自分のペースで生活をし自分の好きなことに時間を費やすという毎日は、母親には不可解だったでしょうが、Y子にとっては、忘れてしまった自分自身の感覚を取りもどすために不可欠な時間となりました。またY子は、自分のルーツを父親の中に見いだしながらも、その父親の酒乱に苦しめられた幼少期の経験のせいで、それを認められず、ルーツが断たれた感覚に苦しんでいました。進路選択という岐路に立ち、父親似の自分自身を生かす道（音楽）を選ぶことで、自分の中に父親の影響を認め、それを受け入れることを通して、自分という存在を受け入れることができたのです。このように、Y子の不登校にはルーツさがし・自分さがしの意味が込められていたと読みとることができるでしょう。

自分らしさへの迷い

Y子の事例からもうかがえるように、思春期から青年期の時期には、自己と他者の間を揺れ動きながら「自分自身との出会い」や「自分のルーツさがし」という課題に直面します。前者は、〈アイデンティティの確立〉〈自我の再発見〉〈もう一人の私の発見〉など、さまざまな言葉で表現されます。この時期、認知能力の高まりとともに、自らを客観視し、内省・反省する力も身についてきます。自分の中に〈もう一人の自分〉をつくり、その自分との対話をくり返すなかで、自分の心を確認したり、自分の新たな側面を発見したりという作業が行われることになります。Y子の場合、自分らしい素顔と同時に自分の感情や感覚も抑え込んで捨て去っていたのでしょう。「仮面が脱げなくなった」という言葉で、自分らしさを喪失したつらさや不安を表現しました。しかし、カウンセリングの過程を通して、自分の感情を取りもどし、それを伝える方法を学んでいきます。仮面ではなく素顔の自分でも受け入れてもらえる、そういう実感がY子には必要だったのです。

もうひとつのテーマが自分のルーツさがしです。Y子の事例では、自分の血に流れる父親の才能を生かすという形で、自らのルーツを受け入れました。自分の根っこがどこにあるのか、どこに生まれどう生きていくのか、そういう過去から未来に向かう歴史（時間軸）のなかに自分を位置づける作業も青年期の大きな課題となってきます。

仲間とのつながりと孤独

さらにこのY子の事例は、仲間とのつながりと孤独という両極ともいえる状況が、思春期の自分さがしには必要不可欠であることをうかがわせてくれます。

思春期の子どもたちにとって、仲間は行動や思考の準拠枠となると同時に、自分を判断する際の比較対象としても機能します。しかし、その一方で、人との比較では測れない自分自身を見つめたいという意識も高まります。本当の自分の心を発見するためには、まわりから影響されない自分の声に耳を澄ませることも必要です。そのためにも、まわりの情報や友だちとの交流を遮断した自分だけの孤独の世界にこもる時間も必要となります。Y子の場合、まわりからのいじめにあい、それに対し「仮面」という手段でかりそめのつながりを築きました。しかしそれにより、本当の自分を失うという代償を背負うことになりました。Y子が素の自分を取りもどすには、不登校という形で外界を遮断するしかなかったのです。

情報化が進み、一人でいることがむずかしくなっている現在、一人の世界に殻をつくって閉じこもるというのは、容易なことではありません。黙っていても、インターネットやマスメディアを通してさまざまな情報が目から耳から入ってきます。世間には多くの価値観が氾濫しています。そのなかで、自分に必要なもの、自分が大事にするもの（情報や価値観）を選択し、それ以外を捨てるという作業は、非常にむずかしいことです。時には孤独の世界に浸り、自分の心と静かに対話することが必要となるのです。人とのかかわりへの欲求と同時に、孤独への渇望も、この時期の自分づくり作業には不可欠な要素だといえるでしょう。

自分を受け入れる

このように、成長の過程のなかで、自己は〈出会うもの〉であり〈つくり出すもの〉であるといえますが、その自己に絶望したり自己嫌悪に陥ったりということは少なくありません。とくに、思春期を生きる子どもたちは、自分への自信と自己卑下の間で「極端から極端への揺れ動き」をみせます。相談の場でも、この自己嫌悪や自己否定が、テーマとなることも少なくありません。その悩みのプロセスに伴走していくうちに、最初は全面否定していた自己を見つめ直し、〈こんな私でも、自分は自分なんだ〉〈人は人、私は私でいいんだ〉と、自分を受け入れるようになる過程が見えてきます。

筆者は、臨床実践の場で〈自分さがし〉や〈自分づくり〉で悩む子どもたちと出会うとき、よく、以下の「祈り」という言葉を思い出します。これは、一九七八年に七十八歳の生涯を閉じたラインホルト・ニーバーの言葉です。ニーバーはプロテスタントの神学者で、この「祈り」は一九三四年にマサチューセッツ州のある教会の礼拝で捧げたものだといわれています。

変えることのできないものについては、それを受け入れるだけの心の落ち着きを与えたまえ。変えることのできるものについては、それを変えるだけの勇気を与えたまえ。そして、変えることのできるものと、できないものとを見分ける智恵を授けたまえ。

ラインホルト・ニーバー　「祈り」より

自己受容
自分自身の受け入れがたい面も、否定したり非難したりすることなく、ありのままを受け入れるあり方を意味する。来談者中心療法においては、カウンセリングの目標であり、その結果であるととらえられている。

よく人は、自分自身の性格や持ち物（属性）や生き方について悩みます。人の悩みのなかには、人間の力ではどうしようもないこと、どうにもならないことがあります。それでも、その願いに執着して自らの不遇を嘆いたり、人をうらやんだりして苦しむことが多いものです。他方、少し勇気を出せば変えることができるのに、現状を失うことに臆病になって動けなくなっている人もいます。（もがいてもどうしようもないことに対しては、それを認め受け入れるための心の落ち着きが求められます。自分自身を受け入れる、これも自分づくりのひとつのあり方でしょう。）しかしその際自分が悩んでいることが、はたして人知と努力で解決できることなのか、どうにもならない宿命なのか、まずはそれを見分ける智恵が必要だという慧眼的視座です。

以上述べてきたように、成長の過程においては、自らを発見し、自分との対話を進め、ある面については自己を受容し、またある面については新たな自己を実現していくということが求められます。しかし、人が人との関係性のなかで生きていこうとするかぎり、他者との矛盾や軋轢から逃れることは

●推薦図書●

『思春期女性の心理療法』　菅　佐和子（著）　創元社　1988
著者自身の臨床体験から具体的な事例に即して，思春期女性の心理を理解するためのヒントを与えてくれる好著。

『子どもと悪』　河合隼雄（著）　岩波書店　1997
「いじめ」「盗み」「暴力と攻撃性」「嘘と秘密」など，子どもと悪を深いところから問い直すなかで，生きることと悪との関係を考えさせてくれる刺激的な著。

『大人になることのむずかしさ―青年期の問題―』　河合隼雄（著）　岩波書店　1983
カウンセラーとしての豊富な体験をもとに，高校生・大学生の年代の青年が直面している諸問題と大人につきつけられている課題をさぐろうという，読みやすいけれど深いテーマの本である。

『やさしい青年心理学』　白井利明・都筑　学・森　陽子（著）　有斐閣　2002
青年を理解するための方法論を具体的に解説するとともに，青年とかかわる際のポイントが盛り込まれた好著。青年に接する人にも青年自身にも読んでほしい一冊。

『変わる自己　変わらない自己』　蘭　千壽（著）　金子書房　1999
システム論に依拠した「自己参照―自己創出モデル」を提唱するとともに，その理論を教育場面に援用することを試みた意欲的な本。

ありません。それと同時に、自分が自分であろうとすればするほど、自分の中の理想や欲望との葛藤も大きな障害となり得ます。人は、その双方との狭間に立って自らと向き合い、自分自身が納得できる道を模索しながら生きていくものなのかもしれません。

●引用文献●

★1　伊藤美奈子　1997　個人志向性・社会志向性から見た人格形成に関する一研究　北大路書房
★2　和辻哲郎　1940　面とペルソナ　岩波書店
★3　伊藤美奈子　2002　スクールカウンセラーの仕事　岩波アクティブ新書

第4部

開かれた学びを支援する

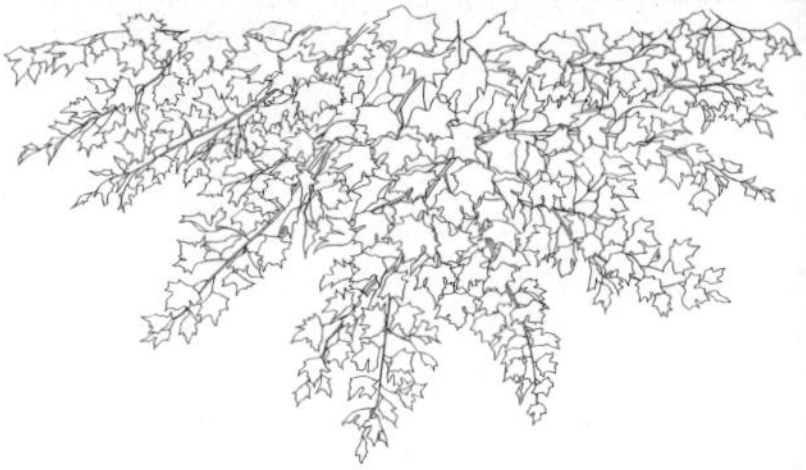

地球上に棲む無数の種類の生き物たちは、生態系を成して生きています。たとえば仮に老廃物を分解するバクテリアが地中に生息していなければ、牧草は栄養分を得ることができません。牧草が生えなければ、それを食物とする牛たちは生きていくことができず、私たち人間は栄養満点の牛乳にも美味しいビフテキにもありつけません。これとまったく同様に、私たち人間は互いに「知の生態系」を成して生きています。つまり、私たちの体が新陳代謝をくり返すことによって成長するのと同様に、私たちの心も協同学習のネットワーク★を通して常に新鮮な情報を取り入れ、それを消化・吸収することによって成長するのです。このため、そうした協同学習のネットワークから切り離された閉鎖的な心は、やがて頑なになり、適応力を失うことでしょう。したがって、私たち人間が「知の生態系」のなかで生きていくためには、他者との心の交流を通して共に学び合うための「開かれた心」が不可欠なのです。

知の生態系のなかで、私たちは知らず知らずのうちに多くのことを学びます。つまり「開かれた心」とは、他者との知的交流を通して「共に学び合う力」なのです。ところが協同学習の過程で、意見の食い違いや誤解が生じ、そのために人間関係がこじれて、グループが分裂してしまうようなことも起こり得ます。そうなると、共に学び合う機会を失ってしまうことにもなりかねません。だからそうならないためには、他者の意見を正しく理解し尊重すると同時に、自分の意見をわかりやすく表現する能力が必要になります。つまり、共に学び合うことができるような人間関係を築くためには、他者理解の能力と自己表現の能力が不可欠なのです。

しかしながら、他者理解の能力には、他者の言葉の論理的な意味を分析する「正確な理解力」だけでなく、言葉のなかに込められた他者の気持ち（心情）を推し量る「深い理解力」も含まれていることに注意しなければなりません。21世紀は、おそらく本格的な情報化社会になることでしょう。その情報化社会の「情報」は、「情け（なさけ）」を「報じる」と書きます。つまり、情報はそれを発信する人も受信する人も、ともに血も涙もある人間なのです。したがって、情報化社会では、人の「情け」のわかる「深い理解力」が不可欠であり、この「深い理解力」こそが「共に学ぶ力」の重要な要素なのです。

「共に学ぶ力」に欠かせないもうひとつの要素は、自己表現力です。ところが従来、自己表現は子どもたちが教師に向けて行うものととらえられがちでした。しかしながら、たんに教師に向かって自己表現をするだけでは、「共に学ぶ力」は育ちません。なぜなら、子どもたちが互いに啓発し合い共感し合うことによって、各人の個性や「共に学ぶ力」はさらに豊かに磨かれるものだからです。したがって教師は、子どもたちが互いの個性を尊重しつつ高め合う、協同学習のネットワークづくりに努めることがたいせつなのです。

そうした協同学習のネットワークづくりをするためには、学級を自由な自己表現のなされる場所にすることがたいせつです。自由な自己表現のなされない学級は、個の学習が並列的になされるだけで、けっして学習集団とよぶことはできません。自由で適切な自己表現は円滑なコミュニケーションのための不可欠な技能であり、この技能によって個と個が結ばれ、協同学習のネットワークが形成されるのです。そして、こうした協同学習に必要な自己表現力を学校教育において十分に身につけておくことは、必ず将来の生涯学習に生きてくるはずです。なぜなら、生涯にわたって学び続けていくためには協同学習のネットワークづくりが不可欠だからです。

ところで、今後は、多様なメディアによる自己表現力の指導を心がけるべきでしょう。従来、自己表現力の指導は、作文における文章表現力、図画工作や音楽における芸術的表現力など、一部の教科の特殊な表現力に限られる傾向がありました。しかし、日常生活では、身振り、表情、動作など身体による表現、イラストや図表などによる表現が必要になることも少なくありません。とくに最近はマルチメディアの技術が急速に進歩し、コンピュータ・グラフィックスを用いて表現する機会も多くなりました。したがって今後は、もっと多様なメディアによる自己表現力の指導がなされるべきです。なぜなら、多様なメディアによる多様な表現力が身につけば、それだけ表現力が豊かになり、子どもの多様な個性を表現する可能性も増すと考えられるからです。そこで第4部では、自由な自己表現のなされる「開かれた学び」の環境について考えてみることにしましょう。

学びを開く話し合い学習への提言
―授業実践の現場から

教室の中の話し合い活動の意義

酒井千春

知識伝達から学び合いの場へ

小学校の教室の中では、授業を知識伝達型から学び合いの場へと転換させていくための望ましい学習方法として、話し合い活動が積極的に取り入れられています。そこで本稿では、教室における話し合い実践の一例として、小学校2年生の国語「スイミー」（レオ＝レオニ作・絵、谷川俊太郎訳、『こくご―上　赤とんぼ』、光村図書出版、平成十二年版）を取り上げ、話し合いという相互作用が学習に果たしている役割を明らかにします。具体的には、「スイミー」第二場面の授業リフレクション分析を通して、話し合いを学習活動として成立させている状況や文脈に目を向け、学習者がそこで構成する意味世界を明らかにし、それを学習の構造の一部として位置づけていくことを通して、話し合い能力の成長を促すための教育的支援のあり方について考えてみようと思います（なお、本稿での児童名はすべて仮名です）。

●執筆者プロフィール●
①広島県
②広島大学大学院教育学研究科学習開発専攻博士課程後期中途退学
③広島県三原市立糸崎小学校教諭
④国語科教育学・教室談話
⑤「できる」ようになることが子どもは大好きです。元気いっぱいの子どもたちに負けないように、がんばる楽しさがいっぱいの教室にしていきたいものです。開かれた学びのなかで、同じ学び手として子どもたちとどう向き合っていくことができるかという問題をきちんと受け止められる教師をめざしています。

①出身②経歴③現在④専門⑤「学び」について思うこと

「スイミー」第二場面の授業の概要

「スイミー」は、大きなマグロに仲間を食べられて元気をなくしたスイミーが、海を泳ぎながら元気を取りもどし、知恵と勇気をもってマグロと対決し、再び仲間とともに生きていこうとする小さな賢い魚の物語です。

第二場面では「大きなマグロに仲間たちを食べられて、ひとりぼっちになってしまったスイミーの気持ちを考える」という学習目標を達成するために話し合い活動を行いました（表4-1）。この話し合い活動を通して、子どもたちは友だちの読み取りに触発されて新しい意見を生成しました。教師（筆者）は授業の初めと終わりに「なぜスイミーはひとりぼっちになったの?」という同じ意味合いの発問をしたのですが、教師の発問への応答をめぐる子どもたちの相互交渉の様相はかなり異なっていました（図4-1）。たとえば、授業の開始時には教師の発問に対して教科書に書いてある答えを探すだけだったのに対して、授業の後半では、スイミーが一匹だけ逃げられた理由を想像して自分の言葉で語り始めるようになりました。また、自分の考えを深めた子どもたちは、さらに自分の読みを他の子どもと共有することで、学びの実感も深めていきました。

さらに子どもたちは、相互作用のなかで、互いが互いの情報源となって話し合いの進行を形づくっていきました。授業の前半ではふだんから発言量の多い子どもが話し合いをリードしていましたが、後半になるにつれてしだいに発言

表4-1　話し合い活動における発話の分散

全発話数 (教師，子ども21人)	477
場面数	11
一場面の平均発話数	43.4

主な発話者と発言回数	
教師（酒井）	132
佐山	60
兵藤	28
正樹	44

本文では，場面1（図4-1），場面3（図4-2），場面8（図4-4），場面10（図4-1）を考察する。

	授業前半（場面1）	授業後半（場面10）
教師の発問	0:11:19酒井　スイミーは，仲間とはなれて，ひとりぼっちになってしまいました。ねぇ。どうしてひとりぼっちになってしまったんだっけ。 0:11:30酒井　どうして？ 0:11:35酒井　どうしてでしょう。	0:39:03酒井　（　）スイミーだけだね。なんでスイミーだけになったん？
子どもの応答	0:11:41実利　はい。小さな赤い魚たちは一匹残らず，おおきなまぐろに食べられてしまったから。どうですか。 0:11:45[　]同じです。 〔以下省略〕	0:39:17住川　はい。（　）ミサイルみたいにすごいはやさで，まぐろがつっこんできたから，だから小さな赤い魚たちは，一匹残らず，食べられたから，スイミーだけ，追いかけられた。 0:39:53岡　はい。《笑いながら》二場面のところじゃないけど，一場面のところの泳ぐのは，誰よりも，はやかった，ってかいてあって，赤い魚たちは，スイミーより泳ぐのがおそ，少しだけおそかった，まぐろ，スイミーは，泳ぐのが速かったから逃げられて，赤い魚たちは，スイミーより，泳ぐのが，少しだけおそいから，にげられなかったと，ぼくは思いました。 0:40:59角川　はい。（酒井　《板書しながら》だれよりもはやかったのね）岡君に少し似ていると思うけど言っていいですか？（[全員]　はい）スイミーは，泳ぐのが，はやく，かって，ちがうところに，にげたから（酒井　違うところににげた），違うところに逃げたと思うから，に食べられなかった。 0:41:43国岡　はい。赤い魚たちは，間，下に行ったり，上に行ったりせず，まっすぐ泳いでたけど，スイミーは，下に行って，にげ，まぐろから，逃げれた。どうですか？ 0:41:28正樹　はい。少し国岡ちゃんにも似ていると思うけど，（　）岡君が，岡君は，（　）間違えました，スイミー，国岡ちゃんは，スイミーは下に向いていたけど，赤い魚の兄弟たちは，（　）かげじゃなくて，スイミーの方じゃなくて，まっすぐ行っていたから，まぐろに食べられて，それで，スイミーは黒いから，まぐろも黒いから，よく見えんかって，黒と黒だったら，（酒井　黒いとよく見えないよね）なかなかあわせたら見えないから，まっすぐまっすぐ行ったほうが，またたくさんいるから，（酒井　はあ。）小さいの一匹よりまだたくさんいる方がいいから，だと思います。どうですか？ [以下省略]

（　）沈黙　《　》動作の説明など発言の注記　※聞き取り困難　[　]特定できない発言者
会話分析の方法は，西阪[*1]にしたがい，G.ジェファソンの転写のシステムを用いている。

図4－1　授業前半と後半の子どもの応答内容

者がふえ、子どもたちは各自の役割を自分たちで形成・調整するようになり、それに伴ってテクストの読みを深める創造的活動が生じました。また、教師の発問に対し特定の子どもが答えるという授業開始時の話し合いのパターンから、子どもどうしのダイアローグ的なやりとりが中心となる話し合いのパターンへ移行するのに伴って、発話カテゴリも「主張」中心の話し合いから、「追加」「自説精緻化」「他説精緻化」中心になりました（表4-2a、4-2b）。さらに、この場面を契機として相互交流・評価も活発になり、「ひとりぼっちになったスイミーの気持ちは？」という次の場面でも、子どもたちは新しいアイデアや自由な発想を生み出すことができるようになりました。

参加者の役割分担と話し合いの生成過程

教室の中の相互作用には一定の役割やルールがあり、参加者の発言の役割が話し合いの展開を支え、話題の質を規定します。子どもたちの参加方法としては、自分の考えをよく吟味して自信がもてるようになってから発言するタイプもあれば、リアルタイムに発言することで自分の考えを深めていこうとするタイプもあります。なお、話し合い過程での子どもたちの発言の順序や発言内容が果たしている機能的役割や、子どもたちの役割が比較的安定した形で存在していることについての考察は、佐藤[★2]に詳しく述

表4-2a　授業における教師の発話内容（佐藤[★2]から作成）

	課題提示	確認	指名	説明	質問	発言の受容	否定的評価	肯定的評価	進行・指示
場面1	2	5	4	0	2	1	0	1	5
場面10	1	2	4	1	2	1	0	1	1
合計	24	21	26	10	15	14	11	14	25

表4-2b　授業における子どもの発話内容（佐藤[★2]から作成）

	提案	主張	反論	反対	質問	支持	自説精緻化	他説精緻化	追加	自説くり返し	他説くり返し	評価	説明	理由	返答	その他
場面1	5	1	0	0	0	6	0	1	1	1	0	0	0	0	2	5
場面10	1	2	0	0	1	4	0	3	5	0	2	0	0	1	3	7
合計	10	47	6	8	8	40	4	8	34	5	12	5	4	4	35	58

べられています。

図４‐１の下線部は、それまでの授業展開では聞き役として参加していた子どもたちの発言です。これらの子どもたちは、話し合い活動の過程で友だちの新しい読みに触発されて自分の考えを顕在化させることができ、思わず発言したくなったのでしょう。また、積極的に発言しないタイプの子どもも、ただ受動的に参加しているわけではなく、他者の読みを介して自己の読みをモニタリングし、自分の考えを深める手段として話し合い活動を利用していることがわかります。

話し合い活動への一人ひとりの参加方法を考えることによって、発言者のみに注目するのではなく、教室の暗黙のルールに基づいて自分なりの参加をしている子どもたちの学習のあり方を考えるための手がかりを得ることができます。話し合い学習では自分の考えを表現することだけが評価されがちですが、話し合い活動を情報源としてテクストを再解釈したり、独自の読みの意味内容を構築する活動も話し合いの展開を支える重要な側面です。ですから、ある子どもの発言はどのような文脈から生まれたのか、その発言は他の子どもにどんな影響を与えるのか、というように、相互交流の連続性を念頭において個々の発言を意味づけることがたいせつです。テクストと子どもの出会いには多様な道筋があります。したがって、教師対子ども、子ども対子どものかかわりのなかで、一人ひとりの子どもの出番を保障し、その子なりの学びの活動を切り開くことができるような授業づくりが求められているのです。

授業リフレクション

授業が終わってからも、子どもの学習理解や教師の子どもへのかかわり方をふりかえり、他の教師たちと検討し合うことで、授業をしているときには見えなかった状況が見えるようになる。授業リフレクションとは、教師が授業を行い、それを記録してふり返り、またそのふり返りをもとに他者と検討していくというくり返しの過程で新しい授業を生み出していこうとする授業研究の方法である。澤本[★3]にくわしい。

「スイミー」の読解と話し合い活動の実際

話し合い活動を活性化する媒介者の役割

話し合い活動を活性化するのに重要な役割を果したのは、媒介者の兵藤でした。兵藤はクラスで最も発言量の多い佐山と同様にリアルタイムに発言し、話し合いに積極的に参加するタイプです。しかし、両者の発言が話し合いにおいて果たす役割はかなり異なっています。

おそろしいマグロを想像する際のマグロの大きさを考える兵藤と佐山のやりとりが図4‐2に示されています。「生きもの博士」とよばれている佐山は、自分の既有知識に基づいてマグロの大きさを主張します。同様に兵藤も自分の考えを表明しますが、佐山に否定されてしまいます。そこで、阿井（0:15:05）、酒井と正樹とのやりとりを根拠にして佐山に反論しようと試みます。さらに、兵藤は、佐山が譲りそうにないので、場面を転換させるための「うん。大きい方が、後ろの人にもよう見える」（0:15:25兵藤）という発言をし、この発言が他の子どもの賛同を得て、場面を収束させていきます。

0:15:00佐山　先生，先生，これくらい。《30cm》
0:15:03兵藤　これくらい《肩幅くらい》。
0:15:04岡　これ。
0:15:05阿井　　魚だとね，こんくらい《肩幅》。
0:15:07佐山　え，そんなのおらん。（0:15:07酒井　でもね，スイミーがこれ。）（兵藤　※それ※うん※そうよ）こどもくらい（酒井　子ども？）
0:15:12兵藤　ふつうのまぐろはこのくらいよ（佐山　ふつうのまぐろは，このくらい《兵藤に対して》ええ？）
0:15:16酒井　教科書に出てくるまぐろは？
0:15:17佐山　《兵藤に対して》これくらいよ，本まぐろだったら。
0:15:19正樹　いや，こんくらいよ。ふつうは。
《松田　森田　住川ほか　まぐろの大きさを手で測っている》
0:15:20松田　正樹のが大きいね。
0:15:21酒井　じゃあ，正樹君の，大きいけえ，この位に書こう，書いた方がようわかる？
0:15:24[　　]《口々に》「いやー」「うん」
0:15:25兵藤　うん。大きい方が,後ろの人にもよう見える。
0:15:26酒井　ははははは。おお。じゃあ（[花輪ほか]《口々に》「これくらいかなぁ。」「これくらいだよ。」「もっと※」）うん。大きく。

図４‐２　媒介者兵藤の発言（まぐろの大きさを考える場面3）

兵藤は話し合いに参加する際、自分の考えを主張するのではなく、学級に影響力のある佐山らのまねをするなどして、話し合いに参加するための道具として話し合い場面の多様な資源を利用しています。そして、他の子どもは兵藤が媒介活動をすることで自分とのかかわりを見いだし、やりとりに加わるきっかけを得ています。とくにテクストの読解力が低い子どもは、学習の展開を統制しようとする教師の発問に対しても無関心になりがちで、言葉を駆使してやりとりに加わることもむずかしいのがふつうです。ところが、兵藤の発言によって友だちどうしのダイアローグが生じたときには、パフォーマンスに参加して話題を共有したり、友だちの発言に自分の声を重ねていくことで、授業に参加し、テクストともかかわることができるようになったのです。

このように、兵藤は話し合いの媒介者として、話し合いの生成過程を能動的なものにしていくという重要な役割を果たしています。[★4] なぜなら、佐山や岡の発言は他の子どもを傍観者へと追いやってしまう側面をもっているのに対し、兵藤の発言は参加者の発話を状況に合うように調整し、参加者間に協力的なつながりをもたせているからです。

このような兵藤の媒介者としての働きによって、教師と子ども、子どもと子どもとのコミュニケーションが変化し、それとともに読みそのものも変容していきました。とくに低学年の場合、教室の読みの質的変化は、必ずしも発言者の言語的なやりとりだけではなく、参加者どうしが共有している社会的状況に規定される傾向があります。本時の話し合い学習でも、子どもたちは兵藤と佐山のやりとりから話し合いへの参加方法や話し合いの進行方法を学びました。また、話し合い活動を協働してつくり上げ、成果を共有していくことを通して、話し合いの方法を習得するだけでなく、話し合い学習の価値や意味も同時に学習することができたのです。

一般に、教師が発問や指示によって話し合い学習を方向づけることは、子どもの発言の機会を奪ってしまう危険性があります。しかし、兵藤のような媒介者を介在させたり、媒介活動を通して自らが学び手の一員として話し合いに参加することによって、子どもの話し合い学習を支える資源になったり、子どもの話し合いを支え、授業の参加を支える役割を果たすことも可能なのではないでしょうか。

相互作用による正樹の読みの変化

学習への意欲を持続しにくい子どもも、他の友だちと同じテーマを共有することによって、学習の意味や価値を自覚したり、読みのおもしろさに出会うことができます。

正樹は、学習意欲にムラがあり、ふだんの生活においても孤立してしまうことの多い子どもです。本時の授業開始時にも正樹はテクストの内容をめぐる発話のやりとりに参加せず、くだけた雰囲気の場面にのみおしゃべりをしていました。しかし、教師が正樹を支援することによって、正樹は友だちとのやりとりに加わり、テクストの読みを深める行為を価値ある学習として引き受けることができました（図４‐３）。

秋田[★5]は、学習の質を高めるために知識を使って質の高い構築活動を授業のなかで行っていくことの重要性を指摘し、学年・先行知識・葛藤・構成的活動が学習に大きな影響を及ぼすことを示しています。正樹の場合も、授業開始時には特定の部分に情動的な反応を示す段階（水準1）でした。しかし、話し合い学習に参加することによって、文章に同化し（水準3）、テクストの行間を読んで読みを深める（水準4）という、より高い水準で知識構築活動を行うようになりました。

図4-4は正樹の学習参加のきっかけとなった場面を示しています。正樹は突然にマグロが突っ込んできたらこわいというスイミーの気持ちを考える際に、自分とは反対意見の佐山が「全然こわくないよ」と発言したのを利用して、佐山と他の参加者が言っていることを自分の中に落ちつけます。正樹は「小さかったらこわくないけど」（0:29:22）と佐山に同調しながらも、「でも。大きかったら、こわいだろう」という情報を言外に加え、佐山とのやりとりを通して場面を変容させていくと同時に、自分自身の考えをまとめることができたのです。

正樹は授業開始時には「話せない」子どもでした。したがって、「話せない」ことは、けっして正樹の生来の内在的な個性ではなく、対教師・対児童とのかかわり合いを通して形成されたものであることがわかります。そのことは、正樹自身が「聞くことをがんばった」と本時の授業をふり返っていることからもわかります。つまり、友だちの意見をもとに自分の意見を発言できたことや、発言することで自分の存在が教室の中で肯定的に認められたことが正

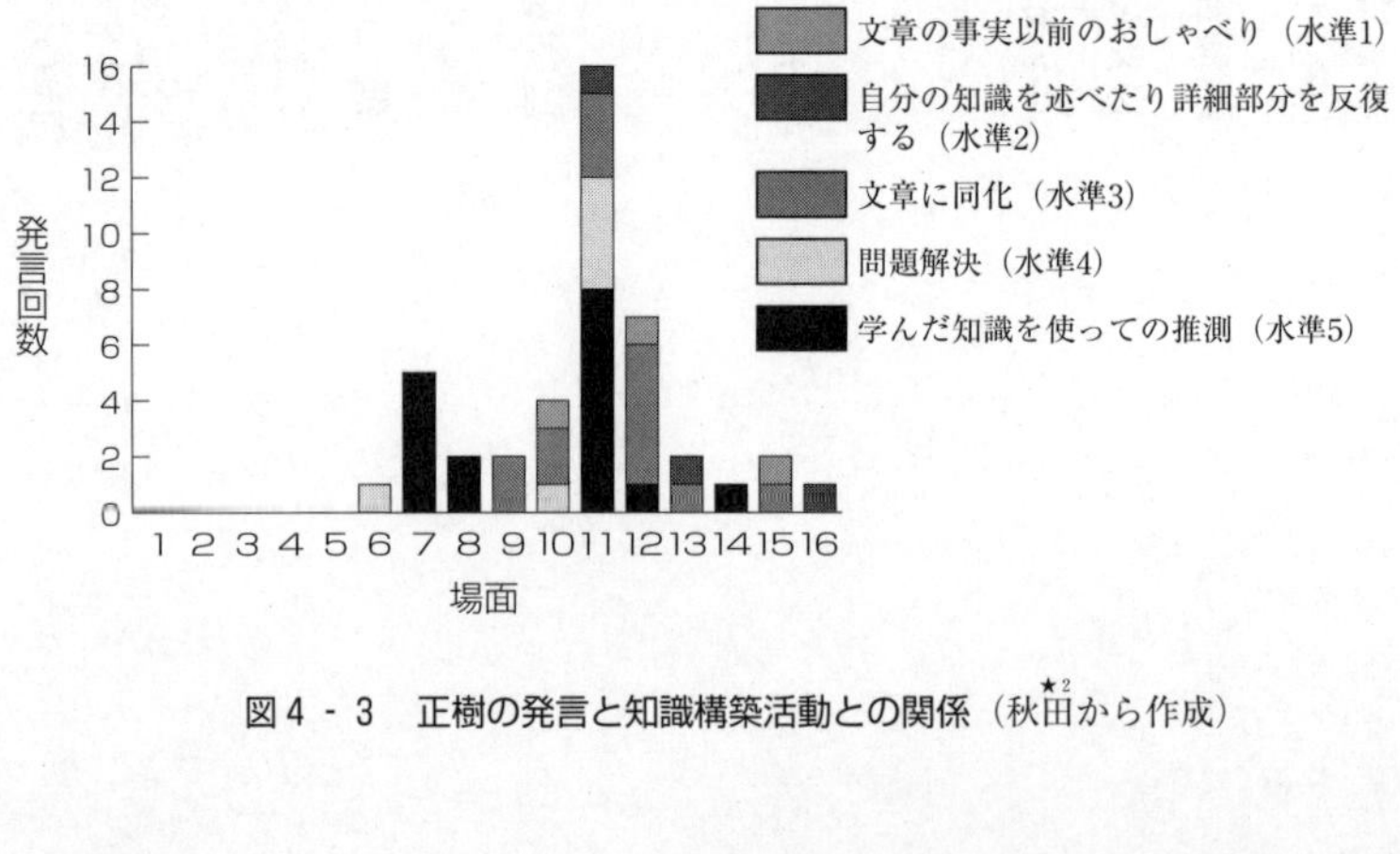

図4-3 正樹の発言と知識構築活動との関係（秋田[★2]から作成）

樹の効力感を高め，次の授業への意欲を高める働きをしたのです。

もちろん，正樹一人の力では，話し合いに参加し，まわりの友だちとかかわることはむずかしかったかもしれません。しかし，教師が授業のなかで正樹の出番を保障し，多様な方法で支援を続けていくことによって，正樹の「話せない」という「個性」はつくり変えられ，話し合い学習に積極的に参加できるようになったのです。

これからの話し合い学習に向けて

学び合いの関係づくり

教室の中で行われている話し合い活動では，子どもたちは同じテクストに対峙し，相互にさまざまな影響を与え合いながら知識を形成しています。たとえば授業の終盤（図４‐１）で，「国岡ちゃんにも似ていると思うけど……」（0:41:28）と正樹が読みをつくり上げていく際に，教師や友だちの発言をヒントにするよ

0:29:18酒井　逃げるしかない。だって，こわいね。
0:29:20佐山　全然こわくないよ。(　)
0:29:22正樹　小さかったら，こわくないけど。
0:29:23酒井　小さかったらこわくないね。
0:29:26佐山　当然よ。そりゃあこわくないよ。
0:29:28正樹　ま。そりゃあ（　）
0:29:29酒井　だってさ，小さい？　これ《黒板のまぐろの絵を指さして》？
0:29:30[　]　《口々に》大きい，ものすごく大きい。
（中略）
0:32:17正樹　こうじくんは，ぼくと同じで逃げるしかないって言ったけど，（　）こうじくんと少し似ているけど，こうじ君は，かたいものでこわすたら《まぐろをやっつけるの意味》いいとか言っていたけど，ぼくは，まぐろがミサイルみたいにつっこんできたんだったら，まぐろは水の中でないとはやく，泳げ泳ぐ泳げないからだし，それはしっぽが足の代わりだから，だから，まぐろは，もう，バケツとかそんなに小さいところじゃないと小さいところは泳げないけど，（　）（酒井　今ね，だって今，広い海じゃもんね。うん。）水のあるところじゃないと。（酒井　うんうん，川とかなら大きいまぐろとかはなかなか入れないから）
0:33:20酒井　入れないよね。まさくん《正樹》の言いたいことはね，長くなったらね，違うことになってしまうから先生がまとめてあげよう。
0:33:25正樹　え，あ，うん。（　）
0:33:27酒井　だってね，まさくんの言ったように広いところでね，まぐろがミサイルみたいにつっこんできたら，やっつけられないから，《スイミーは》すっごいこわいもんね。（正樹　うん，こわい）はい，まさくん。

図４‐４　正樹の発言
（「ミサイルみたいに」つっこんでくるまぐろに対するスイミーの気持ちを想像する場面8）

うになっていることがわかります。つまり正樹にとって重要なことは，知識を得るために佐山とやりとりを交わし，さらに他者にはない自分の読みの良さを他の子どもと共有することで，話し合いで学ぶという実感を得たことなのです。

正樹の読みが深まる過程は，話し合いの生成過程に参加する他の子どもたちにも影響を与えています。たとえば，沙織は授業後に「だれも気づいていないことを発表したからすごいと思う」「今日の正樹はがんばっていた」と，図４‐１の正樹の発言（0:41:28）を評価し，新しい読みを生み出そうという自らの思いも強めています。

学習には必ず個人的な側面と社会的な側面の二つがあります。しかもこの両者は，けっして排他的な関係ではなく，むしろ補完的な関係にあります。つまり，両者は互いに補完し合うことによって，それぞれの局面での学習が豊かなものになるような話し合い活動が成立するのです。したがって，教師や媒介者が話し合い活動のガイドとなり，参加者の多様な読みを関連づけたり新たな意味づけをすることによって，参加者の学びへ自覚を高め，話し合いの生成過程を能動的な営みへと再構築していくことがたいせつなのです。

教師の省察と話し合い実践の創造

以上，教室における話し合い学習の実践例に基づいて，話し合い活動のなかで展開されている子どもたちの読みの学習過程を明らかにしてきました。その結果，子どもたちは無秩序に発言しているのではなく，学習目標を達成するというひとつの目的に向かって，子どもたちが各自の意見や役割を調整していく合意形成の過程であることが明らかになりま

●引用文献●
★1 西阪　仰　2001　心と行為―エスノメソドロジーの視点―　岩波書店
★2 佐藤公治　1996　認知心理学からみた読みの世界―対話と共同的学習をめざして―　北大路書房
★3 澤本和子・お茶の水国語研究会（編）　1996　わかる　楽しい説明文授業の創造―授業リフレクションのすすめ　東洋館出版社
★4 酒井千春　2000　話し合いの生成過程に関する一考察―個人間の調整を促す要因を中心に―　国語科教育，第47集　全国大学国語教育学会
★5 秋田喜代美　2001　国語教育の方法・技術　森　敏昭（編）　21世紀を拓く教育の方法・技術　協同出版

した。したがって、教師が眼前で展開している子どもたちの話し合い活動の内実を的確に把握し、その話し合い活動に適切にかかわっていくためには、教師としての直感に頼るのではなく、授業を自らがふり返り、学習者としての子どもを授業の文脈に即した活動のなかに位置づけ直すことが重要になるでしょう。

話し合い活動を授業に取り入れた実践例は、すでに数多く報告されています。しかし今後は、話し合い活動をたんに学習指導法の一種として活用するだけではなく、話し合い活動のなかで展開する子どもたちの学びの過程を多様な側面から包括的にとらえ、教師自身が話し合い活動の教育的意義を再検討することが求められているのではないでしょうか。

●推薦図書●

『新・国語科教育学の基礎』　森田信義・山元隆春・山元悦子・千々岩弘一（著）　渓水社　2000
国語科教育研究のための手引書。研究の領域・対象，研究の方法について基本的なことが解説してあり，各章の終わりには「論文作成の手引き」がある。

『文章理解の心理学』　大村彰道（監修）　秋田喜代美・久野雅樹（編集）　北大路書房　2001
文章を読むという行為についての研究成果が幅広い視点からまとめられている。学校教育の読みの実践や読書も取り上げられており，国語科教育への示唆も大きい。

『認知心理学から見た読みの世界』　佐藤公治（著）　北大路書房　1996
社会構成主義の立場から，集団の中で友だちとともにひとつの文章をくり返し読み話し合っていく過程を対象とした授業分析を行い，そこで子どもたちがどのように文章理解を変化させるのかを明らかにしている。

『学びを紡ぐ共同体としての国語教室づくり』　河野順子（著）　明治図書　2001
小学校の文学作品の授業を中心に，教室での一人ひとりの子どもの「学び」に焦点を当てた話し合い活動が紹介されている。子どもの個性や実態に応じた読みの観点を設定していくことで，学びを開こうとする実践である。

『小学校説明的文章の学習指導過程をつくる―楽しく，力のつく学習活動の開発―』　吉川芳則（著）　明治図書　2002
学習者の授業場面や一人読みにおける反応，あるいは文章に対する学習者の反応の変容などに焦点を当て，読むことのカリキュラムを開発していこうと模索している，国語科授業の新しい展開を志した文献。

学びを支援する教室談話の編成

藤江康彦

教室談話とは

学校の授業は、生身の人間が発することばのやりとりで成り立ちます。実際に、小学校における一時間の話し合いの授業では、教師と子ども合わせて数百の発話のやりとりがなされます。そうしたやりとりは、授業や教室独特の言い回しや、学校の中だけで用いられる対話のルールをもち、総じて「教室談話」とよばれています。教室談話とは「『教室』という教育実践の場において現実に使用されている文脈化された話しことばによる相互作用」です。ここでいう「教室」は学校教育の実践現場の象徴であり、物理的空間としての教室のほか、授業や学級など複数の意味を包摂しています。また「談話」という用語によって、活動において実際に人々が使用していることばや、ことばが生成される状況や文脈、集団のあり方までを対象にするという研究上のスタンスが示されています。★1

教室談話という切り口で教育実践をみる目的は、ひとつには、個別の学級や授業を超えて、学校教育ならではの談話の構成がみられることを示し、「教師―生徒」という社会的

●執筆者プロフィール●
①静岡県
②広島大学大学院教育学研究科学習開発専攻修了　博士（教育学）
③関西大学文学部助教授
④教室談話研究・授業研究
⑤学生時代から現在まで、大学を転々としてきました。研究領域の知識や研究手法を習得し研究者として成長することと、新たな所属先で事務手続きから人づきあいに至るまで、適応的にふるまえるようになることとは常にセットでした。環境移行が「学び」の契機であったといえるかもしれません。最近、駆け出しとして他者の学びに直接的間接的にかかわるようになり、私自身の「学び」に社会的責

①出身②経歴③現在④専門⑤「学び」について思うこと

関係や、学校や教室に特有の秩序や特殊な文化の存在を明らかにすることです。もうひとつには、「今」「ここ」で生成される言語的相互作用によって成立する授業のありようを明らかにすることです。というのも、「文脈化されたことば」とは、特定の授業や学級の状況において意味の確かさをもち、状況しだいで意味が異なる可能性をもつことばであるからです。

教室談話の三つの次元

教室談話には「制度」「ローカルな文化」「個人の行為」の三つの次元があります。

学校教育という制度の次元

授業でのやりとりには、どの学校でもみられるような、いわゆる「学校らしい」発話の型があります。たとえば、小学校低学年の教室においてしばしばみられる光景に、教師の話しかけに直接応答しようとする子どもに対して「みんなに言って」と教師が指導する場面があります。[★2]日常会話では話しかけてきた本人に直接応答しますが、教室では教師が話しかけると、生徒は教師一人に対して応答するのではなく、学級の「みんな」に向けて発話しなくてはなりません。それは、教室談話には「発話者以外は全員聞き手にまわる」という特徴があるからです。ここで問題になるのは、どのように発話権を取得するかということです。日常会話では、先行する発話において、すでに次の話者が選択されることが指摘されています。[★3]しかし、教室談話では先行する発話者以外の全員が、後続の発話者の候任が伴ってきたことを実感しています。

発話

人間の話しことば全般をさす。とくに教室談話において、発話は情報伝達の手段であるだけではなく授業参加や関係性形成のための行為でもある。また、ロシアの言語学者バフチン（Bakhtin, M. M.）は、行為としての発話は聞き手としての他者の存在があってはじめて成立すると説く。ここで聞き手は、発話のたんなる受け手ではない。返答自体が主体的な行為である点で、聞き手は発話者と対等で能動的なコミュニケーションの構成者でもある。

補となります。加えて、聞き手集団から次の発話者を選択するのは必ずしも先行する話者ではありません。たとえば、教師の発話要求に応じて挙手をした子どものうち教師に指名された者が発話権を取得したり、教師の暗黙的な発話要求を受けて自発的に発話をした子どもが発話権を取得するなど、いくつかのパターンがみられます。[★4] なんらかの手続きにしたがって自ら発話権取得を宣言しなければ教室談話に参入できないというのも教室談話の特徴です。

ローカルな学級文化の次元

ある学級の談話には、他の学級にはないその学級らしさが表れます。前掲の汎教室的な制度的次元が成り立つのは、実際に特定の学級で談話が運用されるからであり、教室談話は学級という局所的（ローカル）な次元における運用によって支えられています。たとえば、子どもの自発的で自由な発話が奨励されている学級もあれば、独自の発言ルールの遵守が求められる学級もあります。教師と生徒がつくりあげている教室のローカルな歴史性や文化性は、会話データを解読するための重要なリソースでもあります。[★5] 教室談話のローカルな次元は、学級で共有される課題やその解決方法、進行状況のほか、学級内の関係性、教師の子ども理解や信念、学級経営などの影響を強く受けています。

個人の行為の次元

教室談話は参加者一人ひとりの発話という行為によって支えられています。どういうタイミングでだれに向かって発話するかということは、行為主体である個人の意志に任され

発話権
発話する権利あるいは順番である。社会学者サックス（Sacks, H.）らによれば発話の「順番どり（turn-taking）」が会話において重要な役割を果たしている。会話の参加者が発話の切れ目を予測し、話者の順番を適切に割り当てることで円滑な話者交替がなされ会話が進行する。授業でも、どのタイミングでだれが発話するかは進行の円滑化にかかわる。他方、子どもにとって発話権取得はどのように授業参加を実現するかにもかかわる問題となる。

ローカル
文化の「局在性」あるいは「局所性」を示す語である。地方や地域といった地理的な特性を示すことにかぎらない。社会集団、会話参加者間、もっと狭くいえば「今・ここ」で起きている相互作用の固有性を強調する語である。本稿の内容に関連していえば、特定の学級を超えてみられる「学校らしさ」やいわゆる学

ています。同じ授業に参加していても、子どもの発話スタイルは課題解決への取り組み方や学級内での関係性への対応のしかたによって異なります。ある社会科の授業において、学業成績は高いが関係性が不安定な二人の男児のうち、一人は発話におかしみを交え、発話の対象者や内容を柔軟に使い分けていました。彼は自分の好きなやり方で課題に取り組むと同時に、そのことで生じうる他者との関係性の軋轢を回避し、安定した授業参加をめざしていました。もう一人は、教師一人に向けた閉鎖的なやりとりを行い、教師に受容され心理的安定を得て、当面は安定した授業参加をめざしていました。[★4] 授業において自らの意思の実現に向けた発話者なりの対応のしかたは、発話という行為に反映されます。行為者の個々の発話が何百も集積することで教室談話が成立しています。

なお、教室談話の成立において「行為—ローカルな文化—制度」という三つの次元は相互に関連しています。[★6]「行為」は学級の文化や関係性、制度に制約を受けますが、裏を返せば、授業参加者は制度に沿うかぎり必ず発話する権利がもたらされ円滑に談話に参加できます。「ローカルな文化」は個人の行為を規制する一方で、個人の行為に対応することで変容します。新たな教師の働きかけを生み出したり、行為が集積されて新たな学級の規範や文化が生成されます。また、制度により規定される一方で、集団的活動を進めるときには制度を利用しています。「制度」は、行為や学級文化を規制する一方で、行為者や集団に活用されることでシステムとしての存在をゆるぎないものにしています。

校文化に対して、特定の学級ごとに見いだすことのできる文化をさしている。

集団活動における談話参加者間の意思のぶつかりと調整

授業には「集団で」課題解決を進める前提がありますが、その実施は容易ではありません。参加者は集団の一員であると同時に独自の経験や知識、活動スタイル、人間関係を背負った個人だからです。活動中に参加者間の意思がぶつかり合うこともしばしば生じます。集団による課題解決では、経験や知識が量的に増大するという利点の一方で、参加者間の意思のぶつかりを調整するという副次的な課題も生じるのです。

表4‐3は、小学5年生の総合的学習において「食糧獲得技術の工夫」を調べるコンピュータを利用した小集団学習のようすです。★7 子どもたちはコンピュータ上のデータベースに蓄積された情報を図鑑のページをめくるように読み進めています。マウスを操作して早く先に進めたい江波に対し、三浦は画面の説明をじっくり読み進めたいようです。江波の催促に三浦は「そういうの私がやるから」とマウスを奪い、江波や守屋の抗議を受けながらも活動の進行を宣言してマウスをクリックしました。マウス操作権を掌握した三浦は武田の進行状況を確認したり江波へメモを指示するなど集団の活動進行の統制を行いました。

事例において、参加者の意思はマウス操作をめぐる発話に表れています。情報探索的なこの活動では、マウス操作が実質的に活動の進行を担っているからです。たとえば、江波は情報をとばし読みし、できるだけ早く多くの情報に接触しようとしており、三浦は一つひとつの情報を丹念に読み込みメモを取ることで情報を蓄積していこうとしています。マ

表4－3　小学5年総合的学習「食糧獲得技術の工夫」(04'17"-08'39")のトランスクリプト[★7](抜粋)

時間	江　波	三　浦	武田・守屋
04'17"	**<提示情報>　狩猟の集団化**(大勢の人間が罠にかかったゾウに槍を向けている)		
04'18"			守屋:(画面上の説明を読む)
04'27"	**(マウスを動かし，ポインタを「次にすすむ」ボタンに合わせる)**		
04'29"		ちょっと待ってて(説明を読んでいる)。	
04'34"		静かにしてよ(メモをとる)。	
04'48"	**いい？　もう。**		
04'49"		ちょっと待って(画面をのぞき込む)。	
04'52"	**軽くまとめてメモすりゃいいでしょ。**		
05'01"		ちょっと待って。	
05'10"	**もういいかな？　もういいかね。**		
05'31"		私はいいです。	
05'32"	**行きましょ(クリックする)。**		
05'43"	**<提示情報>　火の発見1**(草原に雷が落ち，落雷によって発生した山火事を遠巻きに見ている人間)		
05'44"		あ。	
05'45"	**「草原に雷が落ちました[略]」(読み上げる)**		
05'47"		ちょっと静かにして。私がやるからいいよ。 そういうの[マウス操作]私がやるから。	
05'53"	**(身を乗り出し，マウスを動かし，ポインタを「次へすすむ」ボタンに合わせている)**		武田:(メモを取る)
05'54"		ちょっと静かにして。	
05'56"		**ちょっと待って(マウスに触れ，ポインタがずれる)。**	
05'57"	動かすなよ。せっかくセットしたんだから。		
06'01"			守屋:おまえがやることない。
06'08"	早くやろうよ		
06'14"		**次行きます。いいですか？(読み終わるとマウスをクリックする)**	
06'16"	いいよ。早くしてよ。		
06'18"	**<提示情報>　火の発見2**(焼け跡を観察している人間)		
06'41"	**<提示情報>　火の使用**(火を使いはじめた人間の生活)		
06'43"		**いい？(武田に話す)**	
07'32"		**自分でメモしなよ。はい(メモ用紙を江波に渡す)。**	
07'56"	**(マウスを握り)いいかな？　進めて。**		
08'37"	**いいね。行くよ。**		
08'39"	**(クリックする)**		

子どもの名前は仮名。……は聞き取り不能。(　) 内は行為，[　] 内は調査者による補足説明。以上，表4－4も同様。太字はマウス操作者の発話や行為。

ウス操作者は自分の意思を直接、活動進行に反映させようとし、非操作者はマウス操作者への指示や批判によって自分の意思を活動進行に反映させようとしています。

ただし、集団としての課題は「食糧獲得技術の工夫を調べる」ことです。一台のコンピュータを共有しているので、どの情報にアクセスするのか、活動進行のペースをどのくらいにするのかを「みんな」の了解のもとに進めなくてはなりません。しかし、さきにみたようにそれぞれの参加者の意思には差異があるため、事例のようなぶつかりが生じるのです。

ぶつかりに対応するために、事例ではマウス操作者が非操作者の意思を受容したり、非操作者が操作者に批判や指示を行っています。たとえば、三浦は非操作者のときには操作者に頻繁に指示していましたが、操作者にまわると武田や江波の学習状況を確認し、集団全体の活動進行を考慮していました。自分のペースで進行を仕切ろうとする江波も、情報選択の際には他のメンバーの意思を確認していました。それでも、参加者間の意思のぶつかりがなくなるわけではありません。たしかに、意思のぶつかる局面での発話が対立の様相を呈していても、情報が提示されるころには収まっています。しかし、また対立が発生し、同じことがくり返されます。そもそも、意思のぶつかりは容易には解決し得ないものです。意思統一をめざしたり、特定の参加者の意思を優先させれば活動は滞ります。このグループにおいて「調整」とは、活動進行に関する各参加者の意思表明の機会を保障し続けていくことなのです。つまり、マウス操作者が何をしようとしているのか常に明らかになっており、操作者に対して抗議や指示を向ける権利が常に全員に保障されていることであるといえるでしょう。

教師による発話の柔軟な運用

子どもは、発話によって必ずしも明示的に意思を表明するとはかぎりません。子どもの精一杯の表現が、教師の発話に茶々を入れることであったり、ユーモアやおかしみを伴った発話をすることであったりします。こういう発話行為でも、課題解決の文脈に沿っている可能性があり、逸脱であると断じることはできません。つまり、教室談話においては課題解決の文脈に沿っているとも沿っていないともとれる「両義的」な発話が用いられることがあるのです。子どもにとって両義的な発話は、素朴概念や生活経験の表出であったり、授業進行への戸惑いや拒絶感の表出などの意味をもつと考えられますが、教師にしてみれば発話意図があいまいなだけにその時どきで異なる適切な判断と柔軟な対応を迫られます。

表4‐4は、小学5年社会科「日本の水産業」の授業で、「養殖ハマチ出荷時の心配事を考える」という課題の解決場面です。★8 教師は生産者の視点に立つことを願っています。事例の中盤以降、矢野は対照的に、「食べた人が食中毒を起こして死ぬと、育てた人は犯罪者になる」と、消費者の立場から解決しようとしています。一連の発話内容はこの場面での課題を遂行している点で課題解決の文脈に沿っています。しかし消費者の視点で「死ぬ」「犯罪」など誇大で飛躍した表現を用いている点で課題解決の文脈に沿っていないともとれ、両義的です。ここで矢野が両義的な発話を生成したのは、この場面の前半で「心

配する」主体をあいまいにしたまま談話が展開しているからかもしれませんし、事例に先立つやりとりのなかで食中毒を連想したからかもしれません。あるいは、学習成果を直截的に表出することで生じるほかの子どもとの軋轢を軽減するという意図があったのかもしれません。

教師は、矢野の発話の一つひとつに対応していきます。自分の要求と異なっていても、ふざけとは断定せず、考え得る課題解決の過程としてとらえているからでしょう。両義的な発話を一度は受容し、教師のねらいに授業の展開を戻す契機をつくろうとしています。

事例のやりとりは、結果として、学級全体に対する教師の求める課題解決への方向づけとなっています。矢野が消費者の視点をもちこんだので、教師には、矢野の発話

表4－4　小学5年社会科「ハマチ養殖」(20'46"-23'36")のトランスクリプト★8(抜粋)

20'46"T　：出荷で何が心配なんだろう。
20'48"園田：腐る？
20'49"T　：腐る？
20'59"片山：食べられるか？
21'01"T　：食べられるかどうか。
21'02"矢野：痩せる。へへへ。
21'03"T　：何が？
21'04"矢野：だ，あれあれ，ハマチ，へへへ。
21'07"T　：ハマチが？
21'08"T　：ハマチが食べられるかどうか。
21'16"T　：心配。何が心配なんだろうか。
21'24"園田：魚が死んじゃってないか。
21'27"T　：ああ，死んじゃってないか？
22'03"T　：食べられるかどうかっていうのは，どういうことなの？
22'09"園田：腐ってる。
22'10"T　：腐ってたら困る。
22'14"T　：[魚が]腐ったら，食べられないことは？
22'15"矢野：なんか。毒っつうか，食中毒っつうか。
22'16"T　：起こしてたら，どうなるの？
22'18"原田：死ぬ。
22'19"矢野：死ぬっつうか。
22'20"T　：誰が？
22'21"矢野：オレ。
22'22"C　：人間。
22'23"矢野：食べた人が。
22'24"原田：終わっちゃうの。人生。
22'27"T　：ってことは，この育てた人たちにとってはどうなるの？
22'33"園田：つくった意味が……。
22'35"矢野：あれ，犯罪っていうか。
22'42"T　：つくった意味がない。
22'47"T　：そういう魚だったら。もってったらだめだってことが，わかったら。どうするわけ？　どうしちゃう？
23'12"T　：出荷できるの，できないの？
23'16"T　：出荷っていうのはそれを獲って市場へ運ぶこと。できない
23'23"T　：市場に運べないってことは，その魚は？
23'27"園田：育てた意味がない。
23'29"T　：育てた意味がない。
23'36"T　：ここまで育てるために，費用がかかってる。儲けようと思うのに売れないんじゃあ。心配なのはそういうことなんですね。

表4－3参照。Tは教師。Cは発話者不明の子ども。太字は矢野の発話。下線部は教師の復唱。

を自らが意図する生産者の立場からのものに軌道修正する必要がでてきました。そこで、「心配する」主体はだれなのかを問い返したり、「育てた人たち」と主語を明確化したのです。子どもたちは、両義的な発話の生成を契機として教師に方向づけられ、生活レベルの認知を養殖漁業全体に拡張させています。子どもの両義的な発話は、論理性の弱さや不完全さゆえ教師や他児からの発話を誘発し、コミュニケーションを豊かにする可能性があります。一方で、ほかの子どもと共有できずに受け流されてしまう可能性もあります。教師は両義的な発話を聞き逃さず、応答したり引用、媒介することによって、子どもの生活レベルの認知が科学的概念へと発達することを促したり、学級で共有できる形に再構成しています。

意図があいまいなままの発話は子どもだけでなく、教師も行っています。たとえば、教師は、子どもの発話をくり返す「復唱」をしばしば行います。ここでいう復唱には、子どもの発話の厳密なくり返しばかりではなく、要約したり、ことばを補って言い換えたり、一人の発話を学級全体に拡声する場合も含みます[★9]。事例の前半部では、教師は「何が」心配なのか、子どもの発話を整理しようとしています。教師の願う生産者の立場に迫りきれない園田や片山の発話にとりあえずの受容を示したり、矢野の両義的な発話を受容したうえで、心配なのは「売れるかどうか」ということを暗示します。後半部では、教師は矢野の両義的な発話への対応に園田の発話の復唱を用いて軌道修正をしています。矢野との一連のやりとりのなかで、教師自ら心配する主体が「生産者」であることを示し、矢野の発

●引用文献●
★1　秋田喜代美　1998　談話　日本児童研究所（編）　1998年版　児童心理学の進歩　金子書房　Pp.53-77.
★2　磯村陸子　2001　授業における「みんな」の導入—小学２年生クラスの道徳授業の観察から— Inter-Field（フィールド解釈研究会）, Vol.2, 60-78.
★3　シェグロフ, E・サックス, H.（著）　北澤　裕・西阪　仰（訳）　1989　会話はどのように終了されるのか　サーサス, G.・ガーフィンケル, H.・サックス, H.・シェグロフ, E.（著）　北澤　裕・西阪　仰（訳）　日常性の解剖学—知と会話—　マルジュ社　Pp.175-241.
★4　藤江康彦　1999　一斉授業における子どもの発話スタイル—小学５年の社会科授業における教室談話の質的分析—　発達心理学研究, **10**, 125-135.

話に対応しながら園田の発話を復唱して学級全体に媒介し、自らの意図する課題解決へと展開させようとしています。この復唱は矢野や園田の発話に対する明示的な評価とはなっていません。しかし、暗黙的には園田の発話を肯定することになっており、教師の願う課題解決の方向性を示しているといえます。このように、教師の復唱は単純なくり返し以上の意味をもちます。指示や評価を直接行わなくとも、だれのどの発話を復唱したのかという行為自体が、学級全体に向けて教師の意図を暗黙的に示し、結果として談話の方向性を示すことになっています。また、意味や意図をあいまいにしたままでとりあえず発話権を取得することができ、即興的に子どもの発話を抑えたり介入することができています。子どもの発話が停滞したときに談話を維持することも可能でしょう。その点で、復唱は、子どもの意思を受容しながら自らの教授意図を実現していく談話のマネージメントに役立っています。

事例からは、教師は、授業において教授者としてだけでなく、談話空間の構成者、教室談話の管理者として重要な役割を担っているということが示唆されます。先にみたように、教室談話においては参加者間で意思のぶつかりが生じ調整の必要性が生じますが、とりわけ、教師の発話生成は基本的に「調整」に向けられます。なぜなら、教師は、子どもに比べ、圧倒的に多くの意思のぶつかりを感知しており、子どもの学びを支えるためには教室談話を進行させることが必要になるからです。つまり、教師の発話は、学習集団としての学級の課題解決の進行と、行為者としての子どもの学びや授業参加の個別性を尊重するこ

●引用文献●
★5　好井裕明　1999　制度的状況の会話分析　好井裕明・山田富秋・西阪　仰（編）　会話分析への招待　世界思想社　Pp.36-70.
★6　藤江康彦　2001　教室談話の成立機制─行為─ローカルな文化─制度的装置の相互関連に着目して─　日本教育方法学会紀要　教育方法学研究, **26**, 73-85.
★7　藤江康彦　2001　コンピュータを用いた情報探索的協同学習における進行手順についての合意形成─マウス操作をめぐる小集団内の発話の分析─　東京大学大学院教育学研究科紀要, **40**, 201-212.
★8　藤江康彦　2000　一斉授業の話し合い場面における子どもの両義的な発話の機能─小学５年の社会科授業における教室談話の分析─　教育心理学研究, **48**, 21-31.
★9　藤江康彦　2000　一斉授業における教師の「復唱」の機能─小学５年の社会科授業における教室談話の分析─　日本教育工学会論文誌日本教育工学雑誌, **23**, 201-212.

と双方の実現に向けて生成されています。その過程で学校教育特有の談話の型を談話マネージメントのひな型として用いることもありますし，結果として局所的に学校教育制度を支えてもいます。つまり，教師の発話もまた制度—ローカルな文化—行為の三つの次元の関連のなかで生成されています。状況に応じて，行為の次元を優先させ一人ひとりの意見にじっくりと耳を傾けたり，ローカルな文化の次元を優先させ課題解決に向けて特定の発話を特権化したりと，三つの次元の間のバランスを常にとっているのです。教師にはいかにこのバランスをとるかが求められますし，そのためには柔軟な発話運用が必要になるのです。さらにいえば，そこに，教師としての職能発達が示されるでしょう。

そして，子どもはこういった「意思のぶつかりと調整」を経験することで，対話を通して表現し交流していく力をつけることができるのです。

●推薦図書●

『対話と知—談話の認知科学入門—』　茂呂雄二（編）　新曜社　1997
対話を認知的プロセスととらえ，さまざまな談話事例を分析することを通して，認知が，社会的，歴史的，文化的な営みであることを示している。談話研究の手法や日本語文献の案内がつき，研究を進める際の手引きとなる。

『コミュニケーションと人間形成—かかわりの教育学Ⅱ—』　岡田敬司（著）　ミネルヴァ書房　1998
養育や教育の場において「わかり合う」とはどのようなことか，コミュニケーションの点から論究している。教育場面におけるコミュニケーションのあり方や大人の役割について考える際の，教育学的，哲学的基盤を提供してくれる。

『対話の中の学びと成長』　佐藤公治（著）　金子書房　1999
人間の学習や発達における他者性や関係論的な問題を正面からとらえ，心理学にかぎらず人類学，社会学，文学理論など広い視野に立って追究している。教室談話と子どもの学びについて検討する際の理論的基盤となる。

『会話分析への招待』　好井裕明・山田富秋・西阪　仰（編）　世界思想社　1999
社会学の立場から，学校，日常会話，報道，119番通報などさまざまな実践の場における言語的相互作用，言語現象を対象にした研究例が示されている。教室談話の分析枠組みや視点が得られる。

『会話の人類学—ブッシュマンの生活世界（2）—』　菅原和孝（著）　京都大学学術出版会　1998
ブッシュマンのグイという集団における日常会話の分析から言語的相互作用の理論を構築しており，示唆に富む。また，「同時発話」「交渉」など，教室談話研究において重要な言語現象も扱われている。

つながりをつくる学級という場を支援する

学級という場がもたらす学び

伊藤亜矢子

学級は不思議な場です。多くの子どもと一人の大人（学級担任教師）が、一年以上の長い間、毎日を共に過ごします。気の合う人ばかりとは限りません。子どもどうしの相性も、担任と子どもとの相性もさまざまです。逃げ出せない空間の中で、つきあいたくない人ともつきあうことを強制される苦しい場です。反面、そうした半ば強制的なつきあいのなかから、生涯の友に出会い、強制されなければ出会わなかった、自分とは異なる志向をもつ友人とも出会えます。多様な志向をもつ者が集団で何かを成し遂げる充実感も経験できます。

こう考えると、学級の一員として学級生活を送ることは、それ自体が子どもたちにとって大きな学びです。級友との出会いから、人づきあいのしかたや自己と他者の違いを学び、学級集団全体の動きのなかで、個々の子どもたちは成長していきます。級友と学級生活を過ごすことは、いわばそれだけで大きな発達課題なのです。

とくに日本の学級は、そこで食事をし一日の大半を過ごし掃除もする、まさに生活の場

●執筆者プロフィール●
①東京都
②東京大学大学院教育学研究科教育心理学専攻博士課程単位取得退学
③お茶の水女子大学生活科学部助教授
④学校臨床心理学
⑤学びは自分が変化することだと感じます。新しいことにふれて自分が変化する。その結果、何かが新しくできるようになり、新しいことへの新しい対処が生まれる。学び続けるためには、どれだけたくさんの豊かな刺激にふれることができるか。豊かな環境を子どもたちにどう用意するか。問題のない学校より荒れる学校のほうがある意味では豊かかもしれず、人が成長する

①出身②経歴③現在④専門⑤「学び」について思うこと

です。海外の学級風土研究では、学級（class）といっても授業中の学習活動そのものをさす意味が強く、教科ごとに異なる教室で学ぶ授業の、その時どきの風土を学級風土とよんだりします。学級担任の役割も教科指導に特化し、学級集団や学級内の個々の生徒への指導は必ずしも重視されません。成績管理を含む生徒個人の問題は、スクールカウンセラーの役割である場合も多いようです。家庭との連絡も含めて、学習面から生活面まで生徒各人への総合的なサポートを担任が責任をもって行い、学級全体を統括する担任のもとで共同生活を行うという日本の学級生活スタイルは、それだけでかなり特徴的です。

海外の学級風土研究を読むと、たとえば、教育の目的は民主的な市民の育成であり、そのためには、学級生活そのものが民主的である必要があり、民主的な学校風土・学級風土が重要なのだという主張があります[★1]。授業の形式や授業内での意思決定など、教室での学習の構造そのものを民主的にすべきだという主張です。学級という場が人間関係を濃密に体験する場であれば、社会の縮図としての学級にどう参加するかは、子どもたちの将来の社会参加にもかかわってきます。係決めなどの学級の意思決定をどう行うのか。他者とどう協働するのか。将来の社会参加を無意識のうちに学ぶ場が学級であると考えたとき、日本の学級はどのような社会参加を子どもたちに経験させているのでしょうか。そう考えると、担任をはじめとする教師や大人が、子どもたちにどのような学級経験をさせるかは、きわめて重要な課題といえます。

のに必要なことの複雑さを近ごろとくに感じています。

学級風土
「おとなしいけれど集中力がある」「元気だけれどまとまりがない」など個々の学級の性格をさすのが学級風土である。類義語に学級構造や学級雰囲気がある。学級構造はおもに学級内の勢力関係など学級組織の構造をさし、学級雰囲気は「明るい」「暗い」など学級風土が醸し出す印象をさす。

学級風土と個人の成長

ところで、「明るい学級」「静かな学級」など、学級はどの学級もまるで全体がひとつの生き物のように、個性的性格を醸し出します。こうした学級の個別的な心理社会的性質、つまり、人の性格にあたる学級の性格が学級風土（classroom climate）です。

学級風土への着目や本格的な研究は、日本ではあまり行われていませんが、諸外国には多くの研究例があります。たとえば学級風土が生徒の学業成績や精神的健康に与える影響や、よりよい学級風土づくりの介入研究など、さまざまな研究が行われています。★2 中学生の場合、教師のサポートが多く、授業の工夫や新しい試みに対して教師が柔軟であり、規則が明快で、生徒たちの学級への関与や協力体制が良好な学級では、生徒の満足感が高いという結果が出ています。★3 高校生の場合には、教師の統制や生徒間の競争の激しい学級で欠席率が高いようです。★4 また、幼稚園児から高校生までを対象とした多数の研究結果を総合すると、子どもたちの満足感や友人関係が良好な学級では学習成績が高く、反対に、学級活動に子どもたちが熱心に取り組まず学級への関心を失っている学級では学習成績も低い、という結果でした。★5 学級の個性が、子どもたちの満足感や学校生活への意欲だけでなく、学習成果にも影響するのは興味深い結果です。学級という場が子どもたちの成長に与える影響力の大きさが感じられます。

ここで注目されるのは、学級という場が学級全体の構造を通して、個人の成長に影響を

与えることです。（以下本稿の事例は守秘のため再構成しています）

たとえばある学級でのこと。なかなか級友となじめず、学級内でほとんど他の生徒たちと交流のない子がいました。休み時間にぽつんと一人で教室に残されてしまいます。この子へのサポートには、どんなことが考えられるでしょうか。問題をこの子ども個人の問題ととらえて、個別のカウンセリングを勧める方法もあります。けれど、「学級になじめない子に対してかかわりをもたない学級の問題」ととらえて、学級への対応を考えることもできます。この事例では、担任の先生が、昼休みに必ず学級で生徒とたわいないおしゃべりをするようにした結果、それまで他の教室へバラバラに散っていた生徒たちが、教室内にとどまり、教卓を中心に柔らかな雰囲気で休み時間を過ごすようになりました。教室内に人が増えれば、相互交流の機会も自然に増加します。机につまずいて「ごめんね」と声をかけられたり、とんできた消しゴムを拾ったり。ささいな積み重ねで、いつのまにか一人でいた子も学級になじんでいきます。他の教室へ生徒が散り相互交流に乏しかった学級から、なんとなく寄り集まってたわいないやりとりをする学級へと、学級全体の構造が変化したことで、学級の相互交流が増加し、その結果、なじめなかった生徒も自然と学級になじめたのです。

このように学級という場全体の動きが個人の行動に与える影響は大きく、結果としての積み重ねが、学級風土を通して個々人の成長にかかわっていきます。

学級風土のアセスメントと学級風土をつくるもの

筆者はこれまで、学級風土質問紙★6を用いて学級風土をとらえ、それを先生方に示して学級のあり方を検討するコンサルテーション実践を試みてきました。

学級風土質問紙は、行事など学級活動への熱心な取り組みを問う〈学級活動への関与〉、男女の仲を含む友人関係の親密度を問う〈生徒間の親しさ〉、対教師を含む自己開示のしやすさを問う〈自然な自己開示〉、グループ別れや重苦しい雰囲気など組織レベルでの不仲を問う〈学級内の不和〉、学級全体の楽しさや満足度を問う〈学級への満足感〉、学習課題への熱意を問う〈学習への志向性〉、学級内の秩序を問う〈規律正しさ〉、意思決定の民主性や勢力関係の平等さを問う〈学級内の公平さ〉の計8尺度57項目です。

学級風土質問紙を実施し、その結果を先生方と検討する作業をくり返していると、それぞれの先生に諸々の思いがあり、それが学級への働きかけにも表れて、各学級に独特の風土を醸成していることがわかります。教科教育と違い、学級や個々の生徒への指導は先生方の工夫に任されています。座席の決め方や係分担のしかた、学級会や毎日の学活の進め方など、一見小さなことにもさまざまな方法や工夫があり、それが学級全体の動きに影響します。

たとえばある先生の学級では、〈自然な自己開示〉が高くなっていました。担任の先生は、教師からの圧力で生徒が物言えぬようにならないように、人知れず傷つく生徒が生じないようにと願う先生でした。学級日誌や放課後を利用しての個人面談など、小さな機会

学校コンサルテーション
　教育の専門家である教師と心理の専門家である心理士（コンサルタント）が、特定の子どもや校内の組織的問題などについて、お互いの専門性をもとに対等な立場で検討し合い、問題理解を深めることで、教師の実践を進展させる過程である。後続の類似事例についても、より適切な実践が行われるようになり、それによって予防的効果が得られる利点がある。

を工夫して生徒の本音をつかむ努力を先生は重ねていました。こうした指導を反映してか、たしかにこの学級では、〈自然な自己開示〉が高くなっていたのです。

また、ある学級では、〈学級内の不和〉が高く、もめごとや重苦しい雰囲気の風土を生徒たちは強く感じていました。子どもたちの心理的負担からすれば、重苦しいより明るく楽しい雰囲気が好まれるかもしれません。ところがこの先生は、〈学級内の不和〉が高いのは良いことと言われます。なぜならこの先生には、個々の問題を個人的に解決するのではなく、学級全体で悩み考えることで学級集団全体を高めるという指導方針があったからです。たとえばある問題について、それに直接かかわる生徒を呼び出して個人的に指導を行えば、学級の他の生徒たちはその問題について考える機会も与えられません。しかし個人指導だけでなく、学級全体に問題を投げかけ、生徒各人の意見を引き出し問題解決を共に行えば、波紋や不和も生じるかもしれませんが、学級全体に新たな問題意識や人間関係をもたらします。こうして担任の方針ひとつで展開は異なり、その積み重ねで風土も異なっていきます。

ある学校で学級観察を行うと、同学年でありながら対照的な風土が得られました。昼食時、一方の学級は肩寄せ合ってきょうだいのように仲良く食事をします。もう一方では勝手な方向を向き、ものすごい騒々しさのなかで無秩序に食事をしています。前者の学級は平和で温かい雰囲気ですが、中学生にしては生徒が幼い印象でした。後者では、雑然としたなかに大人びて貫禄ある生徒がめだちます。登校することが楽しいかどうかなどの「学校への意欲」を質問紙で測ると、前者では意欲が高く、後者では低いのです。担任面接・生徒面接をすると、前者では、毎日の訓話や班長を通した班活動を通じ担任が強い指導力で生徒を方向づけ、生徒もそれに満足していました。反対に後者では、高学年の指導が得意という教師が生徒から距離をとって学級の自主的な動きをじっと待っており、生徒たちはまとまらない学級にいらだっていました。

教師の強い方向づけは、学級のまとまりと緊密な生徒間関係をつくり、親密な風土を醸成すると同時に、安心して大人の指導に頼る子どもたちを育成したようです。反対に放任ともいえそうな担任のもとでは、生徒たちは精一杯のびのびとエネルギーを出すけれどそれを方向づけられず、混乱のなかでいらだち意欲を失いながらも、その一方で自立し大人びていく。

このように学級風土は個々の生徒の成長に影響を及ぼしています。「学校への意欲」が低下しては困りますが、幼いばかりでも困ります。どのような風土が子どもの成長に好ましいのか。たくましい成長のためには、教師が方向づけ守ってやる指導と同時に、子どもたち自身が、たやすく解決できない葛藤のなかに飛び込み試行錯誤する試練も必要かもしれません。その点で、〈学級内の不和〉や雑多な混乱もじつはたいせつな要素だと感じます。

学級風土が消えていく？

最近、漠然とした印象ですが、なんとなく学級としての個性に乏しく、学級集団としての風土を強く感じさせない学級に出会ってさみしく思うことがあります。学級は個人と個人がぶつかり合う場です。ぶつかり合いのなかから集団が形成され、集団としての個性が形成されていきます。相互にかかわりのうすい集団では、集団としてのエネルギーも乏しく、結果として、集団の個性も弱くなるのではないでしょうか。

たとえばある学級では、学級編成直前のメンタルヘルス調査の結果をみると、偶然にもやや自信に乏しい消極的な女子生徒が多く、「学校への意欲」がとくに低い生徒や、やや問題傾向の男子がいる学級編成でした。この学級で、学級編成後間もない一学期と、約一年が経過した学年末とに、学級風土質問紙を実施しました。[★7] 一学期の質問紙結果では、〈規律正しさ〉〈学級内の公平さ〉が高く、どちらかといえば真面目な学級風土でしたが、反面〈学級活動への関与〉が低く行事等の盛り上がりは少なくて、〈学級への満足感〉〈生徒間の親しさ〉も低い風土でした。つまり問題なく真面目だが楽しさも乏しく、いわば疎遠な風土という印象です。実際、この学級では授業中の反応も乏しく、だらけた男子生徒を注意する活発な女子生徒もおらずに、不満がくすぶりがちだったようです。学年末の調査では、〈学級活動への関与〉〈学級への満足感〉〈生徒間の親しさ〉がさらに低くなり、〈自然な自己開示〉も低下し、疎遠で安心して自分を出せない学級風土がつくられたようでした。この学級を教えるあるベテラン教師は、この学級は教師のかかわりしだいだと指摘しました。自信に乏しい消極的な女子とやや問題傾向もある男子であれば、行事で学級を盛り上げていくリーダー候補も不足します。生徒だけでは盛り上がれず、結果として大きな問題はないけれど疎遠という風土になりがちかもしれません。「学校への意欲」に燃えるリーダーがいないこの学級では、生徒に代わり教師が周到に学級を盛り上げる指導が必要だったかもしれず、若手の担任には、その意味で荷が重い学級だったのかもしれません。

このように、生徒たちによっては、かかわりを促進する大人からの働きかけを強く必要とする場合があるようです。人とのかかわりにぶつかりは不可避です。ぶつかりや傷つきをおそれ、人と深くかかわる学級生活に飛び込めない生徒が多くても不思議はありません。

同時に、先生方とお話ししていると、人とのぶつかり合いを、じつは、先生自身が躊躇している場合もあることに気づきます。生徒が傷つかないようにしたいので、なるべく話し合いは避けるという先生もおられます。また、生徒たちに問題解決させて生徒間に不満がたまるよりは、教師に不満をぶつけられるほうがよいので、話し合いや生徒の裁量で意思決定することは避け、教師側でものごとを決めるという先生もおられます。先生自身の子ども時代の学級体験やそこでの傷つきを思い出として抱えているだけに、その分、子どもたちの気持ちがわかるからこそ、生徒をかばい、ぶつかりを避ける場合もあるようです。

学級風土のつくり手としての教師への支援

あるとき、学級風土質問紙を実施した際に、「この結果から安心して生徒に切り込んでいける」という感想をいただきました。質問紙結果は、各尺度とも平均的で〈学級への満足感〉も比較的高くバランスのとれた学級風土でした。ところが先生方には、「教師としてはよい学級に思えるが生徒は不満かもしれない。だとしたら教師からの強い働きかけは不満を増長させる。強い指導に踏み切れない」そんなためらいがあったそうです。生徒たちも好ましい学級風土を感じているとわかり、安心して強い指導に踏み切れるとのことでした。

もしも、生徒たちが表現力豊かに自分たちの感じていることを率直に表現していれば、こうした躊躇もないのかもしれません。生徒たちの反応が確実につかめれば、それだけ担任も確信をもって学級に強く働きかけ、必要な方向転換も行えます。先生方のもっている指導の工夫は豊かで、学級へのさまざまなかかわりが用意されています。ところが、生徒たちの反応が乏しく、教師のかかわりがどう受け取られているかが判然としない場合や、感覚的な学級把握だけではそれを周囲の先生と共有できず思い切った指導を行えない場合には、せっかくの先生方の力が生かせません。

そうした場合に、学級風土質問紙とコンサルテーションを通して生徒の感じている学級風土を確認し、教師間で生徒の感じている学級風土について共通認識をもつことは、先生方の実践を促進する意味があるようです。質問紙を通じて得た生徒たちの学級風土認知が、先生方のこれまでの実践成果を確かめ、次の実践を考える具体的な手がかりにつながります。

学級風土は、学級内の相互作用がつくりあげる複雑な現象です。何かしたらすぐに変わるというものではないかもしれません。しかし教師の働きかけは、必ずなんらかの波紋をひろげ学級を変化させます。その意味で、担任の先生は大きな鍵をもっています。学級風土質問紙による確かめや気づきが、いわばたった一人で学級集団に切り込んでいく先生方をサポートする方法になればと考えます。

学級は人とのつながりをつくり、協働して何かを達成することを学べる場です。苦しさもあるけれど、人と人とのつながりが形成され、それが一人ひとりを助け高めていく。そんな経験のできる場、一人ひとりの個性を反映して、個性的な学級風土が色濃く醸し出される場。学級はいつまでもそのような豊かな学びの場であってほしいと願っています。

●推薦図書●

『変わる自己変わらない自己』　蘭　千壽（著）　金子書房　1999
学級の変化を従来の枠組みとは異なる複雑系科学からとらえた論考。組織レベル（マクロ）だけでなく，個人の内的な変化（ミクロ）も視野に入れ学級研究の新たな視点を開く。

『教師と子どもの関係づくり―学校の臨床心理学―』　近藤邦夫（著）　東京大学出版会　1994
教師―生徒関係をはじめ学校現場の諸事象を，臨床心理学の視点から検討する学校臨床心理学を提唱した本。学校臨床心理学の基盤となる考え方や研究課題，研究例などを知ることができる。

『子どもの成長教師の成長―学校臨床の展開―』　近藤邦夫・岡村達也・保坂　亨（著）　東京大学出版会　2000
学校臨床の視点から，「学校の中でできること」「教室の中だからできること」「教師だからこそできること」を探究した本。日常の実践に真摯な工夫を行う現場教師の実践論文と研究者のコメントから成る。

『学校が変わる心理学』　渕上克義（著）　ナカニシヤ出版　1995
組織心理学をもとに，学校の風土や学校改革，教師のエンパワーメントについて書かれた本。学校組織の心理学的な研究は数少ないが，一般向けに多くの関連文献が紹介されている。

『21世紀を生き抜く学級担任１　崩壊を防ぐ学級づくり』　無藤　隆・澤本和子・寺崎千秋（編）　ぎょうせい　2001
学級づくりについて多様な視点からの知見が述べられている。教師向けではあるが，学級という場への実践的な理解を深めるうえで参考になる。

●引用文献●

★1　Shechtman,Z. 1993 Education for democracy : Assessment of an intervention that integrates political and psychosocial aims. *Youth & Society*, **25**, 126-139.
★2　伊藤亜矢子・松井　仁　1998　学級風土研究の意義　コミュニティ心理学研究, **2**, 56-66.
★3　Nelson,G. 1984 The relationship between dimensions of classroom and family environments and the self-concept, satisfaction, and achievement of grade 7 and 8 students. *Journal of Community Psychology*, **12**, 276-287.
★4　Moos,R.H. & Moos,B.S. 1978 Classroom social climate and student absence and grades. *Journal of Educational Psychology*, **70**, 263-269.
★5　Haertel,G.D., Walberg,H.J., & Haertel,E.H. 1981 Socio-psychological Environments and Learning : A quantitative synthesis. *British Educational Research Journal*, **7**, 27-36.
★6　伊藤亜矢子・松井　仁　2001　学級風土質問紙の作成　教育心理学研究, **49**, 449-457.
★7　伊藤亜矢子　2001　学級風土質問紙の臨床的妥当性検討の試み―学級編成時の生徒のメンタルヘルスが風土形成に与える影響を中心に―　コミュニティ心理学研究, **5**, 11-22.

文化の間で生まれる学びの可能性

外国からやってきた子どもたちへの教育

高木光太郎

外国からやってきた子どもが教室にいることは、もうあまりめずらしいことではなくなりました。文部科学省が毎年実施している調査によれば、学習に参加していくためになんらかの日本語指導が必要とされる小学生は、およそ一二〇〇〇人。[★1] 全国の小学校数は約二四〇〇〇校ですので、地域差を無視して単純計算すれば、二校に一人の割合で日本語指導が必要な小学生が在籍していることになります。

外国からやってきた子どもや帰国児童・生徒のように、異なる文化的、社会的背景の中で生活してきたため、日本の学校の中で「マイノリティ」となる子どもたちへの教育的対応は、次の三段階で推移してきたといわれています。[★2] まず「同化教育」が中心の段階です。これは「マイノリティ」の子どもたちを「マジョリティ」である他の子どもたちと同じように扱い、特別な教育的配慮をしないアプローチです。外国からやってきた子どもたちが、他の子どもたちと同じように学校生活を進めていくなかで、日本語を習得し、日本の学校

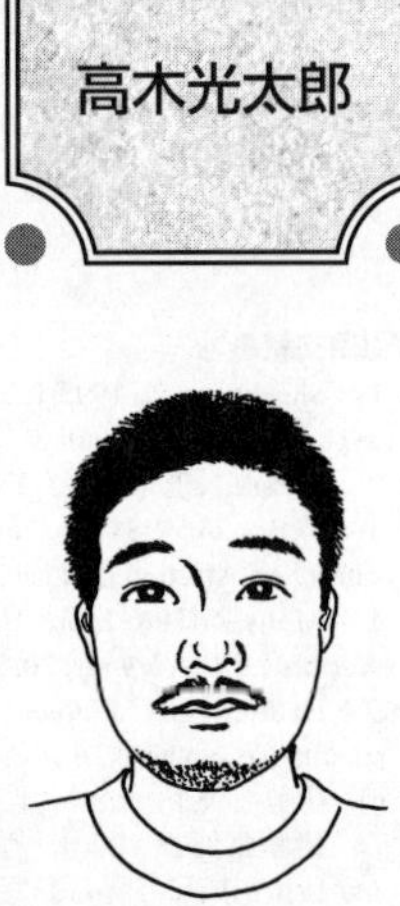

●執筆者プロフィール●
①東京都
②東京大学大学院教育学研究科博士課程単位取得退学
③東京学芸大学国際教育センター助教授
④発達心理学
⑤人が文化の間を移動するということを、これまでの学習研究はほとんど視野に入れてきませんでした。ヴィゴツキーの理論を手がかりにこの問題に取り組んでいきたいと考えています。

①出身②経歴③現在④専門⑤「学び」について思うこと

での生活に必要なさまざまな知識や習慣を身につけ、さらに日本の子どもと同じ学力を身につけること、つまり「日本人と同じになること」が求められます。

次は「統合教育」とよばれる段階です。これは同化教育にみられるように「マイノリティ」を一方的に「マジョリティ」の文化に取り込むのではなく、「マイノリティ」のもつ（言語も含む）文化的独自性を尊重しようとするアプローチです。このために「マイノリティ」の特性にあわせた教育プログラム（たとえば「国際教室」「日本語教室」などを学校内に設置して教育を進めるプログラム）を用意し、それを「マジョリティ」の子どものための教育プログラムと独立に平行して進めていくことになります。

現在の日本では、このアプローチが外国からきた子どもへの教育的対応の中心になっています。しかし、こうした「別枠」の教育的対応をすることが、「マイノリティ」と「マジョリティ」を切り離す方向に向かってしまう場合も多く、「分離主義」的な色彩の強いものになるという問題があります。

このような現状のなかで徐々にではありますが、新しい視点からのアプローチも生まれてきています。「共生教育」という視点です。共生教育では「マイノリティ」と「マジョリティ」の相互作用によって新たな価値や意味を創造することがめざされます。つまり、「異なる者たちが接触することで生まれる学び」です。たしかにこのような教育の姿は非常に魅力的です。実際、さまざまな実践も試みられるようになりました。しかし、多くの場合、それはあまりうまくいきません。たとえば中国からやってきた子どもと日本の子どもがいっしょに「餃子づくり」をするといった授業を行っても、その場だけの「楽しい活動」に終わってしまうことが多いのです。

このように共生教育を志向した実践がむずかしくなる原因のひとつは、「異なる者たちが接触することで生まれる学び」が学習としてどのような特徴をもっているのか、じつはよくわかっていないことにあります。これは心理学的学習研究にとっても難問です。共生教育がめざす学びはいったいどのようなものになるのでしょうか。考えてみましょう。

知識獲得としての学習

まず学習を知識の獲得であるととらえるオーソドックスな立場から、「異なる者たちが接触することで生まれる学び」について考えてみましょう。この立場では、ターゲットとなる知識を学習者が自分のものにすることが学習であると考えます。するとたとえば「餃子づくり」の授業では、教師はまず「中国と日本の食文化の違い」について子どもたちが理解すべき知識のリストを用意することになります。そしてそれを子どもたちがうまく獲得できるように授業を工夫する（「餃子づくり」の活動を用意する）わけです。

こういう発想では残念ながら「異なる者たちが接触することで生まれる学び」にアプローチするのはむずかしいでしょう。教師が用意した「正解」があり、それを学習者がうまく自分のものにできるのか、という視点で学習がとらえられているからです。共生教育がめざしているのは、あらかじめ用意された「正解」を理解することではないはずです。

さらに問題となるのは「正解」が常にある特定の文化的視点からの「正解」にすぎないということです。「中国と日本の食文化の違い」について子どもが知るべきリストを用意している教師は、どうしても日本文化の視点にたって両国の差異を見ることになります。餃子づくりに参加している中国の子どもたちが、このような「正解」を学ばなければならないとすれば、それは明らかに同化教育でしょう。共生教育でめざされる学習は、このように一方の視点で用意された「正解」を学ぶようなものではなく、異なる「正解」をもつ人々の関係のなかから生まれてくるものであるはずです。

ヴィゴツキー理論と創造的抵抗

学習を人々の関係のなかでとらえるアプローチは、一九八〇年代中盤以降、「状況的認知（situated cognition）アプローチ」として、さまざま提案されました。そのなかでもとくに「異なる者」の関係に注目しているのは旧ソビエトの心理学者ヴィゴツキー（Vygotsky, L. S.）の理論をベースにしたアプローチです。彼の理論を手がかりにして共生教育での学びについて考えてみましょう。

ヴィゴツキー[★3]は精神発達を、異なるタイプの認識が互いを足場にしながら結びつき、それぞれの独自性を損なわない形で統合される過程であると考えていました。たとえば子どもが生活のなかで水を使うことで身につけた理解（これをヴィゴツキーは「生活的概念」とよびます）は、水のリアルな性質としっかり結びついています。しかし、このように体

状況的認知アプローチ
一九八〇年代中盤以降、さまざまな心理現象（記憶、推論、学習）を個人の頭の中で生じるものではなく、人々の関係のなかで生まれる現象として改めてとらえ直そうという運動が起こった。これを状況的認知（situated cognition）アプローチとよぶ。本稿で紹介しているヴィゴツキー理論をベースにしたさまざまな試みも、状況的認知アプローチという枠の中で展開したものである。

験に密着した理解を言葉で整理し表現することは困難です。一方、子どもは学校でも「水」について習います。すると水の定義や特性を言葉できちんと語ることができるようになります。このように言葉で論理的に整理したり操作したりできる理解をヴィゴツキーは、「科学的概念」とよびますが、それはたんなる言葉のうえでの理解、教師の言葉の反復にとどまる危険性があります。

生活的概念の「体験主義」と科学的概念の「言葉主義」は、それぞれが相手と結びつくことで克服できるとヴィゴツキーは考えました。生活的概念が科学的概念にリアルな世界の足場を与え、科学的概念が生活的概念を言葉で表現し、整理し、操作する可能性を開くわけです。

このようにヴィゴツキーは、由来が異なり性質の異なる複数の概念システムがお互いに支え合いながら新しい関係を生み出していくことを重視していました。彼にとってひとつの概念システムを自分のものにすることは出発点にすぎません。それが他の概念システムと出会うことこそが重要だったのです。

キャズデン[★4]のいう「創造的抵抗（creative resistance）」はこのようなプロセスが異文化間の学びのなかで展開した典型的な事例です。キャズデンはヴィゴツキーの理論と彼の同時代人の文学理論家バフチンの理論を結びつけながらこのアイデアを展開しました。

学習者は大学で論文作成に取り組んでいる黒人学生ザンです。彼は論文に通常使われる「アカデミックな」言い回しや用語に違和感をもっていました。「アカデミックな」言い回しや用語は、マジョリティである白人たちの言葉づかいだからです。彼は自分がこれまで使ってきた「黒人的な」言葉づかいを捨てて、「白人的な」言葉づかいを使うことに抵抗を感じていたわけです。そこでザンはアドバイザーの大学院生ジュディとともに、黒人である自分にとって違和感がなく、かつ、「学問的」でもあるような言葉を探すことにしました。

ザン　（自分のノートを読み上げる）われわれの権利や尊厳、あるいは他者のそれが脅かされた場合。われわれには必要ないかなる手段でも用いることのできる道義的権利があることに気づかなければならない。
ジュディ　必要ないかなる手段でも用いることのできる？
ザン　そう。
ジュディ　何をするために？　状況を変えるために？　勝ちとるために？　矯正するために（to redress）？
ザン　「事態を変化させるために」じゃ弱すぎるし、「矯正するために」というのは白人的すぎる。……のために……のために……終わらせるために……
ジュディ　いろいろ言ってみて、ザン。
ザン　（7ターン後）それに打ち勝ち（overcome）、やめさせるために（to stop）われわれはいかなる手段でも用いるであろう。
ジュディ　「打ち勝つ」それでいきましょう。

バフチン（Bakhtin, M. M.）
ヴィゴツキーと同じ時期にソビエトで活躍した文学理論家。彼は同じ言語（たとえばロシア語）を話す人々の間でも、立場や場面によってさまざまな語り方があることに注目し、現実生活はそうした多様な言葉が絡まり合い、ぶつかり合う「多声的」な世界であると考えた。バフチンの言語論はヴィゴツキーの考えと非常に近い部分があり、ワーチ（Wertsch, J.）など現代の研究者のなかにはこの二人を結びつける試みをしている人もいる。

マジョリティの文化に完全に同化してしまうのではなく、また自分が所属してきたマイノリティの文化にとどまり続けるのでもなく、両者の間に立ってお互いにとって意味のある新たな概念を探求すること。これがキャズデンのいう「創造的抵抗」です。これはたんに新たな概念を生み出す活動ではなく、簡単には結びつかない二つの異なる文化の間に自分たちをどのように位置づけるのかという、「アイデンティティ」の模索と構築のプロセスでもあります。共生教育における学びとは、このように複数の文化の「間に立ち」、それを「接続」することに向かう創造的な活動としてとらえることがそうです。

最近接発達領域

この事例でザンとジュディはすでに自分たちが接続する二つの文化が何であるかはっきり意識し（「アカデミック・白人的なマジョリティの世界」と「黒人的なマイノリティの世界」）、またそれを接続するために何をすればよいのかということも発見していました（「黒人として学問的に語る言葉を探す」）。しかし外国からやってきた子どもを目の前にしたときまず戸惑うのは、文化的背景の異なる子どもたちのどのような側面を、どのように結びつければよいのかわからないということです。もし教師がつなぐべき世界とつなぎ方を自分で勝手に設定してしまえば、「正解」のある世界にもどってしまいます。どうすればいいのでしょう。

ヴィゴツキー[★3]の「最近接発達領域（zone of proximal development：ＺＰＤ）」という

アイデアがヒントになります。子どもの発達の状態を理解しようとするとき、ふつうは子どもが自分の力だけでできることを見ます。子どもが「今」できることに注目するわけです。しかしヴィゴツキーは子どもの発達がどこに向かいつつあるのか、つまり発達の「近未来＝ＺＰＤ」を理解することが重要だと考えました。そしてそのためには子どもが一人でできることではなく、他の人と共同でできることに注目する必要があることを強調しました。というのもヴィゴツキーの理論に従えば、子どもと他者との共同のなかで生み出されたものこそが子ども個人の発達の基盤になるからです。

この立場にたつと、授業のとらえ方が大きく変わります。通常は教師が授業の目標をまず決めて、それに従って子どもに働きかけます。それに対してＺＰＤの発想では、教師はまず子どもに働きかけ、共同の関係をつくらなければなりません。そのような関係のなかではじめて子どもの発達の「近未来」が見えてきて、何を目標にすればよいかわかってくるからです。

共生教育は、まず子どもと教師、そして子どもたちどうしが共同の関係を模索することからスタートします。そしてそのなかから異なる複数の文化を接続する可能性を拾い上げ、広げていくことになります。たとえば「餃子づくり」の場合、まず中国の子どもと他の子どもがいっしょに餃子をつくるという場を設定し、それをできるだけ活性化することから授業が始まるわけです。そして、その共同作業のなかで中国の子どもたちと他の子どもたち、そして教師との接点が浮かび上がり、それが軸となって授業が展開していくわけです。

事前に何が接点になるか見えません。それをお互いに模索して具体的な形にしていくこと自体が共生教育のプロジェクトなのです。このとき教師は「正解」の提供者ではなく、子どもたちが自分たちの「近未来＝ZPD」を発見し具体化するプロジェクトの仕掛人になります。またこのプロジェクトのゴールは教師が用意した「正解」の再生産ではなく、それぞれの文化の「正解」の「間に立つ」ことを可能にする新しい概念の創造ということになるでしょう。

「正解」をはじめに設定するアプローチは必ず「同化教育」へ回帰します。したがって共生教育では「先が見えないなかでの探究活動」から出発することがどうしても必要になります。これは非常に困難なことです。しかし不可能ではありません。このようなタイプの先進的な実践もすでにいくつか存在しています。たとえば宇土[★5]が都内の小学校で取り組んだ「地球子供教室」は、「先が見えないなかでの探究活動」から出発する共生教育の試みとして非常に興味深いものになっています。外国からやってきた子たちのサポートを目的に設置されたこの教室には、パソコン、おもちゃ、ビデオ、各種資料などが雑然と置かれています。また教師である宇土のほかにもボランティアなどさまざまな人々がいます。この教室にやってきた子どもたち（外国人も日本人もいます）は、そうした多様な「仕掛け」に触発されて自然に言葉を発し会話します。地球子供教室では、場に触発された子どもたちのこのような発話を、日本語指導や子どもの共同的な創作・探求活動に結びつけることがめざされていました。

このような実践はたしかに徐々に増えてきています。しかし、現在の学校教育の枠組みそのものが「正解」のある学びを前提に組み立てられてきたこともあり、学校の中でこうした実践を進めることにはまだ多くの困難があります。共生教育の実現は、教室レベルで子どもの学びをどう生み出していくかという問題を超えて、じつは学校そのものの「学びのモデル」を組み換えていくことにも結びつくのです。そこに共生教育の困難と可能性が同時に存在しているのではないかと思います。

●推薦図書●

『ヴィゴツキーの方法―崩れと振動の心理学―』　高木光太郎（著）　金子書房　2001

ヴィゴツキーの理論をピアジェ（Piaget, J.）やロシア・アヴァンギャルドのアーティストなどの仕事と関連づけながら検討している。

『認知心理学5　学習と発達』　波多野誼余夫（編）　東京大学出版会　1996

この本の第2章，第9章で「人々の関係のなかで学習をとらえる」アプローチの基本的な考え方と1980年代以降の展開について解説している。

『岩波講座現代の教育3　授業と学習の転換』　佐伯　胖ほか（編）　岩波書店　1998

この本のⅡ-2「学びと対話」では外国からやってきた子どもに対して，教師が「正解」をもたずにかかわっていくことについて事例をもとに論じている。

『創造する対話力―多文化共生社会の航海術―』　川村千鶴子（著）　税務経理協会　2001

新宿で外国人とともにまちづくりに取り組んできた著者の多文化共生論。
学校教育という枠を超えて，「地域」「市民」といったより広い視点から共生の問題をとらえることができる。

『日本語教育学を学ぶ人のために』　青木直子ほか（編）　世界思想社　2001

本稿では外国からきた子どもの日本語の学習をめぐる問題については，ほとんどふれることができなかった。この本の第4章「状況的学習論の視点」では，日本語教育を人々の関係のなかでとらえようとする視点が示されているので参照してほしい。

●引用文献●

★1　文部科学省　2002　平成13年度日本語教育が必要な外国人児童・生徒の受入れ状況等に関する調査
★2　佐藤郡衛　2001　国際理解教育―多文化共生社会の学校づくり―　明石書店
★3　Vygotsky, L. S. 1934 *Myshlenie i Rech.*　柴田義松（訳）　2001　思考と言語　新読書社
★4　Cazden, C. B. 1993 Vygotsky, Hymes, and Bakhtin: From word to utterance and voice. In E. A. Forman, N. Minick, & C. A. Stone (Eds.), *Contexts for learning: Sociocultural dynamics in children's development*. New York: Oxford University Press.
★5　宇土泰寛　2000　地球号の子どもたち―宇宙船地球号と地球子供教室―　創友社

第5部

情報化社会の学びを考える

情報化社会という言葉が語られるようになったのは、それほど昔のことではありません。しかし、その比較的短い期間に、情報化社会は急速に発展しました。おそらく、この流れは今後さらに加速し、それほど遠くない将来には、世界中の学校がインターネットで結ばれる時代がやってくるでしょう。したがって、きたるべき本格的な情報化社会に生きる教師にとって、コンピュータをじょうずに使いこなすことは必須の技能になるに違いありません。しかし、それよりもさらにたいせつなことがあります。それは情報化社会の本質をしっかりと見抜くことです。

人類は太古の昔から情報伝達を行ってきましたが、情報伝達のためのメディアは、太古の昔に比べると飛躍的な進歩を遂げ、前世紀には情報を電波に乗せて運ぶという画期的な技術が開発されました。すなわち、ラジオやテレビの発明によって、情報を一瞬のうちに世界の隅々にまで伝えることが可能になったのです。このラジオやテレビの普及は、新聞、本、雑誌の普及と相まって、マスコミュニケーション（マスコミ）の社会を生み出しました。しかし、「マスコミ社会」＝「情報化社会」ではありません。なぜなら、コンピュータの普及が情報伝達の様式を根本的に変えてしまったからです。では、マスコミ社会と情報化社会とでは、情報伝達の様式がどのように違っているのでしょうか。じつはこの点にこそ、情報化社会の本質を見抜くための重要な鍵が隠されているのです。

情報化社会の情報伝達の特徴は「双方向性」です。つまり、情報化社会では、世界中のどこからでも情報の発信と受信ができます。これに対しマスコミ社会では、情報は一方向へしか流れません。情報の発信ができるのは新聞社や放送局に関係する少数の人々で、その他大勢の人々は、ただ電波や活字によって送られてくる情報を受信するだけなのです。

情報伝達の様式が一方向から双方向へと変われば、それに伴って学びの様式も変わるべきです。ところが、今なお多くの学校では、教師が子どもたちに一定の知識を教え込むという形の学習指導がなされています。しかし、そうした教師主導型の学習指導によっては、情報化社会で求められている「主体的に生きる力としての学力」、すなわち自己教育力の育成は望めません。なぜなら、そのような知識伝達型の学習指導のもとでの学習活動は、教師から与えられる知識を一方的に吸収するだけの受動的なものになりがちだからです。

この受動的学力とは、換言すれば「情報受信型」の学力です。たとえば外国語教育の場合を考えてみましょう。日本の外国語教育では、伝統的に「読む力」「書く力」「聞く力」「話す力」のうち、とくに「読む力」に重点を置いた学習指導がなされてきました。しかし、このような学習指導では、理解中心の「情報受信型」の語学力しか育ちません。これに対し、これからの外国語教育に求められているのは、諸外国の文化を理解するだけでなく、自分の考えや意見を外国人に伝えることのできる国際コミュニケーション能力としての語学力です。つまり、「理解」中心の「情報受信型」の語学力だけでなく、「表現」も重視する「情報発信型」の語学力の育成が求められているのです。そして、このことはけっして外国語教育にかぎったことではありません。他の教科の学習指導においても、同様に情報発信型の学力の育成が重視されるべきです。なぜなら、これからの情報化社会では、情報を発信することの重要性が、ますます高まってくると考えられるからです。

情報の発信は、情報処理過程の最後のステップであると同時に、次のステップの始まりでもあります。つまり、ある人が発信した情報は他者に受信され、次の情報処理過程の第一ステップが始まるのです。このようにして情報の受信・発信のサイクルが次々と網の目のようにつながって、情報化社会のネットワークが形成されます。このネットワークは、いわば情報化社会という生命体のライフラインです。つまり、このライフラインに沿って情報というエネルギーが伝達されることによって、はじめて情報化社会の生命活動が維持されるのです。このように考えると、情報の発信が情報化社会にとっていかに重要であるかがわかるでしょう。もし仮に情報を発信する人が一人もいなくなれば、それは情報化社会という生命体の死を意味しているのです。

教室も小さいながらもひとつの情報化社会です。したがって、一人ひとりの子どもたちの伸びやかな表現活動によって、この小さな情報化社会の生命活動が維持されます。では、そうした情報化社会での学びはいかにあるべきなのでしょうか。第5部では、四人の論者の提言を手がかりにして、この問題について考えてみることにしましょう。

インターネット情報検索とメタ認知

―情報化社会に生きる力を育成するために

吉岡敦子

最近、自分たちの学校のホームページをつくり、教育目標や授業内容を紹介している学校がふえています。それらのホームページを見てみると、どの学校においても、「コンピュータやインターネットなどの情報通信ネットワークの基本的操作技術を習得すること」や「コンピュータやインターネットを情報手段として主体的に活用すること」などが、情報教育の主要な目標とされているようです。それではなぜ、これらが教育目標として掲げられるようになったのでしょうか。そのことを説明するために、最初にわが国の情報教育の歴史を簡単にふり返っておくことにしましょう。

情報教育のこれまでの経緯

情報教育のねらい

情報化社会に備えた情報教育の必要性が本格的に議論されたのは、一九八四年九月から一九八七年八月にかけて開催された臨時教育審議会においてでした。そのとき情報や情報

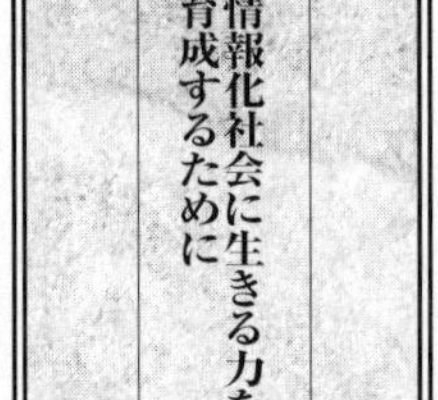

●執筆者プロフィール●
①広島県
②シラキュース大学大学院情報学科図書館学専攻修士課程修了
③東洋大学文学部講師
④認知心理学・図書館情報学
⑤メタ認知について研究をするようになって、学びは自分の中にあるのだと感じています。経験したことを学びにできない、気づきを学びにしない、こんなことばかりくり返している今の私に必要なことは、自分と語らうことのような気がします。
①出身②経歴③現在④専門⑤「学び」について思うこと

手段を適切に活用する能力が「読み・書き・算盤」に並ぶ必須技能と位置づけられ、初等中等教育において「情報活用能力」を育成していくことが教育目標に掲げられました。また、「情報活用能力」の内容については、一九九一年に「情報教育に関する手引[★1]」が公表されましたが、その後、私たちの日常生活のなかで情報や情報機器が果たす役割が日増しに高まり、その内容が見直されて、一九九七年十月の「情報化の進展に対応した初等中等教育における情報教育の推進に関する調査研究協力者会議」第一次報告の「体系的な情報教育の実施について[★2]」のなかで、次の三つの能力として定義されました。それは、「情報活用の実践力」「情報の科学的な理解」「情報社会に参画する態度」[注)]の三つです。これら三つの能力の育成を柱として、現在の情報教育が行われています。以上の説明で明らかなように、現在の情報教育のねらいは、即効的に役立つスキルを育成することではなく、情報化社会の将来を展望し、生涯学習社会を見据えたうえでの「生きる力」を育成することなのです。

情報教育の現状

それでは、現在の情報教育において、情報化社会に生きる力が適切に育成されているのでしょうか。情報教育は、中学校における技術・家庭の「情報とコンピュータ」や高等学校における「情報」の科目、「総合的な学習の時間」や各教科の活動のなかで行われています。これらの授業での活動をまとめてみると、インターネットやデータベースを通して情報を収集し、コンピュータを利用して情報を分析・編集して新しい情報として発信する

注）「情報活用の実践力」「情報の科学的な理解」「情報社会に参画する態度」の内容は、以下のとおりである。
（1）課題や目的に応じて情報手段を適切に活用することを含めて、必要な情報を主体的に収集・判断・表現・処理・創造し、受け手の状況などを踏まえて発信・伝達できる能力（情報活用の実践力）
（2）情報活用の基礎となる情報手段の特性の理解と、情報を適切に扱ったり、自らの情報活用を評価・改善するための基礎的な理論や方法の理解（情報の科学的な理解）
（3）社会生活の中で情報や情報手段が果たしている役割や及ぼしている影響を理解し、情報モラルの必要性や情報に対する責任について考え、望ましい情報社会の創造に参画しようとする態度（情報社会に参画する態度）

こと、といえるでしょう。しかし、この一連の活動だけでは、さまざまな技術を体験したにとどまり、生きる力としての基礎的な資質が獲得されたとはいえないと思われます。学習を体験レベルから知恵のレベルに高め、真の実践力にするためには、「情報という概念の本質、および、情報を創り出し、伝え、解釈するという人間の情報処理のメカニズムに関する基礎知識」[★3]を培う必要があります。情報活用能力の一つである「情報の科学的な理解」は、このような基礎的理論の理解を意味しているのですが、実際には、人間の情報処理のメカニズムや思考・記憶といった認知的特性についての指導はほとんどなされていないように思われます。したがって、これからの情報教育に求められることは、子どもたちが「情報の科学的理解」を深め、それを実践活動を通して知恵として定着させるように指導することだといえるでしょう。

インターネット情報検索とメタ認知

メタ認知の重要性

一九七〇年代初頭のフラーベル（Flavell）やブラウン（Brown）の研究が契機となって、「メタ認知」という概念が認知心理学の世界に初めて登場しました。フラーベル[★4]によると、メタ認知とは、「思考について思考する能力」、つまり「自分の認知過程についての認知」とされています。また、メタ認知には、メタ認知的知識とメタ認知的行動とがあります。このうちのメタ認知的知識は「自分の認知傾向、課題の性質が認知に及ぼす影響、方略の有効性などについての知識」のことをさし、メタ認知的行動は「認知プロセスをモニタリングしたりコントロールする行動」のことをさします。

ところで、情報検索では、検索目的にふさわしい検索計画を立てたあとに、適切なシステムやキーワードを選び、検索演算式を使って検索を行い、検索した情報が検索目的に合致しているかどうかを判断する、という一連の認知活動によって成立しています。つまり、情報検索の過程は、問題解決過程にほかならず、その過程には、メタ認知的知識と、プランニング・モニタリング・コントロールなどのメタ認知的行動が組み込まれているのです。しかも、インターネットは、リンクでつながれた複雑な構造をしており、そこには多種多様な情報が氾濫しています。インターネットは、いわば情報のジャングルなのです。そのため、インターネットを通じて効率的に情報を検索したり、検索した情報が役に立つ情報であるかどうかを評価することは、かなりの認知的負荷がかかる作業であり、高度なメタ認知能力が要求されます。そのことは、多くの情報検索者（とくに初心者）が、インターネットで情報検索している途中で、それまでの検索過程を忘れてしまったり、非効率的な検索行動をくり返したりすることからも明らかです。

実験研究の紹介

ここで、メタ認知がインターネット情報検索においていかに重要であるかを、筆者が行った実験を例にあげて説明してみることにしましょう。この実験[★5]では、大学生の被験者に、サーチエンジンのヤフー・ジャパンを使って情報検索を行ってもらいました。彼らは最初に独力で検索を行い、そのあとに実験者が与えるメタ認知過程を意識化させる質問に答えながら検索をしました。そして最後にもう一度、独力で検索をしました。その結果、「質問によってメタ認知過程が意識化されて検索が効率的になったグループ」「意識化されずに検索が非効率的なままだったグループ」「もともと意識化されて検索を効率的に行ったグループ」の三つのグループに分かれました。メタ認知過程が意識化されて検索が効率的になったグループは、立て続けに同じキーワードを入力したり、とりあえずホームページを開けてみるといった無意味な行動が減少し、検索過程を注意深くふり返るモニタリングと、検索計画を立てて必要に応じて修正するプランニングが増加しました。また、別の研究[★6]では、メタ認知過程を意識化させることで、サーチエンジンのホームページリスト[★7]（図5-1参照）から自分がさがしている情報が記載されているであろうホームページを的確に予想することが可能になりました。つまり、メタ認知過程を意識化させることで、インターネットの複雑な構造や多種多様な情報に翻弄されることなく、効率的かつ的確に情報検索や情報評価を行うことが可能になったのです。しかし、十分にメタ認知過程を意識化できない被験者がいたことからも明らかなように、メタ認知過程を意識させた検索行動を定着させるのは、とてもむずかしいことがわかります。

検索演算式
andやorを使ってキーワードを組み替える方法。

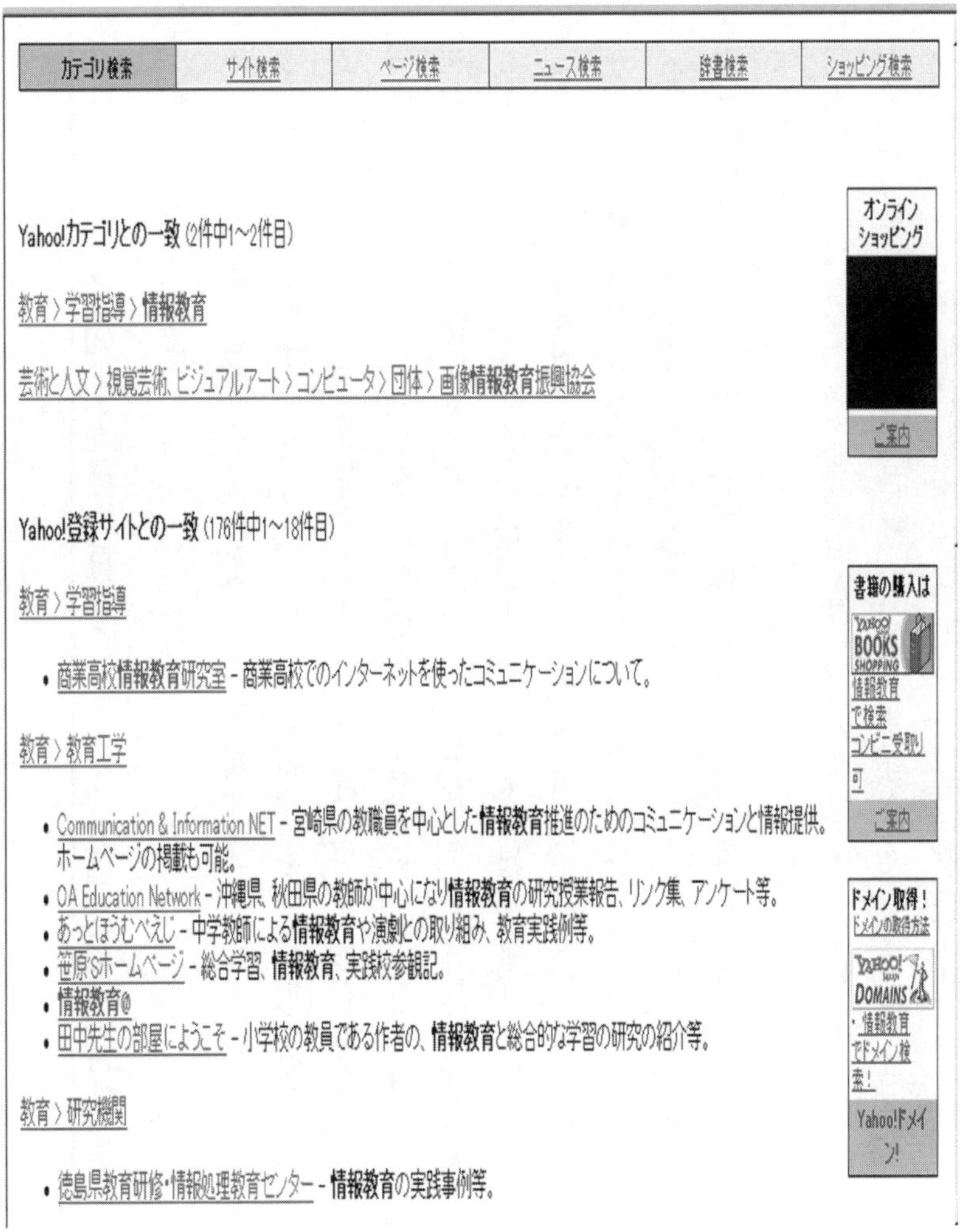

図５－１　Yahoo！JAPANのホームページリスト

メタ認知能力を身につけたインターネット情報検索者の育成方法

考えられる育成方法

　それでは、メタ認知能力を身につけたインターネット情報検索者を育成するためには、どのような指導法が効果的なのでしょうか。一般にメタ認知能力を高める指導法として、他者が支援者として学習に参加する方法があります。たとえば、市川[★8,★9]が提唱し推進している認知カウンセリングは、学習や理解などに認知的な問題をかかえている学習者に対して、個別に相談にのり、指導や援助を与えて、自立した学習者を育てることを目的としています。そこで、この認知カウンセリングの技法はインターネット情報検索者の育成にも適していると考え、筆者の研究に取り入れてみました（その研究内容については後述します）。そのほかにもメタ認知能力を育成するためのさまざまな指導法が提案・実践されているようです。それはたとえば、相互教授法[★10]や手続き促進法[★11]などです。これらの指導法に共通している点は、「足場づくり」「モデリング」「相互学習」の三つの活動が学習指導に取り入れられていることです。

　では、これら三つの活動を、メタ認知能力を身につけたインターネット情報検索者を育成するための指導法に取り入れる場合には、どのような方法が考えられるのでしょうか。まず、効率的なインターネット情報検索に必要となるメタ認知活動を教示することが効果的な「足場づくり」になるでしょう。また、情報検索のエキスパートがモデルとなってメタ認知活動の模範を示すことも、有効な指導法になるでしょう。さらに、相互学習での学びの交流を通して、検索者がお互いのメタ認知活動を高め合うことができるのではないでしょうか。しかし、どのような方法を用いるにしても、インターネット情報検索で必要となるメタ認知活動とは何なのかを明らかにしておく必要があります。

育成のむずかしさ

メタ認知能力を獲得することは、それほど容易なことではありません。筆者が行った実験の場合には、一～二回の教示や練習では、すでに確立されている非効率的な検索方略を修正することはできず、少なくとも五回以上の教示と訓練を重ねなければ、練習の効果はほとんど現れませんでした。また、メタ認知能力を定着させるためには、学習者の内的・心的な変化を促すような創意工夫も必要です。無藤ら[★12]は、メタ認知能力を促進するための働きかけとして、次の四つを提案しています。第一は、学習者に実感のある感動体験をさせること、第二は、学習者を課題に夢中にさせること、第三は、学習者が体験したことから気づきを自覚化させること、第四は、学習者が自分の内に起こった疑問や変化と対話することです。このようにメタ認知能力の育成には、時間や工夫が必要となるため、教育実践の現場で実際にメタ認知能力を育成することは、けっして容易ではないのです。

事例研究の紹介

最後に、メタ認知能力を身につけたインターネット情報検索者を育成する試みとして、

認知カウンセリングの技法
次のようなものがある。自己診断：自分に適した検索方略を知っているかどうか、わかっていることやわかっていないことが自覚できているかどうかを内省する。教訓帰納：問題解決過程をふり返ったり、失敗や間違いを分析する。仮想的教示：概念や方法を知らない人にわかるように説明する。

筆者が行った事例研究を紹介しておきます。この研究では、二人の大学生に、メタ認知過程を意識化させる教示を受けながらヤフー（Yahoo!）で情報検索をしてもらい、その後、検索過程と認知過程を自己内省するために、認知カウンセリングの技法である自己診断、教訓帰納、仮想的教示に関するレポートを書いてもらいました。そして、このような手順の訓練を、一か月間にわたって七回くり返しました。また、レポートを書くかわりに、教示を受けながら二回の検索を行う二人の大学生のグループと、教示もレポートもなく独力で検索を行う二人の大学生のグループを加えて、三つのグループ間の比較をしました。なお、この研究では、「総合的な学習の時間」でのテーマ学習のために情報検索を行う場合を想定し、図5‐2のような課題を用いました。

この研究の主要な結果が表5‐1に示されています。この表から明らかなように、自己内省するためのレポートを書いたグループは、そうでないグループよりも、多くのメタ認知活動を行いました。とくに、自分がもっている検索方略がどのようなものかに気づくというメタ認知活動がきっかけとなって、他のメタ認知活動も行うようになりました。また、新しいことに挑戦するとか、自らを動機づけるというような内省報告もなされており、学んだり成長することに楽しみを見いだして積極的に訓練に取り組んでいるようすがうかがえます。一方、教示を受けたグループでは、レポートを書いたグループほどにはメタ認知活動が行われませんでした。しかし、もっと適切な教示がなされていれば、レポートを書いたグループに匹敵するような効果が得られたのかもしれません。これに対し、自力で検

「小学高学年生の総合的な学習の時間で，話をすることになりました。話題は，“障害をもったひとたちに私たちができること”です。話す時間は，20分です。

下調べのためにインターネットで情報をさがすと仮定してください。」

図5‐2　実験に準備した課題

索したグループの場合には、ほとんどメタ認知活動が行われず、自分の検索が非効率的だと気づいても、検索方法の改善がなされませんでした。以上の結果から、レポートを書かせることによって自己内省の機会を与えることは、メタ認知能力を身につけたインターネット情報検索者を育成するための有効な指導法の一つだといえるのではないでしょうか。

以上に紹介した筆者の研究は、インターネット情報検索で必要となるメタ認知活動は何なのかを明らかにし、その育成方法の開発を試みた、ささやかな取り組みの第一歩に過ぎません。メタ認知が、情報化社会に生きる能力の一つとしていかに有効であるか、そして、その能力の育成方法を究明するためには、認知心理学の理論と研究手法を用いて、より詳細な研究を重ねる必要があります。

おわりに

「情報活用能力」を、あらゆる人が日常生活を送る

表５‐１　インターネット情報検索過程におけるメタ認知活動の比較

	グループ		
	レポート	教示	自力
検索方略に関するメタ認知活動			
①とりあえずキーワードを入力する	○	○	○
②課題に対する既有知識を利用する	○	○	○
③アウトラインやキーワードを考えて検索過程をプランニングする	○	○	○
④Yahoo!上の情報を利用してターニングポイントとする	○	×	×
⑤検索方略をモニタリングする	○	○	○
⑥今回の検索の改善策を考える	○	○	×
⑦新たな検索方略を見つける	○	×	×
認知過程に関するメタ認知活動			
①自己教育力を促す	○	○	×
②既有の検索方略に気づく	○	×	×
③認知過程をふり返る	○	×	×
④余裕をもつ	○	×	×

うえで欠かすことのできない能力として育成することが、情報教育の始まりでした。しかし、本来の「情報活用能力」とは、たんなるスキルではなく、めまぐるしく進展する情報化社会に適応し、さまざまな情報や情報手段に翻弄されることのない基礎的かつ広汎な能力です。このような情報教育の本来の目標を見失わないためには、これからの社会・科学・技術の進展を見据えて、生きるために身につけるべき能力とは何なのかを常に認識したうえで、情報教育に取り組んでいく必要があるでしょう。

今までのところ、情報検索過程における認知面について明らかにされているのは、検索者の感情の変化についてである。それは、情報検索行動モデルの中で明らかにされた。代表的な情報検索行動モデルの一つは、クーサー[★13★14★15]（Kuhlthau,C.）が、大学生・高校生を対象に調査を行った"Information Search Process"である。Initiation, Selection, Exploration, Formulation, Collection, Presentationという六つの検索過程で生じる感情の変化は、次のようにまとめることができる。検索を始めた段階では情報源や検索システムに対する知識や経験のなさから確信の度合いが低いが、検索を進めて仮説を立てる段階になると、情報と自分の知識を合致させることができるようになり確信が増し混乱が減少する。成功する検索者は、この段階をターニングポイントとして、何が解決すべき問題なのかを焦点化することができる。

●推薦図書●

『21世紀を拓く教育の方法・技術』　森　敏昭（編）　協同出版　2001

学習指導の理論が，理解・思考・表現など広範な見地からわかりやすく説明されている。それに加え，これらの理論を各教科教育に生かすための実践方法が示唆されている。教育実践の現実に即して書かれているため，今教育がかかえている問題がわかり，興味深く読み進めることができる。

Journal of the American Society for Information Science and Technology　(JASIST)　American Society for Information Science and Technology Maryland, U.S.A.

図書館学，情報学，情報教育，情報工学と広範な領域をカバーする専門誌である。情報やシステムを利用者の立場から考えるという趣旨に立っている点に特徴がある。認知心理学的知見は十分に検討されているとはいいがたいが，インターネット情報検索における認知的側面について，少しずつ研究が発表されている。

●引用文献●

★1　文部省　1991　情報操作に関する手引　ぎょうせい

★2　情報化の進展に対応した初等中等教育における情報教育の推進等に関する調査研究　協力者会議・第一次報告　1997　「体系的な情報教育の実施に向けて」　文部省

★3　三宮真智子　1995　人間の情報処理と情報教育　永野和男（編）　発信する子どもたちを育てるこれからの情報教育―「情報を見抜く力」「情報を処理する知恵」の育成を目指して―　高陵社書店　Pp.15-28.

★4　Flavell，J.H. 1979 Metacognition and cognitive monitoring : A new area of cognitive-developmental inquiry. *American Psychologist,* **34**(10), 906-911. 木下芳子（訳）　1981　メタ認知と認知的モニタリング　波多野誼余夫（監訳）　現代児童心理学 3　子どもの知的発達　金子書房

★5　吉岡敦子　2002　インターネット情報検索行動に及ぼすメタ認知過程の意識化の効果　日本教育工学会論文誌, **26**(1), 1-10.

★6　吉岡敦子　2002　インターネット情報検索行動に及ぼすメタ認知過程の意識化の効果　教育情報研究, **17**(3), 45-56.

★7　http://www.yahoo.co.jp/

★8　市川伸一　1998　認知カウンセリングから見た学習方法の相談と指導　ブレーン企画

★9　市川伸一　1993　学習をささえる認知カウンセリング―心理学と教育の新たな接点―　ブレーン企画

★10　Palinscar, A.S. & Brown, A.L. 1984 Reciprocal teaching of comprehension monitoring activities. *Cognition and Instruction*, **1**, 117-175.

★11　Scardamalia, M., Bereiter, C., & Steinbach, R. 1984 Teachability of reflective in written composition. *Cognitive Science*, **8**, 172-190.

★12　無藤　隆・藤崎真知代・市川伸一　1991　教育心理学　有斐閣

★13　Kuhlthau, C. 1988 Developing a model of the library search process: cognitive and affective aspects. *RQ*, **28**, 32-242.

★14　Kuhlthau, C. 1990 Validating a Model of the Search Process: A Comparison of Academic, Public and School Library Users. *Library and Infomation Science Research*, **12**, 5-31.

★15　Kuhlthau, C. 1991 Inside the search process: information seeking from user' s perspective. *Journal of the American Society for Information Science*, **42**, 361-371.

幼児期のコンピュータ利用から見えてくるもの

―コンピュータ利用における三つの対立点

深田昭三

本稿では、コンピュータを使って幼稚園や保育所の子どもたちを教育することについて考えてみます、と切り出すと、なんてことを言い出すのだと思われる方も多いでしょう。しっかり遊んで実体験をじっくり積み上げるべき幼児期に、なにもコンピュータの前に座らせてマウスをいじらせておくことはないじゃないか。室内に閉じこもってスクリーンに向かうのではなく、外でどろんこになって遊ぶのが幼児期の子どもというものだ。たしかにそうです。では他のメディアたとえばテレビはどうでしょう。小さい子がNHKで放映している「おかあさんといっしょ」を見るのも、室内でメディアと接している点ではコンピュータと同じはずですが、さほど問題視されることはないように思います。それでは絵本はどうでしょう。園の先生や保護者が子どもに絵本を読んであげることも、室内で絵本というメディアに接しているという点をとらえれば、コンピュータやテレビとなんら変わりはありません。しかし、絵本はおおいに推奨されていますし、絵本など読まずに外でどろんこで遊ぶべきだとはいわれません。このように、コンピュータ、テレビ、絵本という

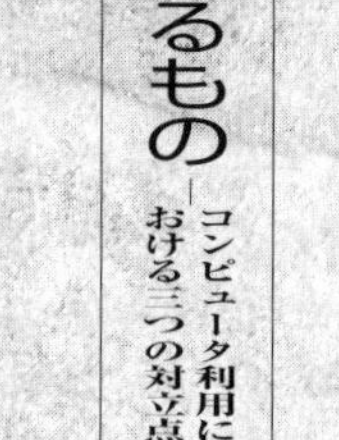

●執筆者プロフィール●
①島根県
②広島大学教育学研究科博士課程後期単位取得退学
③愛媛大学教育学部教授
④幼児心理学
⑤幼稚園に通いだして十年近くになるでしょうか。幼稚園では「学び」が正面きって論じられることは少ないのですが、子どもたちを観察していると、幼稚園の毎日が学びの連続であることがわかります。どうやってその学びを引き出す環境をつくるのか、環境を通しての保育はあまりにも語られすぎているフレーズですが、なかなかむずかしい課題です。

①出身②経歴③現在④専門⑤「学び」について思うこと

メディアの違いによって、受け取られ方に大きな違いがあるようです。このことから、単純に室内でメディアに接しているから望ましくないとは判断できない、ややこしい問題であることがわかるでしょう。

第一レベルの対立点―否定論か肯定論か

まずはじめに、幼児教育の現場では、どの程度コンピュータが導入されているのかをみてみましょう。小平と高橋★1によると、近年幼稚園・保育所でのパソコン導入率は急上昇しているようです。二〇〇〇年現在で幼稚園の四九・二%、保育所の四七・〇%にコンピュータが導入されていますが、一九九八年から二〇〇〇年のたったの二年間で二〇ポイントも上昇しています。小学校への普及状況と比べると約十年の時差がありますが、これからしだいに幼稚園・保育所にコンピュータが置かれている光景もあたりまえになっていくことでしょう。ところが、これらのコンピュータのほとんどは保育者が事務作業で使うためのものです。幼児のパソコン利用をしている園にかぎると、五%にも達しません（幼稚園四・四%、保育所一・六%）。

最初にも述べたように、今のところ保育界では子どもにコンピュータを使わせることには、アレルギーと言ってもいいほど強い拒否感情があります。たとえば「コンピュータは人と人との関係を遮断し、子どもの社会性を阻害してしまう」「実体験が必要な幼児期では、コンピュータの疑似体験は子どもに悪影響を与える」「コンピュータのような機械は、

「目に悪いのではないか」「外遊びを減らしてしまい運動が不足するのではないか」など健康面を心配する意見も根強くあります。要するに、幼児期でのコンピュータの導入は時期尚早であり、それでも幼稚園にコンピュータを導入している園があるのは、園児集めの手段としてなのだというわけです。

幼稚園・保育所の保育者に対してパソコン利用に対する姿勢を聞いた調査でも[★1]、半数弱（幼稚園四五・二％、保育所四八・三％）の保育者は、「幼児期には、ほかに重要な教育があり、パソコンを用いた活動まで行う必要はない」と答え、「パソコン関連機器、保育者自身のパソコン学習などの条件が整った段階で幼児のパソコン利用を検討したい」という答え（幼稚園二六・〇％、保育所一五・六％）を圧倒しています。しかし、これらの結果は、コンピュータ利用の具体的イメージがないことがその一因かもしれません。幼稚園教論のパソコン経験度を調べた鷲尾[★4]によると、パソコンを日常的に、あるいはたまに使う人を合わせても二五％にしかならず、まったく経験のない人が四八％にものぼります。幼児向けソフトを使ったことがある人にいたっては、たったの八％なのです。

一方、幼児教育界を一歩離れると、感情的反対論とまったく逆の、幼児期にコンピュータを使うことをもてはやす傾向もみられます。たとえばマスコミでは、コンピュータを使いこなす幼児が、新たなデジタル・キッズやコンピュータ・キッズの登場として華々しく描かれることも少なくありません[★5]。また、コンピュータを導入している園が「先進的」な取り組みを行っている園として紹介されることもあります[★6]。以上述べてきたコンピュータ保育否定論とコンピュータ保育肯定論は、表面的にはまったく正反対のように思えます。これを第一の対立点としておきましょう。

コンピュータ保育否定論の主張は、一見もっともに見えますが、よく考えてみるとおかしなところがあります。たとえば、「コンピュータは人と人との関係を遮断し、子どもの社会性を阻害してしまう」といわれますが、そのことを示す確たる証拠はありません（社会性を促進するという証拠はあります）。「実体験が必要な幼児期では、コンピュータの疑似体験は子どもに悪影響を与える」に関しては、冒頭に述べた絵本の例のように、疑似体験だからすべて悪いと決めつけるわけにはいきません。「コンピュータのような機械は、幼児期に必要な自然体験とは相入れない」といっても、これだけ機械に取り囲まれ、よちよち歩きのころからビデオデッキの使い方をマスターする現代生活で、園環境だけを機械から切り離したところで意味があるとは思えませんし、機械を使ったから自然体験ができなくなるわけでもありません。

また、コンピュータ保育肯定論の主張にもおかしなところがあります。お絵かきソフトを週に一度ぐらい試してみたぐらいでサイバー・キッズになるはずはないし、知能がすばらしく開発されるはずもありません。コンピュータにふれることと、コンピュータ漬けにすることとの間には、大きなそして決定的な違いがあるのですが、コンピュータ保育否定論・肯定論の両者とも、子どもがコンピュータにふれることの効果を大げさに考えすぎている点で共通しているようです。

もっといえば、両者の共通点は、コンピュータにふれることの効果を、コンピュータに対するイメージから引き出していることではないでしょうか。コンピュータの冷徹で機械的なイメージや、非人間的で非社交的なイメージに着目すれば、コンピュータ保育否定論になるでしょうし、コンピュータの現代的で先進的なイメージに着目すれば、コンピュータ保育歓迎論になるというわけです。しかし、いずれの立場にも欠けているのは、現実にコンピュータにふれている子どもたちの姿であり、コンピュータにふれることでどのような効果が現れるのかを実証的に調べてみようとする態度です。

第二レベルの対立点—保育者主導か子ども中心か

コンピュータを使った保育は、数少ないとはいえ、各地の園で取り組まれてきました。割合よく行われている例は、外部の講師がきて、コンピュータ・ルームで子どもたちにキッドピクスなどのソフトウェアの使い方を教える形態です。いわば特設保育のひとつとしてコンピュータを使わせるわけです（このような園でフィールドワークを行った中坪★7の研究があります）。外部講師が指導しますので、保育者がコンピュータを知らなくてもだいじょうぶですし、親もちゃんとした先生に教えてもらっているという安心感があるかもしれません。また、高価なコンピュータが簡単に壊れてはいけないので、コンピュータ・ルームも時間を決めて利用することが多いようです。

しかし、こういった特設保育としての利用のしかたではなく、保育室にコンピュータを置き、好きなときに使えるようにする、つまり自由な遊びの遊具のひとつとしてコンピュータを位置づけるようなアプローチもあります。このような実践の結果、一部のゲーム性の高いソフトウェアを除き、コンピュータのとりこになって他の重要な活動に目が向かなくなるという心配はないことがわかりました。つまり、一時の熱狂がさめてしまえば、子どもたちはさほどコンピュータべったりにはならないのです。[★8]そのうえ、「コンピュータは人と人との関係を遮断し、子どもの社会性を阻害してしまう」どころか、他の子どものようすを観察したり、子どもどうしで教え合ったり、トラブルの発生からルールづくりをしたりするなど、子どもどうしの相互作用が高まったり、[★9]コンピュータ表現を媒介にして、友だちとのかかわりが促進されたり[★10][★11][★12]します。また、コンピュータで想像力、表現力が高まる[★13]こともくり返し見いだされています。紙とクレヨンでの表現は苦手な子どもが、コンピュータでは表現できること[★14]だってあるのです。そしてコンピュータでの体験を、ほかの遊びにつなげていくことも可能です。[★8]ひとくくりにするのは少し乱暴かもしれませんが、ここでは自由な遊びの遊具のひとつとしてコンピュータを位置づけるこれらの考え方やアプローチをまとめて「コンピュータ遊具論」としておきましょう。

「特設保育で行うコンピュータ教育」が保育者主導だとすれば、「コンピュータ遊具論」でのコンピュータの位置づけは、子ども中心的だということができるでしょう。この対立を第二レベルの対立としておきます。

ここで少し視点を変えて、幼児教育に大幅にコンピュータが取り入れられているアメリカでの事情をみてみたいと思います。アメリカの幼児教育界では最も影響力のあるNAEYC（全米乳幼児教育協会）は、一九九六年に「テクノロジーと子どもたち―三歳から八歳まで」という立場表明★15（position statement）を採択しました。この立場表明とコンピュータ遊具論とは、多くの共通点をもっています。たとえば、①コンピュータ利用は自由な遊びのなかのひとつの選択肢としてとらえること、②子どもたちの自主性を尊重すること、③コンピュータをとりまく子どもと子どもとの関係を重視すること、そして④コンピュータを他の遊びのなかに統合することなどです。つまり「コンピュータ遊具論」もNAEYCの立場も、どちらも子ども中心の立場に立っているといっていいと思います。

しかし、日本のコンピュータ遊具論では注目されていない点もあげられています。たとえば保育者が、発達に適切なソフトウェアをきちんと評価し選択する力をつけることの重要性を説いています。また、性、人種、社会階層における公平性の問題、いわゆるデジタル・デバイドの問題も大きな問題で、幼児期から不利になりがちな側（たとえば女の子）にはより積極的に利用を勧めるといった是正策を推奨しています。また、テクノロジーに関する保育者教育にも力点が置かれています。アメリカではコンピュータを幼児教育に導入するかどうかは、すでに問題にはなっておらず、コンピュータが家庭でも園でもすでに普及している前提のうえで、利益を最大に、不利益を最小にするにはどうしたらいいかが議論の焦点になっているのです。

ここで少し注目したいのは、コンピュータが子どものどんな能力を伸ばすのかに関する

NAEYC（National Association for the Education of Young Children：全米乳幼児教育協会）
一九二六年に設立された、アメリカの幼児教育関係者（保育者、教師、教員養成校教師など）による職能団体。〇歳から小学校3年生までの子どもの教育をカバーする、会員数、十万人を超える巨大組織で、アメリカの幼児教育に関して大きな影響力をもつ。

議論です。コンピュータ遊具論では、当然ながらコンピュータは子どもが遊ぶ道具のひとつなのだと考えますが、アメリカではコンピュータで子どもが学習するという点を強調します（ホーグランド★16など）。コンピュータ遊具論では、コンピュータが社会性や創造性を伸ばすことに着目しますが、アメリカではそれに加えて認知的能力を伸ばすことを強調します。このあたりの違いは、テレビでいえば「おかあさんといっしょ」と「セサミ・ストリート」の違いによく似ているように思います。両方とも幼児向けの番組ですが、後者はテレビを通しての学習、とりわけ知的な能力を伸ばすという点に大きな比重を置いています。

ここに、アメリカとは違って日本でなかなかコンピュータが保育に導入されにくい理由が隠されているようにも思います。コンピュータを導入するには、多額のコストが必要とされます。たんにコンピュータやソフトウェアの購入費用だけではなく、維持・管理費も必要ですし、保育者の教育も必要です。大きなコストがかかる以上は、現在の保育で達成できていないところを伸ばせるといった利点がなければ、導入しようという気運はもりあがりません。たしかに「コンピュータ遊具論」では、コンピュータを使っても、子ども中心的であり、子どもたちに社会性や創造性の面でよい影響を与える保育が可能であることを示しました。しかし、それが他の伝統的な保育形態で不可能かというと、そうとも言い切れません。結局のところ、コンピュータ保育ならではのウリ、つまり幼児期におけるコンピュータ・リテラシーの形成や、コンピュータを通した幼児の知的能力の育成といった点が、日本の幼児教育では現在のところさほど切実には求められてはいないようです。そのことが日本では、保育にコンピュータが導入されにくい原因なのかもしれません。

第三レベルの対立点──大人の目線と子どもの目線

ＮＡＥＹＣの立場表明やそれを支持する人たちの論文を読んでいると、あらゆることに目配りがなされていてすばらしいなと思いつつも、なんとなく違和感も覚えます。たしかに子ども中心的な考え方に沿っていますし、学習効果も立証され、学習を促進するソフトウェアの評価もさかんに行われています。しかし、何か子どもたちが学習させられる客体のように見えてしかたありません。つまり大人の目線からコンピュータ利用を考えて、これこれのソフトウェアを使うと、しかじかの学習効果が上がるといっているように見えるのです。

これとは全然違い、コンピュータがじつにさりげなく利用されている例を見たことがあります。それは、かつて広島の幼稚園で見た光景です。そこには、マウスもハードディスクもないとても旧式のコンピュータが置かれていました。キーボードを打てば、文字が出てくるだけのしろものです（スイッチを押すとROM-BASICが使えるのです）。それでも、子どもたちは寄ってきて、バチャバチャとキーを押すと文字が画面に出てくる、それだけでも満足なのです。そのうち年月が過ぎるとともにキーボードのキャップもしだいになくなり引退しました。このさほどおもしろいとはいえそうもない無愛想なコンピュータでも、こう打ったら何が出てくるだろうという、子どもたちの探究心に満ちた姿で向かうようすが心に残っています。コンピュータ・リテラシーの形成をねらったわけでもなく、また知

コンピュータ・リテラシー　リテラシー（literacy）は読み書きの能力のことをさすが、これと同じようにコンピュータを自由に取り扱える基礎的な能力のことをコンピュータ・リテラシーとよぶ。しかし、具体的に何をもってコンピュータ・リテラシーが形成されたと判断するのかは論者によって異なる。

的な発達が促されたことを示す確たる証拠もありません。また、何よりいらなくなったコンピュータを持ってきたぐらいですから、コンピュータのもつ先進性というイメージもありません。はっきり言ってすごくはないのですが、なぜかいい感じなのです。

金岡幼稚園で村上たちが行った実践★9（推薦図書参照）も同じようにいい感じです。でも、広島の例とは比べ物にならないくらい大がかりで感動的な実践です。詳細は本をじかに読んでもらうこととして、この実践のコンピュータでは子どもと遊んじゃえという感覚がとても素敵です。先生自らコンピュータ好きで遊んじゃっているのだからだと思います。大人の目線からすべてを見通すのではなく、大人の目線と子どもの目線の交わる地点で実践をつむぎだしているという感じです。ただ、先生がコンピュータに相当に詳しくないと、子どもの実態に合わせてソフトをつくっていく村上のような実践は無理です。それならいっそ、先ほどの例のように使い古された中古パソコンで子どもたち自身に勝手に遊んでもらえばいいのではないかと思うのです。もうコンピュータは特別な道具でもなく、大人の生活の中に浸透している道具です。そういった道具を遊びのなかで使いたくなるのも自然ですし、もともとコンピュータのような不思議な存在が好きな子どもたちです。子どもならではの視線で、子どもならではの利用を発見していくことでしょう。何より、これならコストもほとんどかかりません。ただ、子どもたちが小学校にあがってから、コンピュータ室にたいせつにしまってあるコンピュータを勝手にいじくり回して困るとクレームがくるかもしれませんが。

●引用文献●

★1 小平さち子・高橋佳恵 2001 教育現場にみるメディア利用の新展開—50年を迎えたNHK学校放送利用状況調査から— 放送研究と調査, **50** (4), 26-59.

★2 渡辺 純・山本真由美・村上 優・山本泰三・倉戸幸枝・倉戸直実・竹内和子・上原明子 1998 保育者のコンピュータ利用教育に対する意識と実践状況 日本保育学会大会研究論文集, **51**, 884-885.

★3 中坪史典 1997 情報環境と幼児との関わりに関する保育実践の動向と課題—1985年以降の保育雑誌記述にみられる保育者・保育研究者の「情報環境」不安— 日本保育学会大会研究論文集, **50**, 170-171.

★4 鷲尾 敦 2000 三重県における幼稚園のコンピュータ利用調査—幼児教育者のコンピュータマインドと情報教育の課題— 日本教育工学雑誌, **24**, 19-24.

★5 アエラ 1997 パソコンは自由自在—コンピューターキッズが生まれてる— 6月号 朝日新聞社 Pp.30

★6 朝日新聞 1998 園児，パソコンを操る 1月5日付 朝日新聞社

★7 中坪史典 1999 コンピュータが保育室にもたらす問題—保育者が抱く葛藤の様相— 保育学研究, **37**, 175-182.

★8 小川哲也 1999 試行錯誤の導入物語 堀田龍也・向後千春（編） マルチメディアでいきいき保育 明治図書 Pp.64-84.

★9 村上 優 1995 宇宙からやってきたピピ—金岡幼稚園のコンピュータ導入大作戦— 星雲社

★10 阿部アサミ・小野 和 1997 保育環境としてのコンピューター—A子の表現を通して— 日本保育学会大会研究論文集, **50**, 882-883.

★11 阿部アサミ・小野 和 1998 幼児の多様な表現媒体としてのコンピューター—4歳児A子の表現の変容を通して— 日本保育学会大会研究論文集, **51**, 756-757.

★12 阿部アサミ・小野 和 1999 幼児の友達関係を育む環境としてのコンピュータ 日本保育学会大会研究論文集, **52**, 428-429.

★13 坂元 昂・鈴木勢津子・青木修一・阿部アサミ・菊池 理・假屋和代 1997 幼児にパソコンがいい！—実証された幼児期のパソコン効果— 産調出版

★14 小川哲也 1997 幼児はコンピュータの囚われの身となるか 視聴覚教育, **51** (5), 78-79.

★15 NAEYC 1996 NAEYC Position Statement: Technology and Young Children - Ages Three through Eight. *Young Children*, **51** (6), 11-16.

★16 Haugland, S.W. 2000 What role should technology play in young children's learning? Part 2. *Young Children*, **55** (1) , 12-18.

●推薦図書●

『宇宙からやってきたピピ―金岡幼稚園のコンピュータ導入大作戦―』　村上　優（著）　星雲社　1995
宇宙人ピピから送られてきたコンピュータのディスクをコンピュータに入れると，楽しいソフト（じつはＬＯＧＯのプログラム）が入っている。園の子どもたちの経験とソフトの内容が絡み合う物語仕立てで，子どもたちはコンピュータの世界に招き入れられる。

『幼児にパソコンがいい！―実証された幼児期のパソコン効果―』　坂元　昂・鈴木勢津子・青木修一・阿部アサミ・菊池　理・假屋和代（著）　産調出版　1997
「ぱりりんランド」というお絵かきソフトを長期にわたって4, 5歳児に使わせ，その効果を確かめた本。その結果，幼児の創造性や能動性・積極性の伸張に効果があることがわかった。

『マルチメディアでいきいき保育』　堀田龍也・向後千春（著）　明治図書　1999
富山大学の「親子マルチメディア教室」，板橋明星幼稚園，川崎ふたば幼稚園などでの実践と，マルチメディア・ソフトの紹介などからなる。とりわけ，川崎ふたば幼稚園の小川哲也氏の実践が興味深い。

情報化社会の学び
―個別化・ウェブベース・遠隔化

向後千春

人工物科学としての教育デザイン

筆者は今、自分の研究者としての立場を、「教育工学の研究者」と位置づけています。だから、「認知心理学者たちが新しい学びについて語る」ということをテーマにしたこの本には、あまりふさわしくないかもしれません。筆者は、学生だったときに、実験心理学の訓練を受けてきました。しかし、年月とともに心理学から教育工学へと重心が移動してきたのです。なぜでしょうか。それは、自分が研究していることについて、科学としての心理学を名乗るためには、いろいろと窮屈な条件があったからです。教育を対象として研究するのに、自然科学をモデルにした心理学の枠組みを使うことが、はたして適切なのかどうか。その話から始めることにしましょう。

人工物科学

サイモン（Simon, H. A.）は、『システムの科学』で、自然科学と人工物科学という分類を提唱しました。ここでいう人工物とは、自然につくられた以外のものすべてをいいます。

●執筆者プロフィール●
①東京都
②早稲田大学大学院文学研究科博士課程単位取得退学
③早稲田大学人間科学部助教授
④教育工学
⑤教育には、植物を育てるのに似たところがあります。日当たりと適度な水分があれば、すくすくと育つ。しかし、水や肥料を与えすぎると腐ってしまうこともあります。万能な育て方はなく、それぞれの植物の個性を見ながら、最適な方法を見いだしていくということがポイントになります。そのためには、植物についての知見と、育てる技術のレパートリーが必要なのです。

①出身②経歴③現在④専門⑤「学び」について思うこと

たとえば、都市のデザイン、経済現象、教育システム、輸送システム、政治制度など人間がかかわっているすべてのものです。研究対象として、自然物を取り上げるか、あるいは人工物を取り上げるかということによって、その方法論は大きく変わってきます。

自然科学は、人の手の入らないものを対象とするため、それを徹底的に記述しようとします。記述すること自体に意味があります。そこから隠されたしくみや構造を明らかにしようとするのです。それに対して、人工物科学では、もともと人間がつくり出したものを対象としますから、それを記述する以上に、それをデザインしようとする力が働きます。

人工物を記述しようとするのは、それをよりよくデザインし直そうという目的が意識されています。人工物は常に不完全であり（自然も完全ではないかもしれませんが、人工物はそれ以上に不完全です）、また、それ以外の人工物が変化することによって影響を受けますから、それを記述するのは、それを再設計し直すためなのです。

また、対象とする人工物を単体だけで記述することに、あまり意味はありません。たとえば、携帯電話はその使われ方が重要なのです。どう使われるかによって、次々とデザインし直されていきます。そのなかでは、はじめにデザイナーが意図していなかったような使われ方もあるだろうし、それが主流の使われ方となることもあり得ます。だから、こうデザインしたのだから、ユーザーはこう使うべきだという規範の話にはなりません。どう使われたのかだけがすべてなのです。これを設計・評価志向とよびます。

「当社比」の科学

自然科学の記述は、それによって因果関係を想定し、それを予測に生かそうという意図が働いています。しかし、人工物科学における記述は、それをどう設計し直したらいいのかという意思決定のために生かされます。だから、こういう操作をしたら、こういう効果が生まれるだろうという予測は常になされますが、その操作は常に改善的であり、予測は常に希望的なのです。人工物科学ではその性質として、わざわざ悪いと思われる操作をして、悪い結果を導こうという力学が働きにくいからです。もちろん、研究上、統制群を設けることはあります。しかし、それにしても「当社比」的なものであることが多いのです。

教育工学は、教育をデザインし、その評価をして、常に教育システムを改善していくことを志向します。その意味で、自然科学ではありません。それでも実験計画法などの形式を利用するのは、それが他人を説得するのに効果的な形式だからです。それ以上のものではありません。

教育デザインは、「○○主義」を具現化するためのもの「ではない」のです。たとえば、シュタイナー教育では、身体リズム運動を重視します。それそのものを取り出してみれば、問題はありません。効果はあるでしょう。しかし、それがシュタイナー思想の具体化であるとか、そういうことは、人工物科学としてみれば、無関係なことなのです（実際シュタイナー学校では、その思想そのものは教えないそうです）。また、たとえば、公文式はどうでしょうか。完全習得学習による技能の獲得ですね。それになんら問題はありません。

当社比

工業製品の宣伝でよく使われる用語。以前販売されていた製品よりも、新しい製品がどれほどよくなっているかを示す。それは、比較対象とされた前の製品が悪かったわけではない（悪い製品をわざわざ売り出すのは建前上も倫理上も、あり得ないから）。新製品がより改善されたのである。

しかし、それと公文式の考えている理念とは切り離して取り扱うのが、教育デザインの立場なのです。

また、なぜクラスが「民主的に」運営されなければならないのでしょうか。それは民主主義が正しいから「ではない」のです。そうではなく、そうしたときにより適切にクラス運営がされるからなのです。つまり、クラス運営のデザインとしていくつかの選択肢を考えたときに、最もよいと思われるデザインであり、選択であるからにすぎません。よい選択肢は、まだ別にあるかもしれないし、違う社会状況であれば、別のものであるかもしれません。ただそれだけのことであって、それが正しいからではないのです。

情報化社会で教育の何かが変わるのか?

「情報化社会における教育で何かが変わるのか」という問いがよく立てられます。それにひとことで答えるならこうです。つまり、「学習は変わらない」、しかし、「教育は変わる」。それはどういうことなのでしょう。

心理学の答え

「情報化社会だろうが何だろうが、学びのプロセスは変わらない」というのが心理学の答えです。入力として「A」が入ったときに、成果「X」が獲得されるとすれば、違う入力「B」が入ったときに、違う成果「Y」が獲得されます。しかし、その獲得プロセスには特段の変化はなく共通のものだ、と考えるのです。それは、自然科学を志向する心理学として、自然な考え方です。しくみは同じであって、そこに働くパラメータが変わることによって成果も変わってくるのです。

教育工学の答え

それに対して、「情報化社会であるならば、どのような教育のデザインが可能か？」というのが教育工学の答えです。成果「X」を獲得させたいときには、これまでは「A」という教授デザインを使っていたのに対して、別の教授デザイン「B」を使うことができるようになったとします。「B」をどのようにデザインすれば、「A」よりも効率よく、効果的に「X」を獲得させることができるか、という問題設定になるのです。効果の「速度と深さ」がものさしとなります。

情報化社会の学習環境

本稿のタイトルは「情報化社会の学び」となっています。しかし、厳密にいえば「学び」は変わってはいません。変わっているのは「教育方法」です。情報化社会の教育方法では、とりわけデジタル機器の利用の選択肢が広がりました。パソコンがあります。インターネットでつながっています。メール、メーリングリスト、掲示板、ウェブサイト、マルチメディア・プレイヤーが使えます。ビデオカメラ、デジタルカメラ、携帯電話が使えます。こうしたデジタル機器が使えるという条件で、どのような教育のデザインが可能でしょうか。ただデザインするだけでなく、少なくとも「当社比」で、より改善された教育が求められているのです。

アクセス可能性

情報化社会での第一の変化は、アクセス可能性の拡大でしょう。今まではその講義が行われている大学に入学しなければ聴くことのできなかった講義内容が、今やインターネットで読むことができます。あるときは、映像のまま配信されます。こうした意味で、情報化社会ではアクセス可能性が常に拡大しているのです。

これはよいことでしょうか？　おそらくそういえるでしょう。しかし、アクセス可能性が拡大した副作用として、選択肢が極端に広がり、そのことによって学習者が情報の波に飲み込まれてしまうという現象も起こり得るのです。

学習の改善

もうひとつの変化は、学習を改善する可能性が生まれることでしょう。たとえば、活字ばかりの本を読むことが苦手で、うまく学習できなかった人が、サウンドつきのムービーやアニメーションを見て、理解が進むという可能性は十分あります。しかし、これは逆のケースもあり得るわけです。つまり、サウンドつきのムービーが、学習者の個性に合わない場合は、その効果は限定されたものになってしまうのです。

ウェブ上で提示可能な情報の種類が多いことや、またそれらをハイパーリンクでつなげることによって、学習者の柔軟性を伸ばすことができるケースはあるでしょう。しかし、逆に言えば、もともとそうした情報の提示に適応する能力のあった人が、そうしたものを使うことによって大きな成果が出たのだという可能性も考えられます。

いずれにしても、学習環境の選択肢が増えたということは確かです。しかし、マルチメディア学習環境やインターネットが万能であるということではなく、それにマッチするような学習者にとってはよい環境が提供されたということにすぎません。ウェブはある意味で「錬金術」に似ています。それは、集めてつなげれば、何かすごいことが起こりそうな気がする、という意味です。それを冷静に取り扱う必要があります。

個別化教授システム（PSI）の大学での実践

こうした教育環境が可能ななかで、たとえば大学教育ではどのような改善が可能でしょうか。その一例として、個別化教授システム（ＰＳＩ：personalized system of instruction）を取り上げてみましょう。

大人数一斉授業を改善する

個別化教授システムは、大人数の一斉授業を改善するための個別化教授法のひとつです。ケラー（Keller, F. S.）によって一九六〇年代に提唱され、アメリカの大学でさまざまに変形されながら実施されてきました。

ＰＳＩの特徴は次のような点にあります。

①完全習得学習を志向している

②自己ペースで進める

学習環境の選択肢

これこそが、ポストモダンな世界における教育の特徴だろう。モダンな世界では、学習者を平均値に収れんさせることによって全体としての効率を上げた。ポストモダンな世界では、学習者の分散が広がり、学習環境の多様性も広がる。そして全体としての効果を上げようとする。

③講義は学生の動機づけを高めるために行うだけである
④印刷された学習ガイドを使う
⑤プロクター（指導者）が通過テストの成績を評価する

個別化教授システムによる授業はどのようなものになるのでしょうか。そのイメージを伝えるために、個別化教授システムによる統計学入門の授業のようすを、学生の立場で書いてみましょう。

■PSI方式の統計学の授業を受けた学生の記録（仮想）

■PSI授業　第一回目

今日は統計学の授業の第一回目だ。統計学は私にとって初めての科目だ。パソコンはそこそこ使いこなすことができるけれども、大量のデータを整理したり、そこから何かを読み取ったりすることができるようになるだろうか。

先生の話によると、この授業は「PSI方式」というもので行われるらしい。統計学の教材が収録されたCD-ROM教材が配布された。このCD-ROMをパソコンにセットして、ウェブブラウザで教材内容を読むらしい。もしCD-ROMを忘れたときは、教材ホームページに同じものが公開されているので、そちらを参照すればいい。CD-ROMは、ネットワークにつながれていない自宅のパソコンで勉強したり、ネットワークが混雑しているときのためにも利用できる。

驚いたのは、この授業では講義をいっさい行わないということだ。講義を受けない代わりに、教材を自分で勉強していくのだ。そのために教材は一人で読んでわかるように、わかりやすくつくってあるという。ひとつの単元を勉強し終えたら、そこで個別に試験を受けるそうだ。これは通過テストとよばれていて、完全にできるまで何度でも受けることができる。通過テストに合格しなければ、次の単元に進むことはできない。なるほど、そうなっていれば、いい加減に勉強することはできないな。通過テストで合格できないわけだから。

教材を読みながら自分のペースで勉強できるのはいいかもしれない。私が一番不安に思っていたことは、授業のペースについていけるかどうかだったからだ。統計学のような積み上げ型の科目は、一度つまずいてしまうと、なかなか挽回できないような気がするのだ。

個別の通過テストは、プロクターとよばれる人がやってくれる。プロクターは四人いる。このクラスの受講生は四十人くらいなので、受講生十人につき、一人の割合だ。自分で勉強していて、わからないところや質問があるときはプロクターを呼んでくださいとのことだ。まるで家庭教師のようだ。

今日は、CD-ROMの配布と授業の進め方についての説明だけで終わり。来週からPSI方式が始まる。

■PSI授業　第二回目

今日は授業の二回目。少し遅刻してしまった。しかし、先生はとくに注意することもない。ＰＳＩでは、授業時間内に通過テストを受けることになっているけれども、それ以外はそこにいなくてはならないということはないのだ。

さっそくＣＤ‐ＲＯＭをパソコンにセットして、教材の第一章から始める。じつは、自宅のパソコンで少し読んできた。説明を読みながら、練習用の課題を解いていく。課題の正解と自分で計算したものが少し違っていたので、プロクターの人を呼んで、アドバイスを受けた。プロクターは先生ではなく、大学院生か四年生なので、年齢的にも近いこともあって、気軽に聞くことができる。先生はぶらぶらしているようだけれども、プロクターが忙しくなってくるといっしょにプロクターの役割をしているようだ。

一時間ほどかけて、第一章の内容をすべて終えたので、プロクターを呼んで通過テストを受ける。通過テストの問題はプリントで渡される。その問題をすべて解いたら、ふたたびプロクターを呼んで口頭試問を受けるのだ。解答を紙に書くのではなく、口頭で言わなければならないので、あやふやなところがあると口ごもってしまう。プロクターはこちらの解答を聞いて、あやしそうなところを突っ込んで聞いてくるので、気が抜けない。真剣勝負だ。幸い、今回は一回目で満点での合格になった。満点でない場合は、間違えたところを復習して、何度でも通過テストが受けられるのでだいじょうぶだ。通過テストはあくまで学習の確認のために行っているので、最終成績には関係がない。

通過テストで満点を取れたので、プロクターが「おめでとう」と言ってくれた。ち

行動主義から認知主義、そして構成主義へ

詳しくは、第Ｉ部「21世紀の学びの意味を問う」を参照してほしい。ここでは、そうした学習観・学習者観の正否ではなく、特定の学習観がブームとなることで、それ以外の方法が現場から駆逐されていったことを問題にしている。それは生産的なことだったのだろうか。

ょっとうれしい。自分用の進度表に、プロクターが日付と合格を確認するサインを書いてくれる。ＰＳＩ方式では、自分自身が勉強のスケジュールを立てていかなくてはならないので、一度なまけぐせがついてしまうと、ずるずると遅れてしまい、最終試験に間に合わない場合もでてくるそうだ。自分の進み具合を管理するためにも、この進度表は役に立つのではないだろうか。

ＰＳＩをデジタル時代によみがえらせる

以上のような、ＰＳＩ方式の授業を、大学の統計学入門のコースで五年間やってきました。統計学のほかにも、情報処理入門（基本アプリケーションの使い方）、Ｃ言語プログラミング入門などの授業でＰＳＩ方式をとっています。幸い、学生による授業評価は上々です。仮想的に、同じ内容を伝統的な一斉授業で行った場合と比較すると、ＰＳＩ方式のほうがよいという評価が一貫して得られています。

ＰＳＩ方式の原理そのものは、なんら目新しいものではありません。ＰＳＩは、一九七〇年代にアメリカの多くの大学で実施されていました。しかし、その後実施される数が減り、一九九〇年代にはほとんどみられなくなりました。それは、ＰＳＩコースの管理運営の大変さという点に原因があったといわれています。

二〇〇〇年代に入り、パソコンやインターネットの進歩と普及が圧倒的に進んでも、ＰＳＩコースの管理運営の大変さは基本的に変わりはありません。しかし、それでも、独習用教材の配信の容易さや、電子教材作成技術の進歩、また、電子メー

●推薦図書●

『新版　システムの科学』　サイモン，H.A.（著）　稲葉元吉・吉原英樹（訳）　パーソナルメディア　1987

本文でも取り上げた「人工物科学」について幅広い話題で語られている。ほかにサイモン自身がどのようにして有意義な研究を組み立てたかについてよくわかり，勇気づけられる本だ。

『教育工学を始めよう』　ロス，S.M.・モリソン，G.R.（著）　向後千春・余田義彦・清水克彦・鈴木克明（訳）　北大路書房　2002

アメリカ教育工学会が出している研究手引書の翻訳に，詳しい注をつけたもの。現職の教師や大学院生は，これを読んで教育工学の研究を気軽に，そして着実に進めてほしいと思う。

ル、電子掲示板、チャットなどを活用した学習者への個別指導など、いくつかの点で、ＰＳＩがデジタル時代によみがえる可能性は高くあります。少なくともその下地はつくられつつあるのです。

ポストモダンな学び

教育方法には流行はあっても、進歩はありません。学習者の見方は、行動主義から認知主義、そして構成主義へと移り変わっていきました。しかし、けっして過去のものが否定されたわけではなく、それらは並立し得るのです。教育工学は、その時どきにはやっていた、学習理論や学習者への見方というものに大きく影響されてきました。同じコンピュータを使って、行動主義的なＣＡＩコースを実施することもできれば、構成主義的なＬＯＧＯプログラミングを学習させることもできます。その意味では、無節操といえましょう。しかし、逆にその無節操さこそがポストモダンな時代の特質かもしれません。もし、教育工学の哲学というものがあるとすれば、それは「当社比」の原理かもしれないのです。違う製品をつくって、「当社比」を求めることはできません。同じ目的の、同じ用途で使うものを改善してこそ、「当社比」が成り立ちます。教育方法も、同じ目的を達成するのに、いったいどの方法がよいのかを競わなくてはならないでしょう。

●推薦図書●

『教育改革の幻想』　苅谷剛彦（著）　ちくま書房　2002
本当に受験地獄や詰め込み教育は悪だったのか，ということをデータから解き明かしていく。「子ども中心主義」というスローガンが実態としてどういうことを教育にもたらすのかを批判的に論じている。

『授業が変わる―認知心理学と教育実践が手を結ぶとき―』　ブルーアー，J.T.（著）　松田文子・森　敏昭（監訳）　北大路書房　1997
認知心理学の知見がいかに教育実践に生かされるかを具体的に詳細に記述している。基礎研究の知見が積極的に実践現場で試され，両者が相互作用することが重要だと主張する。

『パソコンを隠せ，アナログ発想でいこう！』　ノーマン，D.A.（著）　岡本　明・安村通晃（訳）　新曜社　2000
教育にテクノロジーを導入するときに読んでおきたい。テクノロジーが目的を「じゃま」しないようにするにはどうしたらいいか。示唆に富む本だ。

インターネットによる国際理解教育
―知識と意識の学習

坂元　章

近年では、インターネットが急速に学校現場に普及しており、その効果や影響についてさかんに議論されています。さまざまな教育効果が期待されている一方で、インターネット使用による人格発達における悪影響や、さらには、教育としても効果的どころか、かえって問題を引き起こすのではないかという懸念も出されています。[★1]こうしたなかで、国際理解教育は、インターネットの有効性が最も強く期待されているものであり、[★2]筆者自身も関心をもって、多少なりとも研究を進めてきました。

ここでは、このインターネットによる国際理解教育について、その有効性や問題点などについて論じたいと思います。まず、国際理解教育において、インターネットを利用することがなぜ有効と考えられるかを述べ、それを実際に検討した、筆者のグループによる研究を紹介します。そして、これまでの社会心理学などの知見を参考にして、インターネットをさらに有効に利用するアイデアを述べ、最後に、インターネット利用の問題点にふれることにします。

●執筆者プロフィール●
①東京都
②東京大学大学院社会学研究科社会心理学専攻博士課程退学　博士（社会学）
③お茶の水女了大学大学院人間文化研究科複合領域科学専攻助教授
④社会心理学・社会情報学・教育工学
⑤学生時代は、自ら本を読み、仲間と読書会を開くなどして熱心に勉強したものでしたが、教員となったあとは、勉強が必要な仕事であるにもかかわらず、気力、能力、体力の衰えと、日々の生活に追われ、年々、勉強ができなくなっていることを感じています。大学の教員として学生の「学び」をガイドしたり、心理学の研究者

①出身②経歴③現在④専門⑤「学び」について思うこと

インターネットの有効性

国際理解教育におけるインターネットの有効性を論じるにあたり、まず、国際理解教育とは何であるかなどを簡単に説明し、その後で、有効性について述べたいと思います。

国際理解教育とは何か

国際理解教育の定義については、研究者や実践家などによってさまざまであると考えられますが、ユネスコ日本国内委員会[★3]は、国際理解教育における基本目標として、人権の尊重、他国文化の理解、世界連帯意識の三つを掲げています。すなわち、人権尊重を基盤として、他国文化の理解を深め、世界連帯意識に基づく国際協調的な態度を育成するということです。一九九〇年代になると、さらに、個の確立、表現力の向上、思いやりの心などが目標として指摘されました[★2]。国際理解教育とは、これらの目標を実現するための教育ということになります。

国際理解教育は、社会のグローバル化が進むなか、その重要性が指摘されてきましたが、ほとんどの小学校、中学校、高等学校では、それをもっぱら扱う教科を設けてはいません。そのため、国際理解教育は、さまざまな教科のなかでゲリラ的に実施されてきました。たとえば、国語、社会科とくに地理や世界史、英語、道徳などの教科のなかでです。ただし、学校によっては、国際理解という教科を設け、本格的な国際理解教育を行っているところもあります。また、近年になって導入されている総合的な学習の時間においては、国際理

として「学び」について研究したりしていますが、それ以上に自分自身の「学び」をどうするかが重要な課題になっています。

解教育は、情報教育や環境教育などと並んで、ひとつの重要な柱とされています。

国際理解教育と交流学習

国際理解教育においては、文献を読んだり、ビデオを見たりして、外国のことを知るだけでなく、実際に外国の人々と会ってふれ合う交流学習が非常に重要であると考えられています。[★4]これは、ひとつには、文献やビデオでは、外国の人々や文化のことをよく理解しているという「知識」面での学習には効果があるかもしれないが、外国の人々の人権を尊重したり、外国の人々と連帯意識をもつなどの「意識」面での学習には限界があるように思われるからでしょう。

実際に、筆者の研究室では、ユニセフの作成による、第三世界の困窮した状況や子どもたちの苦しい生活について描写しているビデオを被験者に見せて、その結果、実際に第三世界に対して援助する態度や行動傾向をもつかどうかを、実験によってくり返し検討してきました。[★5][★6][★7][★8]ユニセフは、いうまでもなく、第三世界などの子どもに対する支援事業に取り組んでいる国際機関であり、それによって作成されたビデオも、当然ながら真剣なものです。また、ビデオ視聴の効果を高めるために、被験者に対して視聴のしかたを教示するなど、さまざまな工夫を行いました。それにもかかわらず、ビデオ視聴の効果が検出されたことはほとんどありません。

一般論としても、こうした情報キャンペーンは、意識面を変化させるには限界があると考えられます。情報キャンペーンでは、相手についてあくまで表面的にしか知ることはできません。そうした表面的な接触は、もともと相手に対して偏見をもっている場合、それを解消するどころか、むしろ、それを強化してしまう場合があると考えられます。★9 これはひとつには、偏見をもっている場合には、どのような情報に接触しても、その悪い側面ばかりに選択的に注目してしまう傾性が、人間の情報処理にあるからです。

このように、文献やビデオでは、知識に関する学習は可能であるとしても、意識に関する学習には限界があると考えられます。そして、こうした意識学習のためには、交流学習が必要であると思われます。先述したように、国際理解教育では、他国文化の理解だけでなく、人権の尊重や世界連帯意識が基本目標とされており、知識学習だけでなく、意識学習も重視されています。それゆえ、国際理解教育では、意識学習のための交流学習が重要といえるのです。

インターネットの利用

交流学習が重要であるとはいっても、従来は、それには現実的な制約がありました。交流のための手段は限られていて、非能率的なものでした。たとえば、郵便を使って交流をさせようと思っても、航空便など国際郵便は時間がかかり、活発なコミュニケーションはできません。国際電話は、高額な費用がかかり、しかも、時差の問題があります。交換留学制度を整備して、生徒を留学生として外国に派遣したり、また、外国から留学生を招いて、交流を図ることもしばしば行われてきましたが、留学生になれるのは、ごく少数の生徒にすぎません。学校の近辺に滞在する外国人を招いて話をうかがうことも、時として行われますが、そこでの交流はもちろん限定されたものです。

インターネットの登場は、こうした制約を打ち破るものであり、実際に、日本の国際理解教育においてさかんに利用されるようになっています。[★10] 具体的には、電子メール、チャット、テレビ会議、ウェブページなどによって、外国の生徒とのやりとり（たとえば、自分の学校や文化などについて紹介する）や、共同作業（たとえば、互いに相談しながら、理想の町や学校のアイデアをまとめる）などが行われています。

言語としては、英語が使われることが多いですが、意外なことに日本語が使われている場合もあるようです。世界には、日本語を学習している外国人は少なからずおり、その外国人にとっては、日本の学校と、日本語で交流することはよい学習の機会になります。実際に、そうした外国人による交流の申し出はしばしばあり、日本の学校が日本語による交流の相手を見つけることは必ずしもむずかしくないようです。

また、英語が用いられる場合、生徒にある程度の英語力があれば、自分自身で英語を使わせることが可能ですが、まだ英語を十分に学習していない小学生などの場合には、翻訳が必要になります。翻訳は、教員が行っていたり、高校生などに協力を依頼し、校種間の連携事業の一環としている事例もあります。また、機械翻訳だけで対応しているところもあると聞いています。

インターネットの三つの有効性

こうしたインターネット利用に有効性が期待されるのは、次の三つの特徴によるものと思います。第一に、インターネットは地理的な制約を克服します。航空便は時間がかかり、国際電話は費用がかかりました。しかし、インターネットは、外国などの遠隔地にある他者との速くて安価なコミュニケーションを可能にします。

第二に、インターネットは時間的な制約を克服します。国際電話では時差の問題が発生します。地球の裏側にいる人々とやりとりする場合、こちらが昼間であれば、相手は夜更けになっています。少なくとも小学校や中学校では、こうした交流は実施できません。インターネットでは、電子メールや掲示板など非同期型のツールを使えば、この時差の問題は生じません。

第三に、インターネットでは相手からの圧迫感がありません。外国人と直接に対面している場面では、緊張してうまく会話できなくても、テレビ会議など、インターネットを間にはさんだ場合には、圧迫感が減って、それだけ会話がしやすくなると考えられます。また、チャットの場合は、文字情報だけのやりとりになり、相手の姿や声なども届かないので、さらに圧迫感が生じにくく、生徒は気楽にやりとりをし、コミュニケーションをより十分にとれることになります。これは、対人恐怖に悩むクライエントが、対面のセラピーやカウンセリングの場合にはその圧迫感から困難があっても、インターネットを介してであれば、セラピーやカウンセリングが可能になるという話と通じるところがあります。[★11★12]

インターネット効果の実証研究

以上のように、国際理解教育におけるインターネット利用は、その効果が期待され、すでに多くの実践が行われています。筆者の研究室では、実際に、こうしたインターネット利用の効果が本当にあるかどうか、また、国際理解のどのような側面に効果があるかを検討する実証研究を行いました。

筆者たちの研究では、まず国際理解の水準を測定するための尺度を作成しました[★13]。これは、先述した国際理解教育の基本目標である、人権の尊重、他国文化の理解、世界連帯意識の三つの側面に、外国語の理解を加えた四つの側面における、個人の達成水準を測定できるものです。

この尺度を使って、インターネットの利用が国際理解に及ぼす影響を、パネル研究とよばれる手法によって検討しました[★14]。パネル研究とは、同一の対象者に対して、同一の調査を二回以上にわたって行う調査研究であり、そこで得られたデータを一定のしかたで分析すれば、ある程度は因果関係の推定が可能になります。

筆者たちは、インターネットによる国際理解教育をさかんに行っている高等学校を五校、全国から選び、そこで学んでいる四三〇人を対象にして、一九九八年十月と一九九九年二月の二回にわたって調査を行いました。

その結果、以下のことが見いだされました。

パネル研究
同一の対象者に対して、同一の調査を二回以上にわたって行う調査研究。一般に、一回だけ調査を行った研究では、相関関係（たとえば、インターネット使用をする人々ほど、国際理解の水準が高い）はわかっても、因果関係（たとえば、インターネット使用をすると、国際理解の水準が高まる）は明らかにならない。これに対し、二回以上の調査で得られたデータを一定の方法で分析すれば、因果関係の推定が、ある程度は可能になる。因果関係を特定する目的の研究を、調査によって行う場合には、パネル研究の手法を用いることが必要である。

① 男子については、英語でインターネットを使った場合に、国際理解のなかでも、人権の尊重と世界連帯意識が高まった。しかし、他国文化の理解や、外国語の理解には影響しなかった。

② 日本語でインターネットを使った場合には、男子についても、国際理解に影響はなかった。

③ 女子については、インターネット使用が国際理解を促すという効果はみられなかった。

男子についてのみ、インターネット使用の効果があったことについては、本研究の対象者となった女子は、もともと国際理解の水準が高かったため、インターネット使用によって新たに効果が生じる余地が少なかったことが指摘されました。たしかに、女子の対象者は、それまでに充実した国際理解教育を受けている生徒が多く、実際に、国際理解の水準を示す得点はもともと高いものでした。

英語の場合のみ、効果があったことについては、日本語の場合には、国際理解を目的としていない場合の利用が多く混在しており、その結果、効果が薄まってしまったからではないかと考えられます。英語での利用は、その大部分が国際理解に直結する目的によるものと考えられ、これは、インターネットによる国際理解教育が効果をもつことを意味しています。

いずれにしても、インターネットは、国際理解教育において効果をもつ場合があるとはいえます。そして、効果をもつのは、人権の尊重や世界連帯意識という意識面での学習に対してであり、他国文化や外国語の理解という知識面での学習に対してではありませんでした。先述したように、交流学習は、意識学習に効果をもつものとして期待されており、この結果は、インターネットの利用が交流学習を実際に促し、うまく機能させ得ることを示唆するものといえるでしょう。

逆にいえば、インターネットの利用は、知識学習を促していません。したがって、意識学習においてはインターネットを利用するとしても、知識学習について、文献やビデオなどによる伝統的な学習を行う意味は否定されていないといえます。両者の併用が望ましいのではないかと考えられます。

インターネット効果を高めるアイデア

以上のように、インターネットの利用は、国際理解における意識の学習に効果をもち得ると考えられます。ここでは、その効果を高めるために、どのような工夫があり得るかについて、社会心理学などの知見に基づいて三つのアイデアを述べます。

不可視性の利用

先述したように、相手に対してもともと偏見をもっている場合、相互交流をするにしたがって、相手の悪い面ばかりに選択的に注目し、かえって偏見を高めてしまう場合があります。そしてその偏見によってつくられた態度や行動に影響されて、相手のほうもよい態度や行動を示せなくなってきます。こうした悪循環を避けるために、偏見がない状態で交

ジグゾー学級
アロンソン（Aronson, E.）によって提唱された、学校における偏見低減教育の手法。ジグゾー学級では、異なる人種の子どもたちにグループをつくらせ、学習課題を分割して、それぞれの子どもにその一部を学習させる。全体を総合しなければ、学習課題は完了できないようになっており、子どもたちは、知識や意見を交換し、協力する必要がある。こうした協力の結果、子どもたちの間にあった異人種に対する偏見が低減するということである。

ゲーミング・シミュレーション
国家間の交渉と紛争、産業や企業の栄枯盛衰、都市の発展と荒廃、個人の異文化体験など、社会で実際に起こっている現象を再現したゲームを通じて、その現象のしくみに対する理解を深めようとするもの。たとえば、「仮想世界ゲーム」とよばれるゲームでは、プレーヤーは、豊かな国

流を始めることが望ましいと考えられます。インターネットには不可視性があり、外見、性別、年齢、障害などの可視的な情報を伝えないことができます。こうした可視的な情報がなければ、個人の社会的カテゴリーが明示されないため、偏見は生じにくくなり、それぞれの人物は、その考え方や言動だけによって評価されることになります。実際に、視覚障害者のメーリングリストを見ると、本人が言及しないかぎり、だれが視覚障害者であり、だれがそうでないかがとても区別できません。[★15] まずは可視的情報を伝えずに交流を始め、偏見で色づけずに相手の考え方を理解したあとに、映像情報を含めて、情報の可視性を高めていく手段が考えられます。実際に、こうした方法によって、相手に対する偏見を低減できるとする研究もみられています。[★16][★17] このように、インターネットの不可視性を利用して、交流学習をより実りのあるものにする手段があり得るように思われます。

相互依存的目標の利用

集団間葛藤の解消に関する著名な研究として、ムザファー・シェリフ（Sherif, M.）たちによる現場研究があります。[★18] 彼らは、子どもたちが参加するサマーキャンプを利用して、子どもたちが形成していた二つの集団間における対立の生起と解消を観察しました。その結果、対立する集団がある場合、それらをたんに接触させるだけでは、その対立を解消するどころか、むしろ、それを激化させることを見いだしました。そして、対立を解消させるためには、相互依存的目標──自分たちだけでは達成できず、その達成のためには相手の協力がどうしても必要な目標──に対して、両者が一致して行動することが必要である

家と貧しい国家に分かれて、それぞれの国民の役割を演じる。貧しい国家は常に、飢餓や生存の危機にさらされながら、低賃金の労働を強いられ、しかし、その利潤の多くは豊かな国家に吸い上げられていく。プレーヤーはこうしたゲームをしながら、南北問題の本質について理解を深めていくことになる。

ことを指摘しました。この知見は、学校における偏見低減の教育にも応用され、アロンソンなどによってジグゾー学級の手法として実践されています[19]。

最近では、オンライン・ゲーム――インターネットを利用するテレビゲームであり、複数のユーザーで楽しむことが可能である――が発展しており、国際理解教育のために、シェリフやアロンソンの手法をオンライン・ゲームにおいて展開することができるように思われます。たとえば、外国の人々とインターネットで、あるストーリーをもつロール・プレイング・ゲームを行います。そのストーリーの中では、互いが協力しなければ克服できない困難が生じるようになっています。その状況は、シェリフやアロンソンのサマーキャンプやジグゾー学級と同じものです。そして、これは、現在のテレビゲーム技術から考えれば、実現はけっしてむずかしくないように思われます。

ゲーミング・シミュレーションの利用

社会や人間関係などの場面を模擬したゲームを行うなかで、社会や人間関係などについて理解を深めようとするものを、ゲーミング・シミュレーションといいます[20][21]。これまでに、国際理解ない

●引用文献●

★1　Stoll, C. 1995 *Silicon snake oil: Second thoughts on the information highway*. New York: Doubleday.　倉骨彰（訳）1997　インターネットはからっぽの洞窟　草思社

★2　伊部規子 2000 インターネットによる国際理解　坂元　章（編）インターネットの心理学 ―教育・臨床・組織における利用のために―　学文社　Pp. 36-47.

★3　日本ユネスコ国内委員会（編）1982　国際理解教育の手引き　東京法令出版

★4　佐藤郡衛　1998　子どもから出発する国際理解教育とは　佐藤郡衛・林　英和（編）国際理解教育の授業づくり ―総合的な学習をめざして―　教育出版　Pp. 1-9.

★5　岩崎規子・坂元　章　1997　外国への援助行動に関する心理学的研究（1）―ユニセフのビデオ視聴の効果―　日本心理学会第61回大会発表論文集, 374.

★6　伊部規子・坂元　章　1997　外国への援助行動に関する心理学的研究（2）―ユニセフのビデオタイプの効果―　日本社会心理学会第38回大会発表論文集, 298-299.

★7　伊部規子・加治麻美子・坂元　章　1998　外国への援助行動に関する心理学的研究（3）―ビデオ視聴における焦点付けの効果―　日本社会心理学会第39回大会発表論文集, 324-325.

★8　伊部規子・向田久美子・坂元　章　1999　外国への援助行動に関する心理学的研究（4）―現実場面でのビデオ視聴の効果―　日本社会心理学会第40回大会発表論文集, 282-283.

★9　Cook, S. W. 1985 Experimenting on social issues: The case of school desegregation. *American Psychologist*, **40**, 452-460.

★10　影戸　誠　2000　翼を持ったインターネット ―学校・教室そして授業で―　日本文教出版

★11　木村文香　2000　インターネットセラピー　坂元　章（編）インターネットの心理学―教育・臨床・組織における利用のために―　学文社　Pp.60-71.

し異文化理解のために作成されたゲーミング・シミュレーションは少なからずあり、文化の違いや南北問題を理解させるために、しばしば実施されてきました。しかしそれらはふつう、同じ人種や民族のプレーヤーが複数のグループ――たとえば、豊かな国家と貧しい国家というように――に分かれて行われます。しかし、筆者たちは、最近の研究で、ゲーミング・シミュレーションにおいては、現実の当事者の役割を入れ換えてゲームを行い、相手の事情を体験させ、議論させることが強い効果をもつことを示しました。[★22]これは国際理解についても適用できるものと思います。たとえば、南北問題を理解させるゲーミング・シミュレーションであれば、実際に豊かな国の人々と貧しい国の人々を、それぞれの立場を入れ換えてゲームを行い、その後で議論させるのです。これは、異文化の人々でゲームをしなければならず、インターネットはその大きな助けになるものです。

インターネットの問題

以上のように、国際理解教育におけるインターネット利用には豊かな可能性があります。しかし、一方で問題もあります。最も

★12 Sakamoto, A., Isogai, N., Kimura, F., Tsukamoto, K., Kasuga, T., & Sakamoto, T. 2001 Using the Internet as the sociality trainer of shy people: An experiment of female university students. *Educational Technology Research*, **25**, 1-7.
★13 鈴木佳苗・坂元 章・森 津太子・坂元 桂・高比良美詠子・足立にれか・勝谷紀子・小林久美子・櫃淵めぐみ・木村文香 2000 国際理解測定尺度（IUS2000）の作成および信頼性・妥当性の検討 日本教育工学会論文誌, **23**, 213-226.
★14 鈴木佳苗・坂元 章・足立にれか・木村文香・森 津太子・坂元 桂・高比良美詠子・小林久美子・櫃淵めぐみ 2001 インターネット使用が国際理解に及ぼす影響 ―高校生に対するパネル研究― 教育システム情報学会誌, **18**, 398-409.
★15 小田浩一 1999 視覚障害メーリングリスト 情報通信学会誌, **17**, 34-38.
★16 上瀬由美子・小田浩一・宮本聡介 1998 視覚障害者に対するステレオタイプの変容 ―電子メールを用いたコミュニケーションを介して― 日本社会心理学会第38回大会論文集, 280-281.
★17 向田久美子 2000 インターネットと偏見解消 坂元 章（編）インターネットの心理学 ―教育・臨床・組織における利用のために― 学文社 Pp. 91-98.
★18 Sherif, M., Harvey, O. J., White, B. J., Hood, W., & Sherif, C. 1961 *Intergroup conflict and cooperation: The Robbers Cave experiment*. Norman: University of Oklahoma Institute of Intergroup Relations.
★19 Aronson, E., Stephan, C., Sikes, J., Blaney, N., & Snapp, M. 1978 *The jigsaw classroom*. Beverly Hills: Sage.
★20 新井 潔・出口 弘・兼田敏之・加藤文俊・中村美枝子 1998 ゲーミング・シミュレーション 日科技連
★21 広瀬幸雄（編） 1997 シミュレーション世界の社会心理学―ゲームで解く葛藤と共存― ナカニシヤ出版
★22 Kashibuchi, M. & Sakamoto, A. 2001 The educational effectiveness of a simulation/game in sex education. *Simulation & Gaming*, **32**, 331-343.

大きなものは、交流対象が限定されることです。まず第一に、貧しい国や地域とは交流できません。世界には、インターネットやコンピュータが普及していないどころか、電気が通じていなかったり、学校が十分に設置されていない国や地域さえも少なくありません。そうした国や地域とは、インターネットによる交流はもとより不可能です。インターネットを使って交流を深めたとしても、それはあくまで、こうした国や地域が除外されたうえでのものです。第二に、言語の問題です。日本人が交流する場合、相手が日本語か、あるいはせいぜい英語を使わないかぎり、交流はむずかしくなります。そして、ここでも、交流対象となりにくくなるのは第三世界の国や地域です。

こうした問題は、インターネットの問題というよりも、交流学習そのものにもともと内包されていたものです。しかし、インターネットによって交流学習の重みがふえることによって、より深刻になる問題です。交流学習は進めなければなりません。それを止めるべきではありません。しかし一方で、そこで達成される国際理解は、限定されたものであることを自覚しておく必要があると思います。

最後に

先述したように、インターネットの利用は、主として「意識」学習に効果

●推薦図書●

『ザ・ソーシャル・アニマル―人間行動の社会心理学的研究―』　アロンソン, E.（著）　古畑和孝（監訳）　岡　隆・亀田達也（共訳）　サイエンス社　1994
社会心理学のさまざまな領域の研究成果を現実的な問題と絡めて生き生きと述べている。シェリフの実験やジグゾー学級などについて解説されている。

『シミュレーション世界の社会心理学―ゲームで解く葛藤と共存―』　広瀬幸雄（編）　ナカニシヤ出版　1997
編者が開発した「仮想世界ゲーム」を紹介し，それに関する研究をまとめている。心理学分野におけるゲーミング・シミュレーションの代表的文献である。

『国際理解教育―地球市民を育てる授業と構想―』　大津和子（著）　国土社　1992
国際理解教育の授業における体験的ないし作業的な学習の手法を紹介している。ゲーミング・シミュレーション，アカデミック・ディベート，統計分析などが取り上げられている。

があるのではないかと期待されます。しかし,「知識」学習に効果があることは想定されず,それには,文献やビデオの利用などによる伝統的な学習が必要であるように思われます。両者の併用が望ましいのではないかと考えています。

近年では,インターネットなど情報技術(IT)を学校現場に導入することについてさかんに議論が行われています。そこでの議論は,ITに対してイエスかノーかという二分法的な形で行われることも少なくないようにみえます。

しかし,こうした図式は単純でありすぎるように思われます。本稿では,インターネットは意識学習に効果的であり,伝統的な学習は知識学習に有効ではないかと指摘しました。それぞれに有効な側面は異なっており,むしろ,それぞれがどのような側面で有効であるかをしっかり認識し,学習の目標や内容に合わせて,学習手法を選択することのほうがずっと重要であるように思われます。伝統的な学習か,ITによる学習かではなく,両者の学習を双方とも大事に考えることが得策であるように思われます。

このように,国際理解教育におけるインターネット利用は,ただたんに国際理解教育というひとつの教育領域のトピックであるのにとどまらず,ITによる学習のあり方という,より一般的な教育問題に対して示唆を与えるものになっていると考えています。

●推薦図書●

『インターネットの心理学 ―教育・臨床・組織における利用のために―』 坂元 章(編) 学文社 2000

教育,臨床,組織におけるインターネット利用の意味や問題について,これまでに行われた心理学分野の先端的研究を展望し,解説している。2002年には第2版が出され,改訂された。

『インターネットはからっぽの洞窟』 ストール, C.(著) 倉骨 彰(訳) 草思社 1997

インターネットが多くの側面について人間の発達や活動に悪影響を及ぼす可能性を指摘し,その問題性を強調している。インターネットの影の側面を本格的に主張した代表的な文献といえる。

あとがき

「若き認知心理学者」たちがそれぞれの教育論を縦横無尽に熱く語った『認知心理学者教育を語る』が出版されてから，早くも九年の歳月が流れようとしています。その間，日本の教育は，日本経済と同様に出口の見えない閉塞状況のなかで，ますます混迷の色を深めているようにも思えます。そのようななかで私たちが今なすべきことは，アカデミズムの世界に閉じこもることではなく，教育実践の世界に向けて再びメッセージを発信することではないでしょうか。一人ひとりのメッセージの力は小さくても，それらを結集すれば必ず大きな力となり，時代の閉塞状況を打ち破る力になるはずです。

そのような願いを込めて本書の企画がスタートしたのは，昨年の秋のことでした。善は急げというわけで，教育問題にも造詣の深い「若き認知心理学者の会」改め「21世紀の認知心理学を創る会」のメンバーに呼びかけたところ，二十人の執筆者がすぐに全員集まりました。どうやらこの十年の間に，日本の認知心理学界にも，アカデミズムの世界で赫々たる業績を上げつつ，同時に教育実践の問題にも一家言をもつ気鋭の認知心理学者が，続々と育っていたようです。教育に役立つ認知心理学をめざす者の一人として，同じ志をもつ仲間がふえたことは，誠に頼もしいかぎりです。

そこでさっそく，企画の趣意書を添えた執筆依頼の手紙を執筆者の皆様にお届けし，半年を経た今年の春には、期待通りの読みごたえのある原稿がすべて出そろいました。そしてこのたび、「21世紀の認知心理学を創る会」にとっては『おもしろ記憶のラボラトリー』『おもしろ言語のラボラトリー』『おもしろ思考のラボラトリー』に続く四作目にあたる本書が、当初の予定通りに刊行される運びとなりました。

このように企画がスタートしてから一年足らずのうちに本書を刊行できたのは、ひとえに、迅速に原稿執筆に取り組んでいただいた気鋭の認知心理学者たちの献身的な努力のたまものです。また、新進イラストレーターの堀内いその氏には、忙しい家事・育児の合間をぬって、今やこの「語るシリーズ」のウリのひとつとなった「迫真の似顔絵」を描いていただきました。また、鈴木明子氏には、前作の『認知心理学者教育を語る』の場合と同様に、明るくさわやかなカバーデザインと挿絵を描いていただきました。さらに、北大路書房編集部の田中美由紀氏には、今回も多人数の共同作業に伴う面倒な連絡調整の仕事の一切を引き受けていただきました。このように、本書もまた、前作と同様に、数多くの方々の支えによって世に出ることができました。ここにそのことを記し、それら多くの方々に心よりの謝意を表す次第です。

ところで、本年度からスタートした新教育課程では、これからの教育のめざすべき方向として、「自ら学び考える力の育成」が掲げられています。この「自ら学び考える力」は、いわゆる「新しい学力観」の理念を継承・発展させたもので、その基本的構成要素は、「自ら学ぶ力」「自ら考える力」「学びの舵取りをする力」の三つといえます。

すなわち、新教育課程の目標は、①学ぶことに対して興味・関心をもつとともに、新しい知識や技能を身につけることに喜びや達成感を感じ、親や教師の指示がなくても、心の内部からわき上がってくる内発的な学習意欲によって自ら主体的に学習活動に取り組み、さらに、そうした主体的な学習態度を日々の生活の中で学習習慣として定着させる「自ら学ぶ力」、②獲得した知識をたんに記憶しているだけではなく、それを基礎にして、筋道を立ててものごとを考えたり、自分の力で問題を解決する力、すなわち、獲得した知識を生きた知識として活用できる「自ら考える力」、③さまざまな学習分野にはそれぞれに適切な学習方法があることを知り、しかもたんに知識としてそれを知っているだけではなく、最適だと思う学習方法を実際に適用し、自己評価に基づいて修正したり、自分なりの新しい学習方法を工夫したりすることのできる「学びの舵取りをする力」を育成することなのです。

このように、新教育課程で教育目標として掲げられている「自ら学び考える力」は、認知心理学の研究テーマとかかわりが深いことがわかります。したがって、認知心理学で明らかにされた知見は、新教育課程のもとでの学習指導に役立てることができるはずです。実際、最近の認知心理学では、教室での教授・学習過程を認知心理学の手法によって研究する機運がしだいに高まっています。そうした取り組みがさらに豊かな成果を生み出すためには、これからの認知心理学には何が必要なのでしょうか。

認知心理学の知見を今すぐに教育実践に役立てるとすれば、それは学習評価の新たな枠組みと方法論を提供することでしょう。

子どもたちの学習過程は個々さまざまです。子どもたちが学習過程でつまずく原因もまた個々さまざまです。なぜなら，子どもたちがそれまでの学習経験を通じて獲得している一般的な知識，原理，態度，学習方法などが個々人ごとに異なるからです。つまり，子どもたちはそれぞれに個性的なのです。したがって，そうした多様な個性をもつ子どもたちの一人ひとりに対して適切な学習指導を行うためには，一人ひとりの学習過程を適切に診断・評価することが不可欠であり，そのための方法として認知心理学の方法論を役立てることができるのではないでしょうか。たとえば，認知課題を遂行中の個々人ごとの反応の内容を詳細に分析するプロトコル分析の手法は，子どもたちがもっている素朴理論や誤ルールの診断に役立てることができるはずです。また，子どもたちに自分の思考過程を言葉で表現させる発話思考法も，学習上の問題点の診断・評価に役立てることができるでしょう。もちろん表現のためのメディアは，必ずしも言葉である必要はありません。言語的に表現するのが不得意な子どもの場合には，イラストや図表などのメディアを用いることも可能でしょう。たとえば，概念と概念を線で結んだ概念地図のような形式で学習者の知識の構造を表現させることも有効な方法となるのではないでしょうか。

しかしながら，教育実践に役立つ研究をめざす認知心理学者は，今後はもう一歩深く教育実践の現実に踏み込み，教育実践者と同じ地平に立って，理論知と実践知の交流を図ることが不可欠になるでしょう。そしてそのためには，アカデミズムの世界に閉じこもるのではなく、教育実践の現実のリアルな問題に目を向けるべきです。なぜなら実りある実践研究は、実践の現実の中で問題を発掘し、それをアカデミズムの世界で分析・吟味・理論化し、それを再び実践の現実に還元するという絶えざる知の往還作業のなかから立ち上がってくるものだからです。もちろん、それを言葉で述べるのは容易ですが、実際にそれを成し遂げるのはけっして容易な作業ではないでしょう。おそらくそれは、アカデミズムと実践の現実とのきわどい緊張関係のなかで、情熱を燃やし、感性を研ぎ澄まし、理論を鍛え直し、言葉を磨き上げることが不可欠な、きわめて困難な作業の連続となるに違いありません。しかし、誠にうれしいことに、実践のフィールドに果敢に飛び込み、実践に深くかかわりながらもアカデミズムの輝きを失わない、若くて元気で優秀な認知心理学者たちが、ようやく日本にも出現しはじめました。そのことは、本書の原稿を一読することによって、すぐに納得していただけるはずです。とはいえ、アカデミズムの世界と教育実践の世界の間には、今なお広くて深い溝が横たわっています。そのため、理論と実践の乖離が今なお解消されず、実りある実践研究は、いまだ十分に育っていないのが現実です。したがって、今最も重要なことは、アカデミズムの世界と教育実践の世界をつなぐ架け橋を築き、理論知と実践知の交流を促すことではないでしょうか。本書がそのための一助になることを心から願って止みません。

二〇〇二年七月吉日

編者　森　敏昭

認知心理学者 新しい学びを語る

2002年 9 月10日　初版第 1 刷発行
2007年 3 月21日　初版第 2 刷発行

＊定価はカバーに表示してあります。

編　者　森　敏昭

著　者　21世紀の認知心理学を創る会

発行所　（株）北大路書房

〒603-8303 京都市北区紫野十二坊町12-8
電話 (075)431-0361（代）
FAX (075)431-9393
振替　01050-4-2083

ISBN 978-4-7628-2271-1　　Printed in Japan